Political Economy

政治经济学研究

2019年卷

中国《资本论》研究会◇编

林　岗　胡家勇◇主编

中国社会科学出版社

图书在版编目（CIP）数据

政治经济学研究．2019年卷/林岗，胡家勇主编．—北京：中国社会科学出版社，2019.9

ISBN 978－7－5203－5182－9

Ⅰ.①政… Ⅱ.①林…②胡… Ⅲ.①政治经济学—研究②中国经济—研究 Ⅳ.①F0②F12

中国版本图书馆CIP数据核字(2019)第216523号

出 版 人 赵剑英
责任编辑 卢小生
责任校对 周晓东
责任印制 王 超

出 版 中国社会科学出版社
社 址 北京鼓楼西大街甲158号
邮 编 100720
网 址 http：//www.csspw.cn
发 行 部 010－84083685
门 市 部 010－84029450
经 销 新华书店及其他书店

印 刷 北京明恒达印务有限公司
装 订 廊坊市广阳区广增装订厂
版 次 2019年9月第1版
印 次 2019年9月第1次印刷

开 本 710×1000 1/16
印 张 15.25
插 页 2
字 数 258千字
定 价 80.00元

目　录

［重大现实问题探析］

［习近平新时代中国特色社会主义经济思想研究］

论习近平新时代中国特色社会主义经济思想的理论创新

郭冠清

摘要 2017年中央工作会议上明确提出了习近平新时代中国特色社会主义经济思想，并对其主要内涵做了间接揭示。习近平新时代中国特色社会主义经济思想主要有五个理论创新：①新发展理念是破解时代发展难题，引领经济发展的新发展观，是最突出的理论创新；②“坚持以人民为中心的发展思想”贯穿于新时代经济发展之中，并以“精准脱贫”作为当代最重要的实践形态，是科学回答“为谁发展”时代之问的理论创新；③“新常态”经济思想是对经济发展“历史”阶段的准确判断，是全面科学理解与引领中国经济发展走向的“总开关”和“金钥匙”；④“以供给侧结构性改革为经济发展的主线”是对处于经济发展新常态阶段，面对我国社会主要矛盾变化，探索“怎样干”中形成的理论创新；⑤“坚持加强党对经济工作的集中统一领导，坚持使市场在资源配置中起决定性作用和更好发挥政府作用”创新地构建了一个“党、政府、市场”三位一体的理论框架，是对社会主义与市场经济结合的新突破。

关键词 习近平新时代中国特色社会主义经济思想　新发展理念　新常态　供给侧结构性改革

［作者简介］郭冠清，经济学博士，中国社会科学院经济研究所研究员、教授、《资本论》研究室主任，中国社会科学院当代中国马克思主义政治经济学创新智库办公室主任、全国中国特色社会主义政治经济学研究中心副主任。

引　言

党的十八大以来，以习近平同志为核心的党中央，把马克思主义与中国实践结合起来，不断丰富和发展马克思主义政治经济学，开拓中国特色社会主义政治经济学新境界，“在实践中形成了以新发展理念为主要内容的习近平新时代中国特色社会主义经济思想”。① 对于这一指导我国新的历史阶段经济建设的行动纲领，2017 年，中央工作会议用“七个坚持”进行了概括：“我们坚持加强党对经济工作的集中统一领导，保证我国经济沿着正确方向发展；坚持以人民为中心的发展思想，贯穿到统筹推进‘五位一体’总体布局和协调推进‘四个全面’战略布局之中；坚持适应把握引领经济发展新常态，立足大局，把握规律；坚持使市场在资源配置中起决定性作用，更好发挥政府作用，坚决扫除经济发展的体制机制障碍；坚持适应我国经济发展主要矛盾变化完善宏观调控，相机抉择，‘开准药方’，把推进供给侧结构性改革作为经济工作的主线；坚持问题导向部署经济发展新战略，对我国经济社会发展变革产生深远影响；坚持正确工作策略和方法，稳中求进，保持战略定力、坚持底线思维，一步一个脚印向前迈进。”② 以此为基础，形成了对习近平新时代中国特色社会主义经济思想的“一个新发展理念 + 七个坚持”标准版解读。③

对于习近平新时代中国特色社会主义经济思想主要内涵的解读不是本文的重点，本文试图以具有普遍共识的习近平新时代中国特色社会主义经济思想主要内涵为基础，对习近平新时代中国特色社会主义经济思想的理论创新进行探索。毫无疑问，作为习近平新时代中国特色社会主义经济思想主要内容的“新发展理念”，是马克思主义与中国实践相结合的产物，是破解时代发展难题的新发展观，是当然的理论创新。在七个坚持中，“坚持问题导向部署经济发展新战略”和“坚持正确工作策略和方法”，作为研究和工作的方法，我们必须长期坚持，但不构成理论创新。“坚持

① 冯人綦、曹昆：《中央经济工作会议在北京举行》，《人民日报》2017 年 12 月 21 日第 1 版。

② 同上。

③ 韩保江：《论习近平新时代中国特色社会主义经济思想》，《管理世界》2018 年第 1 期。

加强党对经济工作的集中统一领导”排在第一位，在习近平新时代中国特色社会主义思想中，“明确中国特色社会主义最本质的特征是中国共产党领导”；在“十四个基本方略”中，把“坚持党对一切工作的领导”排在第一位，是构成习近平新时代中国特色社会主义经济思想的最本质特征，是一个理论创新。“坚持以人民为中心的发展思想”不仅在十八届五中全会中首次提出带有“术语革命”性质，而且更重要的是，作为经济发展的逻辑主线贯穿于新时代经济发展之中，并以“精准脱贫”为当前最重要的实践形式，是体现社会主义性质，科学回答“为谁发展”时代之问的理论创新。习近平的“新常态”经济思想是对经济发展“历史”阶段的准确判断，是全面科学理解与引领中国经济发展走向的“总开关”和“金钥匙”①，构成其理论创新中亮丽的一环。“以供给侧结构性改革为经济发展的主线”是对处于经济发展新常态阶段，面对我国社会主要矛盾变化做出的战略选择，是探索“怎样干”中形成的理论创新。“坚持使市场在资源配置中起决定性作用，更好发挥政府作用”将市场从资源配置中基础性作用提高到决定性作用②，而且要更好发挥政府的作用，是社会主义与市场经济结合的新突破。③ 当我们把第一个坚持和第六个坚持合起来变成“坚持加强党对经济工作的集中统一领导，坚持使市场在资源配置中起决定性作用和更好发挥政府作用”时，我们发现，以习近平同志为核心的党中央构建了一个“党、政府、市场”三位一体的理论框架，是一个重大的理论创新。

综上所述，习近平新时代中国特色社会主义经济思想的理论创新包括既相互联系又相互区别的五个理论创新，如果以五个理论创新为主干，习近平新时代中国特色社会主义经济思想可以概括为：加强党对经济工作的集中统一领导，坚持以人民为中心的发展思想，贯彻落实新发展理念，适应把握引领经济发展新常态，推进供给侧结构性改革，坚持使市场在资源配置中起决定性作用，更好发挥政府作用，促进经济平稳健康发展和社会和谐稳定，实现社会主义现代化和中华民族伟大复兴的中国梦。

---

① 裴长洪、李程骅：《习近平经济思想的理论创新与实践指导意义》，《南京社会科学》2015 年第 2 期。

② 1992 年党的十四大提出建立社会主义市场经济体制，“要使市场在社会主义国家宏观调控下对资源配置起基础性作用”。

③ 王立胜：《论习近平经济思想理论体系的伟大创新》，《东岳论丛》2017 年第 2 期。

习近平新时代中国特色社会主义经济思想从理论和实践的结合上系统地回答了新时代“为谁发展、如何发展”和“怎样看、怎么干”等重要问题，开拓了中国特色社会主义政治经济学新境界。本文将对以上五个理论创新进行说明或论证。

一 坚持以人民为中心的发展思想：回答“为谁发展”时代之问

虽然以社会主义与市场经济结合为“特色”的中国特色社会主义建设，解放和发展了生产力，使我国成功地跨越了马尔萨斯—李嘉图的“贫困陷阱”，走进了新时代，但是，为什么收入差距还是这么大？为什么收入不平等现象还是这么严重？以习近平同志为核心的党中央以“坚持以人民为中心的发展思想”回答“为谁发展”时代之问，以“精准脱贫”为当今的主要实践形式为中国特色社会主义的“社会主义”定语做出了理论与实践相统一的注解。

（一）“以人为本”是中国共产党的立足点和出发点

马克思的“以人为本”思想，经过列宁的传承和发展，成为无产阶级政党的一个基本立场和观点，并被我国历代领导集体所坚持，成为中国共产党的立足点和出发点。①

中国共产党的第一代领导核心毛泽东的“全心全意为人民服务”“人民群众是历史的创造者”等观点为我们所广泛熟知②，毛泽东思想三大精髓、我国取得新民主主义胜利的三大法宝都与“群众”有关，可以说“以人民为本”（更准确地说是“坚持以人民为中心”）的思想是毛泽东思想的灵魂和核心。也正是“以人民为本”的思想，并在不同的历史时期赋予“人民”不同的内涵和外延，放手发动群众，密切联系群众，才使我们“站起来”，并在社会主义建设第一个五年计划期间取得了初步胜

① 王立胜、郭冠清：《论中国特色社会主义政治经济学的理论来源》，《经济学动态》2016年第5期。

② 在纪念张思德的《为人民服务》一文中毛泽东做了系统的阐述；在《论联合政府》中，马克思对“人民群众是历史的创造者”等人民群众观进行了全面的论述，其中最为学术界熟知的可能是“人民，只有人民，才是创造历史的动力”。

利，为中国特色社会主义建设奠定了坚实的基础。不过，遗憾的是，尽管出发点依然是为了人民，但是，在如何持久地调动人民的积极性尤其是“为人民谋福利”方面，毛泽东并没有找到一条合适的路，“大跃进”“文化大革命”即是明显的写照。

中国共产党第二代领导核心的邓小平在寻求“为人民谋福利”的实现途径上做了积极的探索，人们奋斗所争取的一切，都同他们的利益有关。正式结束了“以阶级斗争为纲”的错误路线，工作重心转移到“以经济建设为中心”，人民的“真实利益”得以实现，才使我们“富起来”。不过，让人遗憾的是，尽管出发点也依然是为了人民，共同富裕是邓小平的一贯主张，但是，严重的贫富分化、突出的不平等现象表明，在邓小平称之为“中国特色社会主义政治经济学‘初稿’”里并没有找到“以人为本”在理论与实践方面有效结合的“张力”。

中国共产党第三代领导核心江泽民明确提出中国共产党是“最广大人民群众的根本利益”的代表，“执政为民”是中国共产党的基本执政理念。“三个代表”重要思想恰如其分地表述了中国共产党在中国特色社会主义建设时期的历史使命和担当，但是，人民的收入差距依然在扩大，环境和自然资源破坏的程度比较严重，“以人为本”的思想在实践方面没有得到很好的贯彻。

生产力的快速发展为实现“以人为本”的思想奠定了物质基础，“成长的烦恼”对落实“以人为本”的发展思想提出了现实要求。以此为背景，2003 年 10 月 14 日，胡锦涛在党的十六届三中全会《关于完善社会主义市场经济体制若干问题的决议》中提出了“以人为本”为本质和核心的科学发展观：“坚持以人为本，树立全面、协调、可持续的发展观，促进经济社会和人的全面发展。”在 2007 年 10 月 15 日，胡锦涛在党的十七大报告中进一步强调了“以人为本”的理念：“必须坚持以人为本。全心全意为人民服务是党的根本宗旨，党的一切奋斗和工作都是为了造福人民。要始终把实现好、维护好、发展好最广大人民的根本利益作为党和国家一切工作的出发点和落脚点，尊重人民主体地位，发挥人民首创精神，保障人民各项权益，走共同富裕道路，促进人的全面发展，做到发展为了人民、发展依靠人民、发展成果由人民共享。”2012 年 11 月 8 日，胡锦涛在党的十八大报告中更是全文贯彻了“以人为本”思想，明确指出：“为人民服务是党的根本宗旨，以人为本、执政为民是检验党一切执政活动的最高标准。”尽管科学发展观为我们擘画的蓝图已经很完美，但是，在如何将“以人为本”的思想落实到具体实践中这一难题依然没有得到全面的解决，这一点可以从“腐败”更加严重、污染发展成了“雾霾”等可以清楚地看出。

如何将我党的宗旨“全心全意为人民服务”贯彻于实践之中，如何在理论与实践结合上破解“以人为本”的难题，为“社会主义”定语做出理论与实践相统一的注解，成为中国共产党执政的一项重要任务。走出这一困境的是以习近平同志为核心的党中央，其破解的密钥不是理论本身而是将“以人为本”的思想真实、有效地贯彻于实践之中。

（二）“坚持以人民为中心发展思想”的形成

习近平在陕西延川的七年知青岁月，阅读了大量马克思、恩格斯和列宁经典著作，做了大量阅读笔记，并在清华大学攻读博士学位之前和期间，发表了《论〈（政治经济学批判）序言〉的时代意义》《社会主义市场经济和马克思主义经济学的发展与完善》《对发展社会主义市场经济的再认识》等论文，对马克思主义经典作家的“以人为本”（包含“人的全面发展”）多有论述[①]，并在《中共中央关于制定国民经济和社会发展第十三个五年规划的建议》中进行了“术语革命”，直接用“以人民为中心”代替了容易产生歧义的“以人为本”：“必须坚持以人民为中心的发展思想，把增进人民福祉、促进人的全面发展作为发展的出发点和落脚点。”

在党的十九大报告中，将新时代中国特色社会主义思想的主要内涵归结为“八个明确和十四个基本方略”。在八个明确坚持中，在明确新时代我国社会主要矛盾已经转换为“人民日益增长的美好生活需要和不平衡不充分的发展之间的矛盾”之后，指出“必须坚持以人民为中心的发展思想，不断促进人的全面发展、全体人民共同富裕”。在新时代坚持和发展中国特色社会主义十四个基本方略中，将“坚持以人民为中心”列为第二个方略，指出：“人民是历史的创造者，是决定党和国家前途命运的根本力量。必须坚持人民主体地位，坚持立党为公、执政为民，践行全心全意为人民服务的根本宗旨，把党的群众路线贯彻到治国理政全部活动之

① 郭冠清：《习近平〈对发展社会主义市场经济的再认识〉一文的学术贡献》，《福建论坛》（人文社会科学版）2018 年第 1 期。

中，把人民对美好生活的向往作为奋斗目标，依靠人民创造历史伟业。”据本文笔者统计，在十九大报告中，“以人民为中心”出现了4次，“人民”出现了203次，“以人民为中心”成为中国特色社会主义建设的立足点和出发点。

（三）“精准脱贫”是坚持以人民为中心发展思想的当代实践形式

消除贫困、改善民生、逐步实现共同富裕，是社会主义的本质要求，是我们党的重要使命。“精准脱贫”是“坚持以人民为中心”的发展思想的当代最具有代表意义的实践形式。

在梁家河，作为党支部书记，习近平建沼气池、打坝淤地、办铁业社和磨坊、设代销店等，为使村民填饱肚子做了不少探讨，形成了“要为人民做实事”的情结。在正定，作为县委书记，习近平骑着自行车跑遍每一个乡镇，坚决纠正“粮食虚报”现象，在北方率先试行“大包干”，引进包括我们熟知的华罗庚、于光远等人才做顾问，对改革开放初期如何增收致富进行了深层次的探索；在福建，作为贫困地区宁德地委书记，以“弱鸟先飞”的理念和“滴水穿石”的精神，打响了“精准脱贫”的攻坚战，将“坚持以人民为中心的发展思想”落在实处，奠定了“精准脱贫”的理论基础；在浙江，作为省委书记，将“坚持以人民为中心的发展思想”贯彻于他亲自擘画的“八八战略”蓝图的每一个层面，以“全面小康一个乡镇也不能掉队”之气概使浙江省的贫困地区全部摘帽。党的十八大以来，习近平跑遍了全国所有的连片贫困地区，做出“小康路上一个人也不能落下”的庄严承诺。

对于如何贯彻“坚持以人民为中心的发展思想”，习近平指出：“以人民为中心的发展思想，不是一个抽象的、玄奥的概念，不能只停留在口头上、止步于思想环节，而要体现在经济社会发展各个环节。”①

二 新常态：洞察我国经济发展的时代特征

在经过30多年的经济高速增长后，2010—2012年我国经济出现了连

① 习近平：《深入理解新发展理念》（2016年1月18日），《习近平谈治国理政》（第二卷），外文出版社2017年版，第213—214页。

续11个季度的下滑，2012—2013年更是连续两年跌破8%，而且没有迹象表明我国的经济增长速度能恢复到原来的增长路径上。我国经济究竟出现了什么问题？如何认识我国经济发展的特征，准确把握我国经济发展的脉搏，成为一个关乎中国经济方向的难题。在这种背景下，以习近平同志为核心的党中央，在综合分析世界经济长周期和我国经济发展所处的“三期叠加”阶段性特征之后①，做出了我国经济发展进入新常态的重大判断。

（一）习近平关于经济新常态思想的形成

2013年12月10日，习近平在中央经济工作会议讲话时首次提出“新常态”。2014年5月9日，习近平在河南考察时指出，“我国发展仍处于重要战略机遇期，我们要增强信心，从当前我国经济发展的阶段性特征出发，适应新常态，保持战略平常心态”②，这是“新常态”首次走向公众的视野。当时，一部分学者认为，2010年以来经济下滑的原因主要来自国际金融危机等外部因素的冲击，一旦这些因素消除，中国经济就会恢复快速增长的路径，但是，绝大多数的学者认为，中国经济增速下滑的原因不是周期性的而是趋势性的，旧的增长模式已经难以为继，经济增速的下降是不可避免的。新一代决策层以“新常态”对中国经济所处的历史阶段进行了概括，并通过“新常态”透视中国宏观政策的选择。③ 2014年11月9日，习近平在APEC工商领导峰会上系统阐述了“新常态”的特点，习近平指出：“中国经济呈现出新常态，有几个主要特点。一是从高速增长转为中高速增长。二是经济结构不断优化升级，第三产业、消费需求逐渐成为主体，城乡区域差距逐步缩小，居民收入占比上升，发展成果惠及更广大民众。三是从要素驱动、投资驱动转向创新驱动。新常态将给中国带来新的发展机遇。”④

在2014年12月9日中央经济工作会议上，习近平又从消费需求、

① “三期叠加”指的是增长速度换挡期、结构调整阵痛期和前期刺激政策消化期。参见习近平《在中央经济工作会议上的讲话》（2013年12月10日），《习近平关于社会主义经济建设论述摘编》，中央文献出版社2017年版，第73页。

② 习近平：《在河南考察时的讲话》（2014年5月9日、10日），《习近平关于社会主义经济建设论述摘编》，中央文献出版社2017年版，第73—74页。

③ 安宇宏：《经济新常态》，《宏观经济管理》2014年第6期。

④ 习近平：《谋求持久发展，共筑亚太梦想》（2014年11月9日），载中国中央文献研究室《习近平关于社会主义经济建设论述摘编》，中央文献出版社2017年版，第74页。

投资需求、出口和国际收支、生产能力和产业组织方式、生产要素、市场竞争特点、资源环境约束、经济风险积累和化解、资源配置方式和宏观调控九个方面的趋势性变化，分析了我国进入经济新常态的原因。习近平指出："以上这些趋势性变化说明，在'三期叠加'这个阶段，经济发展必然会下滑，但也不会无限地下滑；经结构调整是痛苦的，却是不得不过的关口；前期政策消化是必需的，但也可以有效引导减缓消化过程中各类风险的影响。这也说明，我国经济正在向形态更高级、分工更复杂、结构更合理的阶段演化。"① 在 2016 年 1 月 18 日省部级主要领导干部学习贯彻党的十八届五中全会精神专题研讨会上，习近平将新常态下我国经济发展的趋势性特征概括为"四个转向"："我国经济发展的主要特点是：增长速度要从高速转向中高速，发展方式要从规模速度型转向质量效率型，经济结构调整要从增量扩能为主转向调整存量、做优增量并举，发展动力要从主要依靠资源和低成本劳动力等要素投入转向创新驱动"②，并指出："这些变化，是我国经济向形态更高级、分工更优化、结构更合理的阶段演进的必经过程。"③

（二）经济发展新常态是对我国经济发展阶段的准确判断

按照历史唯物主义原理，人类社会发展具有不依赖于人的意志为转移的客观规律性，社会的发展都是以它所处阶段的生产力状况为条件的。能否对于我国所处的生产力状况给予准确判断，并选择合适的生产方式以进一步解放和发展生产力，是一个非常重要的课题。我们熟知的"大跃进"和"文化大革命"都是由于对于我国所处的生产力发展阶段做出了错误判断从而进行错误选择的结果。

从 2013 年习近平"新常态"的提出，到现在已经过去了接近五年，五年来，我国经济增长速度已经从原来的高速增长阶段进入了中高速增长阶段，我们在经济增长方式转变、经济结构转换、经济动力转换等方面取

① 习近平：《经济工作要适应经济发展新常态》（2014 年 12 月 9 日），载《习近平谈治国理政》第二卷，外文出版社 2017 年版，第 233 页。

② 习近平：《在省部级主要领导干部学习贯彻党的十八届五中全会精神专题班上的讲话》（2016 年 1 月 18 日），载中共中央文献研究室《习近平关于社会主义经济建设论述摘编》，中央文献出版社 2017 年版，第 96 页。

③ 同上。

得了明显的成绩，我国的发展印证了习近平对我国经济发展“新常态”判断的正确性。

“新常态”经济思想是全面、科学地理解与引领中国经济发展走向的“总开关”和“金钥匙”，它准确地刻画了我国经济所处的一种客观状态，我们要认识新常态，适应新常态，引领新常态。

三　新发展理念：破解中国经济发展的时代难题

党的十八届五中全会在总结国内外发展经验教训、分析国内外发展大势的基础上，提出了“创新、协调、绿色、开放、共享”的发展理念。这五大发展理念反映了我们党对新的历史阶段我国经济规律的新认识，揭示了经济社会发展的客观规律，“是管全局、管根本、管长远的东西，是发展思路、发展方向、发展着力点的集中体现”。①

（一）中国共产党对中国经济发展的探索

新中国成立 70 年来，我国在不同发展时期，由于对经济社会发展的认识不同，大致形成了四个不同历史阶段的发展理念②：以“赶超式为主”的传统社会主义发展观、以“发展才是硬道理”为代表的社会主义初级阶段发展观、以新型工业化和“以人为本”为代表的“科学发展观”、以创新为发展动力的“创新、协调、绿色、开放、共享”五位一体的“新发展理念”。③

新中国成立后，实施“赶超式为主”发展战略是当时历史条件下的必然选择，这是因为，一是新中国建立在“半封建、半殖民地”的废墟上，人口多、底子薄，除了发展经济别无选择；二是社会主义只有在经济发展上表现出超过资本主义的优越性和速度，才能生存和发展；三是苏联的实践经验可以大大减少“制度设计的成本”和“试错的成本”。“赶超

---

① 习近平：《关于〈中共中央关于制定国民经济和社会发展第十三个五年规划的建议〉的说明》，载中共中央文献研究室《习近平关于社会主义经济建设论述摘编》，中央文献出版社 2017 年版，第 20 页。

② 本文将发展观、经济发展战略看作发展理念的同义语，不做进一步区分。

③ 严格来说，还应该包括 1966—1976 年“文化大革命”时期的“以阶段斗争为纲”为代表的错误发展观。

式为主”发展战略大约经历了三个阶段。[①]

第一个阶段是1949—1952年经济恢复阶段。以毛泽东在1950年党的七届三中全会所做的《不要四面出击》《为争取国家财政经济状况的基本好转而斗争》为标志，我国进入经济恢复期。经过三年的努力，国民经济初步得到恢复。1950—1952年，我国年均经济增长率高达20.2%[②]，主要工农业产品产量也超过了战前水平。

第二个阶段是1953—1956年模仿苏联阶段。以1953年毛泽东正式提出的向苏联社会主义经济体制过渡的“党在过渡时期的总路线”为标志，我国进入以苏联为模板的重工业优先发展时期，掀起了社会主义改造和建设的高潮。原计划提出十年到十五年的总路线和总任务用了四年时间就完成了，尽管存在着浮躁和盲目，但总体上促进了生产力的发展。

第三个阶段是1958—1965年寻求中国道路阶段。如果说1955年10月毛泽东的讲话我们的目标是要“赶上美国”，并且要“超过美国”带有不切合实际的幻想的话[③]，那么1958年提出的“鼓足干劲、力争上游，多快好省地建设社会主义”的总路线，并以此发动的“大跃进”运动、人民公社化运动却在中国引起了灾难。这是一次试图摆脱“苏联模式”建设中国特色社会主义的尝试，但是它却失败了。接下来，发生了“以阶级斗争为纲”的“文化大革命”，国民经济几乎处于崩溃边缘，人民生活水平极其低下，“短缺”成为经济的常态，“贫穷”几乎成了社会主义的代名词。[④]

改革开放总设计师邓小平以“发展才是硬道理”为发展理念，将党的工作重心从“以阶级斗争为纲”转变到社会主义现代化建设上来，开启了改革开放的新纪元，解放和发展了生产力，成功地突破了马尔萨斯和李嘉图的“贫困陷阱”，带领全国人民走向富强的道路。以江泽民同志为核心的第三代领导集体，深入贯彻“发展才是硬道理”社会主义初级阶段发展观，强调“发展是党执政兴国的第一要务”，坚持用发展的办法解

① 《剑桥中华人民共和国史》中分为两个阶段，1949—1957年为“模仿苏联模式”阶段。[美]麦克法夸尔、费正清：《剑桥中华人民共和国史》上卷，谢品泉等译，中国社会科学出版社1990年版。

② 赵振华：《我国发展理念的演变与创新》，《人民论坛》2016年第6期。

③ 《毛泽东文集》第七卷，人民出版社1999年版，第89页。

④ 关于一些经济指标比较，有兴趣的读者可以参见武力《中国共产党与当代中国经济发展研究（1949—2006）》，中共党史出版社2008年版，第2—6页。

决前进中的问题，把“实现什么样的发展、怎样发展”的问题，看作社会主义现代化建设的根本所在。在“发展才是硬道理”的引领下，中国经济取得了前所未有的成就，在世界经济发展史上，创造了中国增长的奇迹。

虽然以“发展才是硬道理”为代表的经济发展观以平均两位数的增长速度使“中国富了起来”①，但是，总的来说，经济增长没有摆脱依靠资源高消耗和生态环境恶化的增长。经过几年的探索，2002 年，胡锦涛在党的十六大报告中提出了中国必须走新型工业化道路的发展思想。随后，胡锦涛在 2003 年提出了“坚持以人为本，树立全面、协调、可持续的发展观，促进经济社会和人的全面发展”的科学发展观，并在 2007 年党的十七大报告中对科学发展观的要义、核心、基本要求和根本方法进行了全面的阐述。以新型工业化和“以人为本”为代表的“科学发展观”从 21 世纪党和国家事业发展全局出发，着眼于丰富发展内涵，创新发展理念，开拓发展思路，破解发展难题，是我党对“实现什么样的发展、怎样发展”认识的深化和提升，标志着中国共产党对于社会主义建设规律、社会发展规律、共产党执政规律的认识达到了新的高度。

党的十八大以来，我国发展进入新常态，面临诸多矛盾叠加、风险隐患增多的严峻挑战，同时也处于可以大有作为的重要战略机遇期，国内外高度关注我国的发展前景、发展战略和发展举措。面对新形势、新任务和人民的新期待，以习近平同志为核心的党中央进一步深化对发展本质、内涵、实现路径等的认识，系统地提出“创新、协调、绿色、开放、共享”五大发展理念，赋予“实现什么样的发展、怎样发展”问题以更为深刻的中国特色社会主义新内涵。

（二）新发展理念是破解新时代经济发展难题的理论创新

党的十九大报告将“坚持新发展理念”列为新时代坚持和发展中国特色社会主义十四个基本方略的第四个方略，指出，“发展是解决我国一切问题的基础和关键，发展必须是科学发展，必须坚定不移贯彻创新、协调、绿色、开放、共享的发展理念”，并在经济建设主要任务的第五部分“建设现代经济体系”之前冠以“贯彻新发展理念”，强调新发展理念对新时代中国特色社会主义经济建设的引领作用。然而，新发展理念为何能

① 这里的增长速度指的是 1978—2002 年的增长速度。

够引领中国特色社会主义经济建设？它的理论创新究竟在哪里呢？笔者认为，新发展理念主要有以下两个方面取得理论创新。

第一，虽然对于“创新”的重视可以追溯到毛泽东时代的“两弹一星”、邓小平的“科学技术是第一生产力”、江泽民提出的“科教兴国”、胡锦涛提出的“建设创新型国家”等，但是，将“创新”作为“发展第一动力”，并置于五大发展理念之首位是一种继承中的理论创新。它的创新主要在于：在“跨越中等收入陷阱”这一特定的时间窗口，人口红利已经基本消失，资源消耗已不足以推动经济发展，“三驾马车”已很难拉动中国经济这艘沉重的船，除了创新驱动，中国经济不仅无法保持高增长甚至中低增长速度，而且可能像大多数发展中国家一样跌入中等收入的深渊。这一点不仅是改革开放之初“供给创新需求”的阶段不曾遇到，而且也在人口红利尚在、资源尚可耗费、“三驾马车”可以推动的阶段也不曾紧迫需要。“创新”在新时代已经不是可有可无的点缀品，而是肩负着实现“两个一百年”奋斗目标重任的，必须紧紧抓住的“牛鼻子”。[①] 换句话说，创新是破解我国经济发展动力不足、不可持续发展、突破“中等收入陷阱”的重要战略选择。

第二，新发展理念是一个不可分割的内在集合体，从发展的关联性来看，“一个都不能少”。[②] 在新发展理念中，创新发展注重的是解决发展动力问题，创新是引领发展的第一动力；协调发展注重的是解决发展不平衡问题，协调是持续健康发展的内在要求；绿色发展注重的是解决人与自然和谐问题，绿色是永续发展的必要条件和人民对美好生活追求的重要体现；开放发展注重的是解决内外联动问题，开放是国家繁荣发展的必由之路；共享发展注重的是解决社会公平正义问题，共享是中国特色社会主义的本质要求。五大发展理念既相互协调、相互融合，又各有侧重。协调既是发展手段，又是发展目标，同时还是评价发展的标准和尺度，它直接来源于科学发展观，但赋予了更多内涵，强调了与其他四个发展理念的对立统一关系，并在区域协调发展、城乡协调发展中扎根；“绿色发展”是对科学发展观的人与自然和谐共生可持续发展的继承，但是，将“绿色”直接提出来，并在“工业化、信息化、城镇化、农业现代化”“四化”协

① 冯文雅：《习近平在省部级主要领导干部学习贯彻党的十八届五中全会精神专题研讨班上的讲话》，《人民日报》2016 年 5 月 10 日第 1 版。

② 王立胜：《论习近平经济思想理论体系的伟大创新》，《东岳论丛》2017 年第 2 期。

同中增加“绿色化”形成“五化”协同的思想，是对新时代满足人民生态需求的具体体现。“青山绿水就是金山银山”这一习近平在 2005 年 8 月 15 日主政浙江期间考察安吉县余村时提出的论断已成为我国“绿色化”的新时代宣言；[①]“开放发展”着力形成对外开放新体制，重点解决内外联动问题。新时代赋予了“开放发展”崭新的内涵，并通过“一带一路”、自由贸易区、亚洲基础设施投资银行等实践形态与我国处于新常态生产力发展阶段相适应；共享发展的实质就是践行以人民为中心的发展思想，体现的是逐步实现共同富裕的要求。如上文所讲，它通过“精准扶贫”等实践形态一以贯之，使“中国真正站了起来”。

四　供给侧结构性改革：新常态下“如何干”时代选择

如何适应和引领经济发展新常态，促进我国经济平稳健康发展，以更好地满足我国进入新时代“人民日益增长的美好生活需要”，是一个迫切需要解决的难题。以习近平同志为核心的党中央，在综合分析世界经济长周期和我国经济发展所处历史阶段的基础上，果断地切断“需求管理”刺激经济保增长的路径依赖，做出了以供给侧结构性改革为发展主线的战略选择，破解了新常态下“如何干”的难题。

（一）习近平关于供给侧结构性改革的思想

推进供给侧结构性改革，是适应和引领经济发展新常态的重大创新和主动选择，是问题倒逼以解决中国中长期经济问题的根本之道，也是经济治理的有效药方。[②]

之所以把供给侧结构性改革作为新常态下“如何干”的战略选择，那是因为仅靠需求刺激已经不能解决我国当前的经济问题，对此，习近平指出：“当前，我国经济发展虽然有周期性、总量性问题，但结构性问题最突出，矛盾的主要方面在供给侧。产能过剩、库存高企、杠杆偏高、成

---

① 2006 年 5 月 29 日，习近平在浙江省第七次环境保护大会上曾经指出：“破坏生态环境就是破坏生产力，保护生态环境就是发展生产力。”参见《干在实处　走在前列——推进浙江新发展的思考与实践》，中共中央党校出版社 2014 年版，第 186 页。

② 王立胜：《论习近平经济思想理论体系的伟大创新》，《东岳论丛》2017 年第 2 期。

本过高、短板突出等问题解决，只刺激需求，经济拉不上去，即使短期拉上一点，也不可持续。”①

对于供给侧结构性改革的主要内容，习近平指出：“重点是解放和发展社会生产力，用改革的办法推进结构调整，减少无效和低端供给，扩大有效和中高端供给，增强供给结构对需求变化的适应性和灵活性，提高全要素生产率。这不只是一个税收和税率问题，而是要通过一系列政策举措，特别是推动科技创新、发展实体经济、保障和改善人民生活的政策措施，来解决我国经济供给侧存在的问题。”②

对于供给侧结构性改革的措施和手段，习近平指出：“推进供给侧结构性改革，要从生产端入手，重点是促进产能过剩有效化解，促进产业优化重组，降低企业成本，发展战略性新兴产业和现代服务业，增加公共产品和服务供给，提高供给结构对需求变化的适应性和灵活性。简言之，就是去产能、去库存、去杠杆、降成本、补短板。”③

对于供给侧结构性改革的目的，习近平指出：“供给侧结构性改革的根本，是使我国供给能力更好满足广大人民日益增长、不断升级和个性化的物质文化和生态环境需要，从而实现社会主义生产目的。”④

（二）供给侧结构性改革是破解常态下“如何干”的理论创新

我国经济发展进入新常态，处于爬坡过坎的重要窗口期、跨越“中等收入陷阱”的关键节点，在这个阶段，我国经济出现了以下三个显著的特点。

第一，需求侧管理政策作用大大减弱。原来推动经济增长的“三驾马车”——投资、消费和出口已经发生了很大变化。个性化、多样化消费已经成为主流，“模仿型排浪式”消费阶段已经结束；传统产业和房地产投资已相对饱和，投资带动经济增长的难度增大；出口的比较优势逐步消失，对经济带动作用减弱。因此，在新常态下，传统刺激经济的需求管理边际效果下降。货币政策的刺激进入了“流动性陷阱”边缘，货币常

① 冯文雅：《习近平在省部级主要领导干部学习贯彻党的十八届五中全会精神专题研讨班上的讲话》，《人民日报》2016 年 5 月 10 日第 1 版。

② 同上。

③ 同上。

④ 刘迎秋、吕风勇：《中国宏观经济运行报告（2012）》，社会科学文献出版社 2012 年版，第 57— 65 页。

常改道流向虚拟经济，导致资产泡沫；财政政策的刺激，不仅难以发挥“乘数效应”，而且由于投资机会减少，还对私人投资产生了部分甚至全部的“挤占效应”。

第二，结构失衡问题严重。根据笔者对进入经济发展新常态之前的20 年的测算，我国经济结构失衡问题严重。中国经济结构失衡指数从1991 年的 0.5644 下降到 2000 年的 0.4513，然后又提高到 2011 年的0.6173，总体上处于次级不均衡状态，其中二级指标之一投资消费结构连续六年进入失衡预警状态，2011 年的经济结构失衡指数高达 0.96，进入完全失衡的边缘。①

第三，生产方式发生了变化。在新常态下，农村剩余劳动力逐渐被现代工业部门所吸收，人口红利消失，劳动力市场由过剩转向短缺，即所谓刘易斯拐点出现，工资的快速上升也必然意味着收入分配状况开始出现好转，即出现库兹涅茨曲线的拐点，生产方式基本完成从劳动密集向资本密集的转移，此时，进一步的增长将使工资快速上升。这个阶段，我国的比较优势将消失，“雁行理论”将失效，迫切要求以技术进步为特征的新要素供给来提高经济增长。②

总的来说，我国在跨越“贫困陷阱”的优势在进入中等收入阶段已经不复存在，要跨越“中等收入陷阱”阶段，要满足新时代人民对美好生活的需要，单靠传统的需求侧管理办法已经无法做到，必须进行供给侧结构性改革。

五　正确处理党、政府和市场的关系：社会主义与市场经济结合的新突破

尽管对于社会主义与市场经济的结合创造了中国经济增长的奇迹这一命题有着广泛的共识，但是，在理论上对社会主义与市场经济相容性给出科学的解释，并在实践层面正确处理党、政府与市场关系依然是一个很大

① 中国经济增长前沿课题组：《突破经济增长减速的新要素供给理论、体制与政策选择》，《经济研究》2015 年第 11 期。

② 习近平：《关于〈中共中央关于全面深化改革若干重大问题的决定〉的说明》（2013 年 11 月 9 日），《十八大以来重要文献选编》上，中央文献出版社 2014 年版，第 499 页。

的难题。习近平新时代中国特色社会主义经济思想的最大理论创新是搭建了一个“党、政府和市场”三位一体的理论框架，它以“坚持加强党对经济工作的集中统一领导”“坚持使市场在资源配置中起决定性作用，更好发挥政府作用”的形式展现了出来，是社会主义与市场经济结合的新突破。

（一）对于市场与政府关系的新界定

众所周知，经济体制改革仍然是全面深化改革的重点，经济体制改革的核心问题仍然是处理好政府和市场的关系。党的十八届三中全会通过的《中共中央关于全面深化改革若干重大问题的决定》明确提出，经济体制改革要“坚持使市场在资源配置中起决定性作用，更好发挥政府作用”，这是对政府与市场关系的新界定。

对于为什么要“坚持使市场在资源配置中起决定性作用，更好发挥政府作用”，习近平指出：“市场配置资源是最有效率的形式。市场决定资源配置是市场经济的一般规律，市场经济本质是市场决定资源配置的经济。……做出‘使市场在配置资源中起决定性作用’的定位，有利于全党全社会树立关于政府与市场关系的正确观念，有利于转变经济发展方式，有利于转变政府职能，有利于抑制消极腐败现象。”①

从表面上看，党的十八届三中全会将“市场在资源配置中基础性作用”改为“市场在资源配置中起决定性作用”所做的只是微小的改动，学术界也存在着“市场在资源配置中基础性作用”本身就表明“市场在资源配置中起决定性作用”这种修改没有必要的说法，但是，事实上，这一改动意义重大，这是以习近平为核心的党中央对市场在资源配置过程中作用认识的进一步深化，传递了我国在社会主义初级阶段坚持以市场为主要资源配置手段的信号。之所以说它意义重大，那是因为尽管我们大多数人对邓小平提出的社会主义可以与市场经济结合的说法几乎耳熟能详，传统的计划经济模式已远离我们四十年了，但是，当面对经济发展带来的环境污染、资源耗费、社会不公等现象时，许多人都会情不自禁地表现出对带有理性设计色彩的计划经济的青睐，甚至把“更好发挥政府作用”

---

① 刘迎秋、吕风勇：《中国宏观经济运行报告（2012）》，社会科学文献出版社 2012 年版，第 57—65 页。

的顶层设计误解为计划经济的回归。[①] 党的十九大报告做出的“我国处于社会主义初级阶段的国情没有变”的判断，意味着中国特色社会主义建设道路不会变，从而市场在资源配置中的主要作用就不会变。

发展社会主义市场经济，既要发挥市场作用，也要发挥政府作用，但市场作用和政府作用的职能是不同的。2014 年 5 月，习近平同志在主持中共中央政治局第十五次集体学习时明确指出：在市场作用和政府作用的问题上，要讲辩证法、两点论，“看不见的手”和“看得见的手”都要用好，努力形成市场作用和政府作用有机统一、相互补充、相互协调、相互促进的格局，推动经济社会持续健康发展。

（二）对于党与经济发展关系的新定位

对于党与经济发展关系的研究并不是一个陈腐的命题。尽管党的领导是揭开中国经济发展奇迹神秘面纱的金钥匙，但是，从改革开放进程来看，我们对于党与经济发展关系的认识经历了一次“否定之否定”的过程。改革开放之初，为了突破制度的篱笆，出现了具有时代特色的“党政分开、政企分开、厂长（经理）负责制、以董事会代替党委会”等关键词，新时代对党对经济工作领导的加强，可以看作对改革之初的“否定之否定”。

对于为什么在经济建设中要“加强党的领导”，《中共中央关于制定国民经济和社会发展第十三个五年规划的建议》（以下简称《建议》）已经做了明确说明：“党的领导是中国特色社会主义制度的最大优势，是实现经济社会持续健康发展的根本政治保证。”在 2015 年 10 月 29 日党的十八届五中全会二次全体会议上，习近平对新常态下党的领导工作也给予了说明，他指出：“我们党要带领 13 亿多人民全面建设社会，必须适应、把握、引领经济发展新常态，创新党领导经济社会发展的观念、体制、方式方法，提高党把握方向、谋划全局、提出战略、制定政策、推进改革的能力，为发展航船定好、掌好舵。”[②] 对于党在经济建设中如何发挥党的领导作用，《建议》也明确做了说明：“党领导经济社会发展，主要是把握方向，谋划全局，提出战略，制定政策，推动立法，营造良好环境。”在党委和政府的职能划分上也非常明确：“涉及经济社会发展规划、重大

---

① 习近平：《在党的十八届五中全会第二次全体会议上的讲话》（2015 年 10 月 29 日），《习近平谈治国理政》第二卷，外文出版社 2017 年版，第 19 页。

② 同上。

方针政策、工作总体部署以及关系国计民生的重要问题，由党委集体讨论决定；经常性工作则由政府及其部门按照职责权限进行决策和管理。”

（三）搭建“党、政府和市场”三位一体新框架

既然让市场在资源配置中发挥决定作用，更好发挥政府作用，那为什么还要加强党对经济工作的领导呢？对此，裴长洪研究员在 2018 年 3 月 20 日中国社会科学院经济研究所“两会”精神辅导时做了精彩的讲解。在裴长洪研究员看来，无论是各级政府还是企业，都是一定意义上的财政主体和利益实体，都有自己独立的利益目标要实现，加上我国现有的生产企业和金融企业，不仅有多种所有制形式，而且国有企业还分别隶属于不同层级的政府，因此不仅会发生资源配置的扭曲现象，而且会把中央政府逼到最后贷款人的地步，从而发生政府干预失效或成效不明显的现象。只有党的集中统一领导，才能够站在全体人民利益和经济整体利益的高度，以共产党人的价值观和以人民为中心的发展思想，以党严明的组织纪律为保障，统筹全局、协调各方，克服市场失灵和政府失效。西方国家的政府干预，由于政党博弈，也往往是失效的，甚至在国会辩论中无疾而终。但他们始终找不到解决问题的出路，而且往往给新自由主义经济学留下把柄。只有在中国特色社会主义经济建设中，这个世界性的难题才得到了解决，因此，必须加强党对经济工作的集中领导。

裴长洪研究员的独特见解为我们将“党、政府和市场”集合在一个统一框架里，理解习近平中国特色社会主义经济思想奠定了基础。在习近平同志为核心的党中央领导下，政治生态有了质的好转，为克服改革开放以来党在经济等工作上的弱化创造了条件，新常态下经济的复杂性和向高质量发展方向转变的需要为加强党对经济工作领导提出了新的要求，而作为中国特色社会主义最本质的特征的党的领导，正如上文所讲：“是中国特色社会主义制度的最大优势，是实现经济社会持续健康发展的根本政治保证。”也就是说，党的领导不仅可以克服市场经济中的“政府失效”，而且还能发挥引领作用。事实上，习近平在《对发展社会主义市场经济再认识》中在“社会主义是否能够与市场经济有机结合”“正确处理政治与经济关系”论述中已做了详细的论证。[①] 简言之，要发挥“党的领导的

① 郭冠清：《习近平〈对发展社会主义市场经济的再认识〉一文的学术贡献》，《福建论坛》（人文社会科学版）2018 年第 1 期。

政治优势”和“市场经济优化资源配置的经济优势”，正确处理政治与经济的关系，“从政治角度来观察经济问题”“从经济角度来观察政治问题”，既发挥市场在资源配置中的决定性作用，也更好发挥政府的作用，同时，还要善于驾驭政府和市场关系，发挥党的领导的政治优势。[①] 从以上的论述可以看出，以习近平同志为核心的党中央，搭建了一个“党、政府和市场”三位一体新的理论框架，这是“对中国特色社会主义建设规律认识的一个新的突破，是马克思主义中国化的一个新的成果。”[②]

① 郭冠清：《习近平〈对发展社会主义市场经济的再认识〉一文的学术贡献》，《福建论坛》（人文社会科学版）2018 年第 1 期。

② 习近平：《在十八届中央政治局第十五次集体学习时的讲话》（2014 年 5 月 26 日），中共中央文献研究室：《习近平关于社会主义经济建设论述摘编》，中央文献出版社 2017 年版，第 59 页。

习近平新时代中国特色社会主义绿色发展思想研究

何爱平　安梦天

摘要　习近平新时代中国特色社会主义绿色发展思想是在新时代建设生态文明、美丽中国，实现人与自然和谐相处的指导思想。习近平的绿色发展思想是在吸收中华文化与马克思的生态思想，总结西方国家的经验教训，结合国内国际时代潮流的基础上形成的。习近平绿色发展思想以绿色财富观和绿色生产力理论为基础及出发点，以绿色产业体系构建为动力和支撑，以绿色发展方式转型为实施途径，并通过建章立制即完善绿色制度体系保障绿色发展的实施与落实。习近平的绿色发展思想是对马克思主义政治经济学、传统发展理论的重大创新，同时也对我国建设美丽中国与世界其他发展中国家践行可持续发展具有重要时代价值。

关键词　绿色发展　习近平　美丽中国

一　习近平新时代中国特色社会主义绿色发展思想形成的基础

习近平新时代中国特色绿色发展思想是针对我国经济发展面临的突出问题和挑战提出来的，是对我国经济发展实践经验的科学总结，是习近平经济思想的重要组成部分。习近平新时代中国特色社会主义绿色发展思想

［作者简介］何爱平，西北大学经济管理学院教授、博士生导师；安梦天，西北大学经济管理学院硕士研究生。

也是在吸收中华文明生态思想和马克思的人与自然和谐发展思想的基础上统筹国内国际两个大局基础上形成的。

（一）理论溯源

1. 马克思关于人与自然和谐发展的思想

马克思提出，历史唯物主义的前提是从事生产的现实的人，而人与自然的关系是人类社会中一个最基本的关系，也是人类社会每个发展阶段都需要处理好的关系。自然史就是人类活动的历史，人类活动的历史就是一部人类与自然关系的历史。在马克思看来，自然对于人类来说既是劳动对象也是劳动资料。人类通过劳动来改造自然，同时劳动的资料又来自自然。所以，自然界本身就是生产力，人们保护自然，就是保护生产力。人类通过对自然的改造来推动社会的进步，自然界也通过自然规律来约束人类对大自然改造的行为，两者互相影响，密不可分，人与自然应该是共同发展、和谐共生的关系。习近平的绿色发展思想以马克思的人与自然关系为理论依据，提出了人与自然是无法分割的利益共同体，建设生态文明，保护环境就是造福人类自己。

2. 中华文明积淀了丰富的生态智慧

绿色发展思想在中国源远流长。早在春秋战国时期的百家争鸣中，就产生了蕴含绿色发展的生态伦理思想。中国漫长的封建社会是典型的农业文明，朴素、保守的农业文明，对自然有着天然的亲近基因，是绿色发展思想形成的传统文化基础。“天人关系”是我国古代农业文明体系中的统领性问题。“人法地，地法天，天法道，道法自然。”（《道德经·道经第二十五章》）就反映了一种朴素的“天人合一”思想。庄子提出的“天地与我并生，而万物与我为一”（《齐物论》）把人与自然的关系理解为两者共生共长。人类在自然中出现，在自然中发展，应该顺应大自然，保护大自然。习近平的绿色发展思想是在撷取和借鉴中华民族传统生态和谐思想精华的基础上提出的，在十八届中央政治局第六次集体学习时，习近平提出：“我们中华文明传承五千多年，积淀了丰富的生态智慧。‘天人合一’……这些质朴睿智的自然观，至今仍给人深刻警示和启迪。”

（二）时代背景

1. 我国急需加强对生态环境的保护

我国在发展过程中积累的生态问题进入了一个集中爆发的阶段。我国大部分省份出现的雾霾天气，华北地区的饮用水安全问题，土壤重金属污染严重集中暴露，引起了人民群众的强烈反应。世界银行与中国国务院发展研究中心在《中国污染代价》报告中称，每年中国因污染导致的经济损失占 GDP 的5.8%，其中医疗卫生费用占 GDP 的3.8%。如果我们处理不好环境与经济发展之间的关系，会产生严重的政治和社会问题。习近平指出："我们在生态环境方面欠账太多了，如果不从现在起就把这项工作紧紧抓起来，将来会付出更大的代价。"我们只有从现在开始转变发展模式，实现绿色发展，才能在社会进步的同时，建设一个美丽的中国。只有坚持绿色发展，才能在不产生新的生态问题的同时，治理已经产生的环境污染。

2. 国家间的竞争日趋激烈

在当今世界日趋激烈的竞争环境下，各国都在努力寻找新的经济增长点，打造新的经济发展模式。美国现任总统特朗普虽然长期支持煤炭、油气等传统化石能源行业，不承认全球变暖，呼吁减少环境监管，退出《巴黎协定》，但是，美国政府却大力支持发展新能源，争取在新一轮世界竞争中抢占先机。除世界第一大经济体美国外，欧盟也在 2010 年制定了《欧盟 2020》发展战略，明确提出发展绿色经济，实现从传统经济向低碳经济结构转变。日本在 2012 年的国家战略会议上提出了"绿色发展战略"。2009 年，韩国颁布了《国家绿色增长战略 2050》。以印度、巴西等为代表的新兴市场国家也迅速加入了绿色发展的行列，大力推进本国经济发展模式向绿色转变。绿色发展已经成为现在的时代潮流，面对日趋激烈的国家间竞争，我们必须抓住机遇，提出中国自己的绿色发展思想，乘势而上，将绿色发展视为新的经济发展模式，把环境约束转化为绿色机遇，加快制定绿色发展战略，用以指导产业转型升级并促进新兴产业发展，寻找新的经济增长点，切实转变经济发展方式，实现产业结构升级，抢占未来世界市场竞争的制高点。

3. 西方发达国家发展的历史经验教训

西方国家在发展过程中，由于忽视对环境的保护造成了一系列严重的环境污染事件，如伦敦烟雾事件、马斯河谷事件、洛杉矶光化学烟雾事件等。世界上大多数发达国家在发展过程中，都因为忽视环境保护酿成了许多公害事件，造成了人类健康和财产的损失。正是看到了西方国家在发展中因为对自然破坏而自食其果，习近平提出，我们在经济发展过程中，不能一味地追求高增长，应该注重生态保护，资源节约，坚决不能走"先污染，先发展，后治理”的老路。“要实现永续发展，必须抓好生态文明建设。我们建设现代化国家，走欧美老路是走不通的。”“古今中外的这些深刻教训，一定要认真吸取，不能再在我们手上重犯。”中国经济要发展，要实现全面建成小康社会的目标，必须走绿色发展之路，走生态文明、人与自然和谐相处之路。

二 习近平新时代中国特色社会主义绿色发展思想的科学内涵

习近平新时代中国特色绿色发展思想以绿色财富观和绿色生产力理论为基础和出发点，以绿色产业体系构建为动力和支撑，以绿色发展方式转型为实施途径，并通过建章立制即完善绿色制度体系保障绿色发展的实施与落实。

（一）绿色财富观

绿色财富观是习近平中国特色绿色发展思想的理论基础。习近平的绿色财富观核心就是“我们既要绿水青山，也要金山银山。宁要绿水青山，不要金山银山，而且绿水青山就是金山银山”。①

财富观是人们价值观的一种反映，会影响人们的价值选择，进一步影响人们的实践活动。在中国改革开放后的很长一段时间里，由于我国急需解决的基本矛盾主要是人民日益增长的物质文化需求和落后的生产力之间的矛盾，人民普遍坚持物质财富观，一味地追求经济增长的高速度，即使以生态破坏和资源浪费为代价也在所不惜。而在新时代下，我国的主要矛盾已经发生变化，之前的财富观也应该与时俱进。我国现在的基本矛盾是日益增长的美好生活需要和不平衡不充分的发展之间的矛盾，我国人民对生活环境的要求在不断提高，这就要求我们在发展中必须树立绿色财富观，坚持在发展的同时，保护环境，建设一个美丽的中国。

习近平的绿色财富观是生态文明时代引领时代潮流的主流价值观，它主要包括绿色财富的本质、绿色财富的源泉和绿色财富多少的标准。绿色财富的本质就是自然资源和生态环境，只有拥有一个良好的自然环境，才

① 《绿水青山就是金山银山》，《人民日报》2014年7月11日。

能真正地拥有绿色财富。绿色财富的本质是自然资源，那节约资源和保护环境是创造绿色财富的不竭源泉，只有坚持人与自然和谐发展，才能不断增加积累绿色财富。如何衡量一个国家绿色财富的多少，从习近平的绿色财富观来看，就是这个国家自然环境的良好程度和自然资源的利用程度的高低。一个拥有优美自然环境和自然资源利用率高的国家，拥有的绿色财富就多，在生态文明时代，才是真正富裕的国家。所以，我国在发展的过程中，注重对自然资源的节约利用和生态环境的治理保护就是在创造积累绿色财富。

（二）绿色生产力理论

绿色生产力理论是习近平中国特色绿色发展思想的出发点。“绿色生产力”的概念是由亚洲生产力组织首先提出的，目的是在保护自然环境的同时，提高工业产业的生产力水平。在国外的实践中，提升绿色生产力主要是从减少资源投入和取代有毒物质两个方面开展的，集中在实际的操作方法方面。而习近平的绿色生产力理论中保护环境就是保护生产力、改善生态环境就是发展生产力的科学界定，丰富了绿色生产力的内涵，开创了提升绿色生产力的新途径。

发展生产力和保护环境看似是对立的两方面，因为要发展生产力，就会不可避免地或多或少对生态环境产生一定的破坏，而如果把保护生态环境放在第一位，也会制约生产力的进步。但是，习近平的绿色发展思想指导我们辩证地去看待两者关系，不光看到了两者的对立关系，更要看到两者是一个统一的整体。要发展生产力，劳动主体、劳动资料、劳动对象必不可少。保护环境，首先是保护劳动者。劳动者只有在一个良好的环境中生存，才可以保证身体的健康和心情的愉悦，才可以更好地发挥主观能动性，全身心地投入到改造世界，发展生产力的活动中去。其次是保护劳动资料。劳动者改造自然必须要借助一定的劳动资料，而劳动资料只能来源于自然，只有一个良好的自然环境，才可以为劳动者提供源源不断的劳动资料，让劳动者加以利用来促使生产力进步。保护环境还是保护劳动对象，生产力水平的高低除与劳动者、劳动资料息息相关以外，还与劳动对象的好坏密不可分，自然环境作为劳动对象如果遭到了破坏，劳动者和劳动资料的发展程度再高，最终也无法持续地提高生产力水平，一个优美的生态环境可以为我们输送更多的劳动资料，也就有助于我们更快地发展生产力。在新时代下，我国要提升生产力，解决不平衡不充分的新矛盾，改善和保护生态环境是必由之路。

（三）绿色产业体系理论

构建现代绿色产业体系是推进绿色发展的动力支撑。绿色产业发展、传统产业的绿色转型、发展动力清洁转换是建立现代绿色产业体系的主要途径。《关于加快推进生态文明建设的意见》明确指出，要“调整优化产业结构”“发展绿色产业”。

构建现代绿色产业体系的重要手段是支持发展绿色产业。绿色产业与传统产业相比，优势在于生产过程中投入了更少的自然资源，产生了更少的废弃物，实现了资源循环利用，保护和改善了生态环境。“经济方式的转变必将孕育新产业的发展。”① 绿色产业，作为一个新兴产业，它的发展可以为中国经济带来一个新的增长点，也是推动中国发展模式绿色转型的一个动力支撑。绿色产业也对国家间经济水平的竞争具有重要影响，各国绿色产业发展水平不同，但总体来看，中国和发达国家还处于同一个起跑线上，我国应该加大对绿色产业发展的扶持力度，争取在国际竞争中占据有利位置。

传统产业的绿色转型也是中国产业结构转型、构建绿色产业体系的一个重要方面。依靠劳动和资本密集的传统产业在中国改革开放以来的很长一段时间内是中国经济飞速发展的主要动力支撑，但是，进入新时代以后，中国产业结构面临着资源紧缺和生态破坏严重的压力，这就要求我们加速对传统产业的改造升级，才能为绿色发展持续提供动力支持。传统产业绿色转型的重点集中在生产环节中，使用更少的资源和排放更少的废弃物，实现资源的循环利用。

我国现在的能源结构中，化石燃料占据主要地位，使用化石燃料会排放大量的污染物，对生态环境破坏严重。同时，化石燃料也是不可再生资源，全球储量有限，能源枯竭就像一把“达摩克利斯之剑”时刻悬在我国发展的过程中。这就要求我们实现绿色发展必须完成发展动力的清洁转换，逐步减少化石燃料的使用，加快发展绿色技术，加强对风能、太阳能等清洁可再生能源的利用。发展动力的清洁转换在解决我国日益加剧的能源危机的同时，保护了我国的生态环境，是我们实现构建绿色产业体系的

① 《习近平绿色发展三大思路：绿色惠民、绿色富国、绿色承诺》，新华网，http：//news.xinhuanet.com/politics/2016－01/10/c_ 128613086.htm。

必由之路。

（四）绿色发展方式理论

形成绿色的发展方式和生活方式是实现绿色发展的有效路径。绿色发展与我们每个人都息息相关，能否完成发展方式的绿色转变决定了我们的生存环境是否优美，这就要求我们在生产中形成绿色的发展方式和在生活中形成绿色的生活消费模式。

转变经济发展方式是习近平绿色发展方式理论的重要组成部分。转变经济发展方式，既要求从粗放型增长转变为集约型增长，又要求从通常的增长转变为全面、协调、可持续的发展。从根本上摒除传统发展中一味地追求 GDP 增长，而忽视资源浪费和生态破坏的情况，树立整体发展理念，走人与自然、资源和社会协调发展的道路。习近平指出，“绿水青山”与“金山银山”之间是良性互动的关系：经济增长的同时要实现生态保护，生态良好产生良好的经济、社会效益，催生新的经济增长点。在生产中形成绿色发展方式，要以调整资源利用方式、提高自然资源利用率为重点，同时加强供给侧结构性改革，去除过剩产能，调整经济发展结构。习近平新时代绿色发展思想指导了绿色发展方式的形成，绿色发展方式也推进了绿色发展思想的贯彻实施。

绿色的生活方式要求我们在生活中坚持绿色消费，养成绿色环保的消费习惯。首先是在日常生活中形成绿色的消费观念，在消费中注重节约资源和保护环境；其次是在生活中对垃圾进行分类处理，固定地点回收，不对环境造成污染；最后是提倡购买绿色产品。绿色消费是符合绿色发展要求而产生的兼顾人类自身需要和生态环境保护的可持续性消费模式。绿色的生活方式还要增强每个公民的环保意识，把建设美丽中国化为人民的自觉行动。习近平提出：“要加强生态文明宣传教育，增强全民节约意识、环保意识、生态意识、营造爱护生态环境的良好风气。”绿色发展需要把提升公民的生态保护意识视为一项重要工作。我国有近 14 亿人口，无论投入多少人力、物力也抵挡不住社会成员对于环境的肆意破坏，从长远来看，只有提高每个公民的环保意识，才是建设美丽中国、实现绿色发展的永续动力。我们只有培养每个公民的环保意识，促使每个公民主动选择绿色生活方式，中国的发展才能真正走出目前的困境和资源环境危机，才能实现绿色发展。

（五）绿色发展制度体系理论

制度是国家治理的机制，推进绿色发展重在建章立制，构建系统完备、科学规范、运行有效的制度体系是推进绿色发展的保障。习近平提出，我们要按照系统工程的思路来开展生态保护工作，从事前、事中、事后三个环节，全过程地构建系统的绿色发展制度体系。

首先，在事前构建强制性制度与自发性制度相结合的制度体系。一方面，要明确生态红线，建立自然资源产权与使用制度，对污染排放构建一套系统的指标与管理制度，通过制度来强制性规范企业的生产活动。另一方面，要建立健全自发性制度，通过建立资源有偿使用制度、生态补偿制度、绿色教育制度来引导企业和个人自发地投入生态保护之中。

其次，在事中完善环境保护督察制度。实行环保督察制度是建立环境保护长效机制的重要环节。在我国发展过程中，一些地方政府为了追求经济的高增长，对中央政府的环境保护工作在执行中大打折扣，这就要求我们建立比较完善的督察制度，确保地方落实中央的统一部署。完善环境保护督察制度，确保督察以问题为导向，以及督察工作的规范性、科学性。

最后，在事后建立党政领导干部生态环保考核机制。在党政干部晋升环节的政绩考评中，不再唯 GDP 论，加入生态环境保护成效的考核内容。地方不能不发展，也不能为了发展而牺牲环境，应该按照绿色发展效率的高低来衡量地方官员的政绩。除此之外，还要建立对党政干部的问责制度，包括环境破坏的终生追责原则和生态环境离任审计原则，通过倒逼机制，督促各级党政领导干部加强对生态环境保护工作的重视。

三　习近平新时代中国特色社会主义绿色发展思想的理论创新

（一）习近平的绿色发展思想是对马克思生态思想的重大创新

习近平的绿色发展思想继承和发展了马克思的人与自然辩证关系的理论。马克思将人与自然看作一个整体，人与自然相互联系、相互影响、密不可分。习近平的绿色发展思想提出了生命共同体和人类命运共同体理念，对马克思的生态思想进行了理论创新。马克思看到了资本主义生产对生态环境带来的巨大破坏，在生产的同时产生了大量工业废弃物。虽然马克思没有明确提出“绿色发展”的理念，但是，他的主张蕴含了绿色发展的思想，他提出必须减少工业废物，循环利用工业废物要靠科学技术的进步。在此基础上，习近平站在人类命运共同体的角度，提出绿色发展就是为全球的生态安全负责，对人类未来的发展命运负责。

（二）习近平的绿色发展思想是对马克思财富理论的重大创新

习近平总书记创新性地提出了绿色财富的理念，认为生态环境也是人类的财富之一，拓展了马克思的财富含义。如果没有良好的生态环境，人类也没办法从大自然获得所需的资源，更无法创造物质财富。所以，从根本上说，青山绿水才是人类最需要的最基础也最珍贵的财富。习近平的绿色财富观准确、科学地阐释了人与自然之间的相互依存、共生共长的关系，转变了人们的发展观与政绩观，促使人们在经济发展的过程中不断重视对生态环境的保护。

（三）习近平的绿色发展思想是对马克思生产力理论的重大创新

马克思在生产力理论中提出自然力也是生产力。他认为，生产力是自然生产力与社会生产力共同构成的，两者缺一不可，共同推动了社会的进步。社会生存与生产的动力来自社会生产力与自然生产力的结合。但是，人们在长期的发展中，只重视凝结了人的劳动的物质产品，却忽略了自然生产力为人类提供的产品的价值。人们以往在理解生产力的时候，总是将人放在中心，认为自然界是为人类服务的。习近平的绿色发展思想拓展了马克思生产力理论的范围，他明确指出，保护环境就是保护生产力、发展生产力，自然界是人们生产力进步与人们创造财富的基础，自然生产力也可以创造物质财富。习近平的绿色生产力理论，为我国经济增速减缓、环境恶化、国内主要矛盾变化的当下指明了发展生产力的方向与方法。

（四）习近平的绿色发展思想是对发展方式理论的重大创新

从古典经济学家开始，发展方式的选择就是人们不断探讨的话题之一。亚当·斯密认为，分工推动了社会的发展。重商主义提出，商业才是社会发展的主要动力。重农学派认为，农业的进步才是社会发展的基础。新古典经济学家认为，发展来源于技术的进步。马克思将发展分为外延的发展方式与内涵的发展方式。后来，发展经济学家又提出，资本、人力资本是推动发展的决定因素。阿玛蒂亚·森认为，拓展人的权利才是正确的发展方向。习近平创新地提出了绿色发展的思想，认为在保护环境的基础上的发展才是真正的发展，牺牲生态环境的发展决不可取。低碳经济、循环经济、绿色经济才是人类未来发展的方向，走人与自然可持续发展的绿色发展道路，是构建人类命运共同体、实现人类永续发展的必由之路。

四　习近平新时代中国特色社会主义绿色发展思想的时代价值

（一）习近平的绿色发展思想是建设美丽中国的行动指南

我国改革开放以来一直以经济建设为工作重心，忽视了对环境的保护，一味地追究 GDP 增长的粗放型增长模式对资源和环境造成了很大破坏。我国环境污染日益严重，人民对于美好生存环境的追求要求我国必须解决好经济增长和生态环境保护之间的关系问题。党的十九大报告明确指出，到 21 世纪中叶，要把我国建设成富强民主文明和谐美丽的社会主义现代化国家。习近平的绿色发展思想给我们指明了建设美丽中国的路径。

中国不能不发展，但是，绝不能以牺牲自然环境为代价。首先，树立人与自然和谐发展思想，摒弃单纯追求 GDP 增长的发展理念。今后我国在经济发展中，不应再单纯以 GDP 增长高低论英雄，应通过构建绿色经济核算制度，实现在经济发展的同时重视对生态环境的保护。促使各级政府树立人与自然和谐发展的思想，明确保护生态环境是为了更好地促进经济发展，避免走发达国家"先污染，后治理"的老路，在保护生态环境的中，实现绿色发展、可持续发展。其次，调整产业结构，大力发展绿色环保产业，去除过剩产能，提高资源的利用率，发展循环经济。最后，加强绿色教育，培养每个公民的环保意识，倡导绿色消费与低碳出行，建设绿色社区、绿色学校、绿色机关。

（二）为发展中国家解决生态环境和经济增长贡献了中国智慧

中国是世界上最大的发展中国家，长期的粗放型经济发展浪费了大量的能源资源，对生态环境造成了严重破坏。绿色发展是一个世界性课题，中国积极响应国际绿色发展潮流，勇担责任，发挥自身优势，帮助发展中国家。中国批准《巴黎协定》，设立中国—联合国和平发展基金，以自身的行动践行可持续的绿色发展思想，中国还带领亚洲、非洲广大发展中国家共同参与全球环境治理。在习近平的绿色发展思想指导下，我国在生态保护方面积极行动，国际地位不断提升，树立起一个负责任的世界大国形象。习近平的绿色发展思想，不仅为中国转变经济发展方式提供了指导思想，也为广大的发展中国家提供了解决增长与保护环境问题的中国方案。

［中国特色社会主义政治经济学建设］

“人民主体论”是中国特色政治经济学体系的逻辑起点

白暴力

摘要 生产力是整个政治经济学的起点，生产关系是政治经济学的研究对象，社会生产目的是政治经济学的行为分析基础，劳动价值理论是政治经济学的理念基础。在这些范畴基础之上，马克思构建了宏大的政治经济学体系。“人民主体论”则构成了这些基础范畴的逻辑起点。人民主体论以历史唯物主义为哲学基础，明确了劳动者是生产力中最活跃最根本的因素，揭示了生产资料公有制的社会基础和历史必然性，进一步确立了社会主义生产目的，夯实了劳动价值理论的学术基础。党的十八大以来，以习近平同志为核心的党中央所提出的“人民主体论”是对马克思主义政治经济学的丰富和发展，构成了中国特色政治经济学体系的逻辑起点。

关键词 人民主体 中国特色 政治经济学 逻辑起点

生产力是社会存在和发展的最终决定力量，是整个政治经济学的出发点。生产力和生产关系的矛盾运动构成了生产关系一定要适合生产力状况的规律。生产关系是政治经济学的研究对象，生产资料所有制是生产关系的核心，社会主义公有制则是社会主义生产关系的核心，是中国特色社会主义经济的制度基础。社会生产目的决定着经济过程的各种宏观与微观经济行为，是政治经济学分析的行为基础。劳动价值理论是政治经济学的基础范畴，为科学阐明政治经济学的一系列经济范畴和经济规律提供了理念

［作者简介］白暴力，北京师范大学教授（二级）、博士生导师，当代经济理论研究中心主任。

基础。

以生产力、生产关系、生产目的和劳动价值理论等为基础，马克思构建了宏大的政治经济学体系。党的十八大以来，以习近平同志为核心的党中央提出的“人民主体论”构建了这些基础理论的逻辑起点，形成了中国特色社会主义政治经济学的逻辑起点。本文对此进行深入探讨。

一 历史唯物主义是“人民主体论”的哲学基础

“人民群众是历史的创造者”是历史唯物主义的核心内容，“人民主体论”以此为哲学基础，强调了人民是历史的创造者，是中国改革开放事业的主体，是建设中国特色社会主义、实现“中国梦”的主力军。这是对历史唯物主义的丰富和发展，也凸显了中国特色社会主义政治经济学的本质特征。

（一）“人民群众是历史的创造者”是历史唯物主义的一个主要核心内容

历史唯物主义是马克思主义哲学的重要组成部分，是关于人类社会发展一般规律的理论，“人民群众是历史的创造者”是其主要核心内容之一，历史唯物主义认为：“人民，只有人民，才是创造世界历史的动力。”

首先，人民群众是社会物质财富的创造者。人类要生存，需要有维持生存的吃、穿、住、行、用等物质生活资料，而这一切都是劳动人民在生产实践中通过辛勤劳动创造出来的，没有劳动者的劳动，就不会有劳动产品的产生。

其次，人民群众是社会精神财富的创造者。人民群众的物质生产活动是自然科学、社会科学和文学艺术等精神财富创造的源泉，只有以人民群众的生产和社会实践为基础，将人民群众的智慧加以总结、提炼、升华，才能创造出有价值的自然科学、社会科学和文学艺术等成果。

最后，人民群众是社会变革的决定力量。人民群众通过物质生产劳动，积累着生产经验和技术，积累着对自然规律的认识，在此基础上改进生产工具，推动生产力的发展，从而改变生产关系。历史活动是群众的事业。[1] 生产力突破生产关系的社会变革，是由人民群众作为基本的、决定性的力量来实现的。

（二）“人民主体论”是历史唯物主义的新发展

党的十八大以来，习近平总书记和党中央，在坚持历史唯物主义的基础上，提出了“人民主体论”，强调人民是历史的创造者，是真正的英雄，是中国改革开放事业的主体，是建设中国特色社会主义、实现“中国梦”的主力军，是实现现代化的力量源泉和胜利之本。这是我们党在新的历史时期对历史唯物主义的丰富和发展。

人民就是人民群众，主体就是强调人民的主体地位和主体利益。“坚持人民主体地位”，就是坚持工人、农民、知识分子和新的社会阶层等的主体地位，就是坚持他们在中国特色社会主义总布局中的主体地位。

党的十八大以来，习近平总书记站在新的历史起点，多次指出：“人民是历史的创造者，群众是真正的英雄。人民群众是我们力量的源泉。……我们一定要始终与人民心心相印、与人民同甘共苦、与人民团结奋斗”。[2] “人民创造历史，劳动开创未来。”“我们要用 13 亿中国人的智慧和力量，一代又一代中国人不懈努力，把我们的国家建设好，把我们的民族发展好。”[3] “历史反复证明，人民群众是历史发展和社会进步的主体力量。”[4] 改革开放积累的宝贵经验中很重要的一条就是“坚持以人为本，尊重人民主体地位，发挥群众首创精神，紧紧依靠人民推动改革”。[5]

习近平总书记明确指出：“我们追求的发展是造福人民的发展，我们追求的富裕是全体人民共同富裕。改革发展搞得成功不成功，最终的判断标准是人民是不是共同享受到了改革发展成果。”[6]

习近平总书记反复强调：“尊重人民主体地位，保证人民当家做主，

---

① 《马克思恩格斯全集》第二卷，人民出版社 1957 年版，第 104 页。

② 习近平：《人民对美好生活的向往就是我们的奋斗目标》，《人民日报》2012 年 11 月 16 日第 4 版。

③ 《习近平谈治国理政》，外文出版社 2014 年版，第 44 页、第 57 页。

④ 习近平：《在纪念毛泽东同志诞辰 120 周年座谈会上的讲话》，《人民日报》（海外版）2013 年 12 月 27 日第 2 版。

⑤ 《中共中央关于全面深化改革若干重大问题的决定》，《人民日报》2013 年 11 月 16 日第 1 版。

⑥ 《中共中央召开党外人士座谈会　习近平主持并发表重要讲话》，《人民日报》2015 年 10 月 31 日第 1 版。

是我们党的一贯主张。"[1]"坚持人民主体地位，充分调动人民积极性，始终是我们党立于不败之地的强大根基。""党的根基在人民、血脉在人民、力量在人民。"[2]"人民立场是中国共产党的根本政治立场。"[3]

"要坚持以人民为中心的发展思想，这是马克思主义政治经济学的根本立场。要坚持把增进人民福祉、促进人的全面发展、朝着共同富裕方向稳步前进作为经济发展的出发点和落脚点，部署经济工作、制定经济政策、推动经济发展都要牢牢坚持这个根本立场"。[4]

习近平总书记和党中央站在广大人民群众立场上，对坚持人民主体地位的重要论述，体现了新一届中央领导集体始终与人民同甘苦、共命运；坚持人民主体地位，肯定了人民群众是社会历史发展的决定力量，人民是物质财富和精神财富的创造者，是中国特色社会主义建设和改革的主体推动力，是党中央在新的历史时期对历史唯物主义的丰富和发展；坚持人民主体地位，把实现好、维护好、发展好最广大人民根本利益作为推进改革的出发点和落脚点，使发展成果更多更公平惠及全体人民，高度概括了马克思主义政治经济学无产阶级和人民群众的根本立场，也凸显了中国特色社会主义政治经济学的本质特征。

二 "人民主体论"明确了生产力中最活跃最根本的因素

生产力是政治经济学的出发点，马克思主义政治经济学说明了生产力的三个要素和决定生产力的五个因素，"人民主体论"进一步揭示和明确了生产力及其决定因素中人民（劳动者）是最活跃最根本的因素，推进了马克思主义政治经济学的发展。

---

① 习近平：《在庆祝中国共产党成立95周年大会上的讲话》，《人民日报》2016年7月2日第2版。

② 《社论：始终保持与人民的血肉联系》，《人民日报》2013年6月19日第2版。

③ 习近平：《在庆祝中国共产党成立95周年大会上的讲话》，《人民日报》2016年7月2日第2版。

④ 习近平：《立足我国国情和我国发展实践 发展当代中国马克思主义政治经济学》，《人民日报》2015年11月25日第1版。

（一）生产力是政治经济学研究的出发点

马克思主义政治经济学的研究对象是生产关系，而生产关系是由生产力所决定的，生产力是人类本身的存在和发展、人类社会生活的物质基础，是推动整个社会发展的最终决定力量，因此，生产力是马克思主义政治经济学的出发点。

政治经济学要揭示生产关系的运动规律，必须研究生产力对生产关系的决定作用，必须研究生产关系要适合生产力发展状况的基本规律。作为人们改造自然改造社会的能力，生产力是社会生产中最活跃的因素，所有的生产要素通过市场机制进行经济运行（生产、分配、交换、消费）的结果，都是建立在生产力基础之上的。生产力的水平和性质、生产力的组织和管理、生产力规律、生产力与生产关系的关系、劳动协作与分工等生产力问题，都与生产关系的发展运动有着密切的联系，政治经济学揭示生产关系的运动规律，必须以生产力为出发点。

（二）“人民主体论”明确了生产力中最活跃最根本的因素是劳动者

马克思主义政治经济学认为，生产力是人们改造自然、改造社会的能力，包括三个基本要素：第一，有一定生产经验和劳动技能的从事物质生产的劳动者；第二，在劳动过程中用以改变和影响劳动对象的劳动资料；第三，劳动者在劳动过程中使用劳动工具所加工的一切对象，即劳动对象。其中，劳动资料和劳动对象结合起来构成生产资料，这是生产力中“物”的要素，而劳动者则是生产力中“人”的要素。马克思在《资本论》中指出了决定劳动生产力的五个因素：“劳动生产力是由多种情况决定的，其中包括：工人的平均熟练程度，科学的发展水平和它在工艺上应用的程度，生产过程的社会结合，生产资料的规模和效能，以及自然条件。”①

“人民主体论”明确了生产力中最活跃最根本的因素是劳动者。劳动者就是人民的主体，习近平总书记指出，“人民是历史的创造者，是推动改革的力量源泉”。② 因此，“我们要实现党的十八大确定的奋斗目标和中国梦，必须紧紧依靠人民，充分调动最广大人民的积极性、主动性、创造性”。“中国梦归根结底是人民的梦，必须紧紧依靠人民来实现”。“中国

① ［德］马克思：《资本论》第一卷，人民出版社1975年版，第53页。

② 中共中央宣传部：《习近平总书记系列重要讲话读本》，人民出版社2016年版，第79页。

要飞得高、跑得快，就得依靠13亿人民的力量。”[①] 习近平总书记的论述明确地指出了生产力诸要素中起决定性作用的要素是人民，生产力中最活跃最根本的因素是人民，也就是劳动者，劳动者是生产力的主体；指出了发展生产力的核心在于充分调动最广大人民的积极性、主动性和创造性。

劳动者和生产资料在生产过程中互相结合起来进行生产，构成了现实的生产力。离开劳动者，生产力就失去了内涵。劳动工具需要劳动者去创造和使用，劳动对象也需要劳动者去作用。离开了劳动者（人），劳动工具和劳动对象都没有任何用处与意义。劳动者的创造性是生产力发展的动力和源泉。人类要生存就必须用自己的双手和智慧创造更多的社会财富以满足自身以及其他社会成员的需要。没有劳动者的创造性，人类社会就不可能发展和进步。决定劳动生产力的五个因素的有机组合和合理配置，对生产力作用过程和劳动生产率的提高起着基本的也是决定性的作用。而生产力的作用主体是人，是劳动者。以劳动人民群众为主体的社会生产力是社会存在与发展的决定性力量。作为生产力中最活跃最革命的因素，人民群众既是社会物质生产活动的主体、物质财富的创造者，又是社会精神生产活动的主体、精神财富的创造者。

在此基础上，习近平总书记和党中央指出，中国特色社会主义经济建设和改革，要充分依靠和调动劳动者，也就是人民的主体力量。习近平总书记指出：“实现中国梦必须凝聚中国力量，这就是中国各族人民大团结的力量。”[②] 要“突破利益固化的藩篱，必须依靠人民，从群众中汲取无穷的智慧和力量”。[③] 习近平总书记还强调了科学技术人员的重要作用，他在2016年全国科技创新大会上指出：“两院院士和广大科技工作者是国家的财富、人民的骄傲、民族的光荣。”“要大兴识才爱才敬才用才之风，在创新实践中发现人才、在创新活动中培育人才、在创新事业中凝聚人才，聚天下英才而用之，让更多千里马竞相奔腾，努力造就一大批能够把握世界科技大势、研判科技发展方向的战略科技人才，培养一大批善于凝聚力量、统筹协调的科技领军人才，培养一大批勇于创新、善于创新的企

① 《习近平谈治国理政》，外文出版社2014年版，第40、98、367页。

② 中共中央文献研究室：《习近平关于实现中华民族伟大复兴的中国梦论述摘编》，中央文献出版社2014年版，第48页。

③ 中共中央文献研究室：《习近平关于全面深化改革论述摘编》，中央文献出版社2014年版，第147页。

业家和高技能人才。”①

习近平总书记的论述，紧紧抓住了劳动者（人民）这一生产力中最活跃且最具有能动性的因素，阐明了实现党的奋斗目标和中国梦的主体力量是人民；抓住了人的创造性是生产力发展的动力和源泉，阐明了人民是实现中国梦的力量源泉；抓住了人是生产力过程的主体，强调必须依靠人民、发挥人民的智慧、让人民享有劳动成果；抓住了科学技术是先进生产力的集中体现，强调重视科技创新、培育科技人才、发挥科技优势，为发展生产力提供强大的科技支撑。“人民主体论”全方位地揭示和明确了劳动者是生产力中最活跃最根本的因素，推进了马克思主义政治经济学的发展。

三　“人民主体论”进一步揭示了生产资料公有制的社会基础和历史必然性

政治经济学的研究对象是生产关系，而生产关系的核心则是生产资料所有制。“人民主体论”揭示了生产资料公有制的社会基础和历史必然性，为中国特色社会主义政治经济学奠定了制度分析基础。

（一）政治经济学研究对象是生产关系，生产关系的核心是生产资料所有制

马克思主义政治经济学的研究对象是社会生产关系。社会生产关系是人们在一定生产资料所有制基础上所形成的在社会生产总过程中发生的生产、分配、交换和消费关系的总和。其中，生产是决定性因素。生产决定分配：有什么样性质的生产资料所有制，就有与其相适应的分配形式；生产决定交换：生产的方式和性质决定了交换的方式与性质，生产发展的水平和结构决定交换的深度与广度；生产决定消费：生产为消费提供对象，并决定消费的方式和消费的性质。因此，生产资料所有制是整个生产关系的基础，决定了生产关系的根本性质。作为马克思主义政治经济学研究对象的生产关系，体现着生产劳动者同生产资料的结合方式，其最基本的、

① 《全国科技创新大会两院院士大会中国科协第九次全国代表大会在京召开》，《人民日报》2016 年 5 月 31 日第 1 版。

起决定作用的是生产资料所有制形式。生产资料所有制是马克思主义政治经济学分析的制度基础。

社会主义生产资料公有制是社会主义生产关系的具体实现，也是社会主义生产关系的核心和基础。社会主义公有制，是生产资料属于全体人民或劳动者集体所有的形式，在此基础上，实现按劳分配、共同富裕、共同占有生产成果，则是社会主义经济制度的基本特征。中国特色社会主义基本经济制度是以公有制为主体、多种所有制经济共同发展。社会主义生产资料公有制是中国特色社会主义的主体所有制。因此，生产资料公有制是中国特色社会主义政治经济学分析的制度基础，对生产资料公有制的研究是中国特色社会主义政治经济学分析的一个基础核心。

（二）"人民主体论"进一步揭示了生产资料公有制的社会基础和历史必然性

马克思主义政治经济学阐明了随着生产力高度发展导致生产资料公有制现实的历史必然性。"人民主体论"则进一步揭示了生产资料公有制的社会基础和历史必然性。

"人民主体论"强调：人民是历史发展的动力，是生产力中最活跃最根本的因素；人民是社会的主体，是社会的主人。因此，人民应该是生产资料的主人，只有成为生产资料的主人，人民才能成为社会的主人。人民是一个整体范畴，只有作为整体，人民才能成为社会的主人。所以，生产资料应该为人民所共同占有，也就是说，应该实行以生产资料公有制为主体、多种所有制经济共同发展的基本经济制度。

"人民主体论"强调：人民的共同富裕是社会主义生产的目的，是社会主义发展的目标。而要实现人民共同富裕，必须实行以生产资料公有制为主体、多种所有制经济共同发展的基本经济制度。

因此，"人民主体论"充分论证了生产资料社会主义公有制的社会基础和历史必然性，说明社会主义公有制的主体地位，是劳动人民当家做主的经济基础和社会化大生产的客观要求，是体现人民主体地位的根本制度；是促进生产力发展、维护社会公平正义、让人民共享发展成果、提高人民生活水平、增强综合国力的制度保障，充分体现了社会主义制度的优越性。

习近平总书记强调："公有制主体地位不能动摇，国有经济主导作用不能动摇，这是保证我国各族人民共享发展成果的制度性保证。"① 党的十八届三中全会强调："必须毫不动摇巩固和发展公有制经济，坚持公有制主体地位，发挥国有经济主导作用，不断增强国有经济活力、控制力、影响力。必须毫不动摇鼓励、支持、引导非公有制经济发展，激发非公有制经济活力和创造力。"②"两个不能动摇"和"两个毫不动摇"，深刻地阐明了完善社会主义市场经济体制必须坚持公有制主体地位和国有经济主导作用，这是多种所有制经济共同发展的基本前提条件，是我国社会主义社会先进生产力主要的载体和物质技术基础，也是实现广大人民群众共同利益和共同理想的制度保证；要把经济社会发展搞上去，还要激发非公有制的活力，这是社会主义初级阶段生产力发展的客观要求和必然结果，也是坚持公有制主体地位，增强国有经济活力、控制力、影响力的一个有效途径和必然选择。

四 "人民主体论"进一步确立了社会主义生产目的

社会生产目的构成一个社会的基本经济规律，决定了经济过程中的各种宏观行为和微观行为，是政治经济学体系中的行为分析基础；"人民主体论"进一步确立了社会主义生产目的是满足广大人民群众物质与精神需要，确立了中国特色社会主义政治经济学行为分析的逻辑起点。

（一）社会生产目的是政治经济学体系中的行为分析基础

社会生产目的构成一个社会的基本经济规律，决定着这个社会系统中的各种经济规律的性质和特征，决定着政府、企业和个人等各个经济主体在生产、分配、交换和消费等各个环节中的决策取向和行为方式，决定着经济过程中的各种宏观行为和微观行为的特征。因此，社会生产目的构成政治经济学体系中的行为分析基础。

马克思主义政治经济学揭示，一个社会的生产目的是由这个社会的生产资料所有制决定的，在不同的社会制度中，社会生产目的是不同的，每个社会形态都有自己特有的生产目的。例如，在资本主义社会中，社会生

① 习近平：《公有制主体地位不能动摇》，《京华时报》2015年11月25日第4版。

② 《中共中央关于全面深化改革若干重大问题的决定》，《人民日报》2013年11月16日第1版。

产目的是“最大限度地追求剩余价值”，表现为“利润最大化原则”。这个生产目的形成了资本主义的基本经济规律，决定了资本主义经济中生产、分配、交换和消费等各个环节的各种宏观行为和微观行为特征。

（二）“人民主体论”确立了社会主义生产目的

社会主义生产资料公有制决定了社会主义的生产目的，中国特色社会主义的基本经济制度决定了中国特色社会主义经济的社会生产目的。习近平总书记和党中央提出的“人民主体论”，进一步确立了社会主义生产目的是满足广大人民群众的物质与精神需要，这就确立了中国特色社会主义政治经济学行为分析的逻辑起点。

习近平总书记一再强调：“人民对美好生活的向往，就是我们的奋斗目标”①，“我们党领导人民进行革命建设改革，就是要让中国人民富裕起来”②；我们的责任，就是要“努力解决群众的生产生活困难，坚定不移走共同富裕的道路”③，“实现好、维护好、发展好最广大人民根本利益是发展的根本目的，必须坚持以人民为中心的发展思想，把增进人民福祉、促进人的全面发展作为发展的出发点和落脚点”④，“带领人民创造幸福生活，是我们党始终不渝的奋斗目标”。⑤

要“努力让13亿人民享有更好更公平的教育，获得发展自身、奉献社会、造福人民的能力”。⑥“把改革方案的含金量充分展示出来，让人民群众有更多获得感”⑦，“做到发展为了人民、发展依靠人民、发展成果由人民共享”。⑧ 我们的责任，就是“不断解放和发展社会生产力，努力解决群众的生产生活困难，坚定不移走共同富裕的道路”。⑨“但愿苍生俱饱

① 《习近平谈治国理政》，外文出版社2014年版，第4页。

② 中共中央文献研究室：《习近平总书记重要讲话文章选编》，中央文献出版社2016年版，第12页。

③ 《习近平谈治国理政》，外文出版社2014年版，第4页。

④ 《中共中央关于制定国民经济和社会发展第十三个五年规划的建议》，《人民日报》2015年11月4日第1版。

⑤ 《不忘初心、继续前进!》，《人民日报》2016年7月2日第3版。

⑥ 《习近平谈治国理政》，外文出版社2014年版，第191页。

⑦ 《科学统筹突出重点对准焦距让人民对改革有更多获得感》，《人民日报》2015年2月28日第1版。

⑧ 中共中央文献研究室：《习近平总书记重要讲话文章选编》，中央文献出版社2016年版，第401页。

⑨ 《习近平谈治国理政》，外文出版社2014年版，第4页。

暖，不辞辛苦出山林”是习近平多次讲话和政文中引用过的句子，抒发了心系人民、让人民过上好日子的真实情怀。

“人民主体论”决定着政府、企业和个人等各个经济主体在生产、分配、交换和消费的各个环节中的决策取向和行为方式，决定着经济过程中的各种宏观行为和微观行为的取向；决定了必须从人民群众的根本利益出发，谋划改革思路和举措，把改革和改善民生放在突出位置，真正做到改革为了人民、改革依靠人民、改革成果由人民共享；决定了要大力发展生产，努力生产出更多更好的、能够满足广大人民不断增长的物质和文化生活需要的产品，为最广大的人民群众谋利益。

“人民主体论”进一步确立了社会主义生产目的，形成了中国特色社会主义经济的基本规律，决定了各个经济环节中的宏观和微观经济行为，是中国特色政治经济学的行为分析基础。

五 “人民主体论”夯实了劳动价值理论的理念基础

劳动价值理论是马克思主义政治经济学最基础的理论，是其理念基础，在这个理论基础上，马克思构建了宏大的政治经济学理论体系。“人民主体论”充分说明了劳动者的主体地位，夯实了劳动创造价值的理论分析和学术基础。

（一）劳动价值理论是政治经济学的理念基础

马克思主义政治经济学指出，商品的价值是凝结在商品中的无差别的人类抽象劳动，价值的实体是物化劳动，劳动是价值的唯一源泉；商品价值量由生产商品的社会必要劳动时间决定。

劳动价值理论，说明了社会财富及其分配的实体和内容，说明了商品交换的本质、规律与数量的关系，为科学阐明货币理论、剩余价值理论以及一系列经济范畴和经济规律提供了理念基础。以劳动价值理论为基础，马克思分析了劳动力商品的价值与使用价值，揭示出雇佣工人的剩余劳动是剩余价值产生的唯一源泉；建立了资本有机构成理论、资本积累理论、社会资本再生产理论、平均利润理论、商业利润理论、地租理论等一系列重要理论。劳动价值理论是理解马克思主义政治经济学的基础，是贯穿政治经济学的一条红线。

（二）人民主体论夯实了劳动价值理论的理论分析和学术基础

"人民主体论"充分说明了劳动者的主体地位，夯实了劳动创造价值的理论分析和学术基础。

习近平总书记指出，"人民创造历史，劳动开创未来"①；"坚持以人为本，尊重人民主体地位，发挥群众首创精神，紧紧依靠人民推动改革"②；"幸福不会从天而降，一切美好都要靠辛勤劳动来创造；梦想不会自动成真，宏伟目标要靠人民的历史创造活动来实现"③；要"始终坚持人民主体地位，充分调动工人阶级和广大劳动群众的积极性、主动性、创造性"④；"实现中华民族伟大复兴中国梦，需要我们坚守人民主体地位的根本立场，焕发人民群众的无穷创造活力，凝聚亿万人民的智慧和力量，以劳动创造铺就梦想之路"。⑤

习近平总书记强调，人民群众不仅是社会物质财富的创造者，也是社会精神财富的创造者。"改革开放在认识和实践上的每一次突破和发展，改革开放中每一个新生事物的产生和发展，改革开放每一个方面经验的创造和积累，无不来自亿万人民的实践和智慧。"⑥"我们的人民是伟大的人民。在漫长的历史进程中，中国人民依靠自己的勤劳、勇敢、智慧，开创了民族和睦共处的美好家园，培育了历久弥新的优秀文化。"⑦

习总书记的论述，充分阐明了在财富生产中劳动人民的主体地位和劳动的创造作用。正是因为劳动人民是财富生产中的主体，所以，政治经济学的研究要以劳动人民为"本位"；正是因为以劳动人民为"本位"，正是因为劳动在财富生产中的创造作用，所以，政治经济学要以劳动来度量社会财富。这就充分论证了商品的价值是由劳动创造的理论，为劳动价值理论夯实了学术基础。

---

① 《习近平谈治国理政》，外文出版社2014年版，第44页。

② 《中共中央关于全面深化改革若干重大问题的决定》，《人民日报》2013年11月16日第1版。

③ 《坚守人民主体地位的根本立场——二论学习贯彻习近平全国劳模表彰大会重要讲话精神》，《人民日报》2015年5月2日第1版。

④ 同上。

⑤ 同上。

⑥ 《以更大的政治勇气和智慧深化改革　朝着十八大指引的改革开放方向前进》，《人民日报》2013年1月2日第1版。

⑦ 习近平：《人民对美好生活的向往就是我们的奋斗目标》，《人民日报》2012年11月16日第4版。

“人民主体论”以“人民”为“本”，强调了人民在创造社会财富方面的巨大的、不可替代的作用，揭示了人民的劳动是人类存在、发展的条件和动力，阐明了劳动是价值的唯一人类源泉。政治经济学研究的是人类的经济活动，政治经济学中的世界是“人本位”世界，也就是“人民本位”世界，也就是“劳动人民本位”。“人民主体论”“人民本位”是政治经济学的基本立场。在这个基本立场上，劳动价值理论就成为无可辩驳的公理。

综上所述，生产力是整个政治经济学的起点，生产关系是政治经济学的研究对象，生产目的是政治经济学的行为分析基础，劳动价值理论是政治经济学的理念基础。而“人民主体论”则构建了这些基础范畴的逻辑起点。人民主体论以历史唯物主义为哲学基础，明确了劳动者是生产力中最活跃最根本的因素，揭示了生产资料公有制的社会基础和历史必然性，进一步确立了社会主义生产目的，夯实了劳动价值理论的学术基础。党的十八大以来，习近平总书记和党中央所提出的“人民主体论”是对马克思主义政治经济学的丰富与发展，构成了中国特色政治经济学体系的逻辑起点。

在必然性和偶然性之间：从列宁晚年之问到当代中国社会主义政治经济学

孟　捷

摘要　当代市场经济理论可以区分为1.0、2.0和3.0三个类型，这一类型区分是对当代中国社会主义政治经济学在经济思想史上加以定位的前提。为了发展作为市场经济理论3.0的社会主义政治经济学，需要对历史唯物主义进行概念的重构。列宁晚年提出，十月革命的爆发，是以世界历史的偶然性为前提的，但从资本主义向社会主义的过渡，又必须服从必然性即生产力的根本进步。将这种必然性和偶然性有机地结合，是对历史唯物主义进行概念重构的前提。邓小平提出，社会主义的根本任务是发展生产力、解放生产力；市场经济是完成这一任务的必由之路，从而继承和超越了列宁。习近平总书记对社会主义市场经济特点的概括，即“政治的经济化”和“经济的政治化”，则指向市场经济理论3.0的本质特征。从市场经济理论3.0和1.0的差别着眼，可以建立一个批判地考察当代中国经济学理论的坐标系。

关键词　列宁　历史唯物论　市场经济理论3.0　邓小平　习近平

一

在历史唯物主义发展史上，可以梳理出三四次马克思主义者内部的争论，这些争论涉及生产力一元决定论和另一种相反观点（主张阶级斗争

［作者简介］孟捷，复旦大学经济学院特聘教授，博士生导师。

和政治权力的变化是推动生产关系变革的主导因素）之间的对立。这些争论中最早一次体现在恩格斯晚年关于历史唯物主义的几封书信中。19 世纪末，针对第二国际普遍将历史唯物主义理解为经济决定论（生产力一元决定论）的倾向，恩格斯写了五封书信，试图对这种倾向加以纠偏。在这些书信中，恩格斯还探讨了国家的经济作用，提出国家对经济发展的阻碍作用，有时足以使一国经济崩溃。但总体而言，恩格斯的纠偏是不成功的，他对政治权力或国家的经济作用的看法，虽然包含着合理的要素，但毕竟没有上升到概念的层次，并未对历史唯物主义的解读带来实质性影响。

第二次争论发生在十月革命爆发后，是围绕十月革命的合法性问题而产生的。就此我想多谈一谈。首先可以提到的是葛兰西，他后来成为意大利共产党总书记。葛兰西当时写了一篇很有趣的文章，题为“反对《资本论》与革命”，这篇文章在人民出版社出版的《葛兰西文选》中可以看到。一方面，葛兰西作为意大利共产党的创始人，实践中并不像第二国际的建制派那样，反对十月革命，而是积极地肯定了十月革命的伟大意义。另一方面，在理论上，葛兰西又体认到，十月革命的发生和历史唯物主义或生产力一元决定论是相矛盾的，对这种矛盾客观上需要一个解答。葛兰西所代表的这种认识，也反映在中国第一代马克思主义者身上。例如，在 1919 年的《新青年》里，李大钊就提出，马克思主义关于历史发展的动力有两种彼此矛盾的看法，一种是将这种动力归于生产力，另一种则归于阶级斗争。显然，新生的中国共产党在实践中基本接受了后一种看法。

需要指出的是，列宁在其晚年，对类似问题做了深刻思考。在《论我国革命》一文中，列宁提出了一个解答，这个解答可以概括为“列宁之问”，其中包含两个要点：第一，在列宁看来，世界历史是由偶然性组成的，不仅包含必然性，十月革命成功地爆发在落后的俄国，体现了这种偶然性。第二，列宁问：凭什么不能先夺取上层建筑，建立苏维埃，然后再从文化和生产力上赶上欧美发达国家的水平呢？事实上，在十月革命之前，列宁已经为他在这里谈到的“世界历史偶然性”提供了一个理论，这个理论解释了偶然性何以发生，因而可以简称为关于历史偶然性的理论。在这个理论中，列宁从主观和客观两个方面，解释了在俄国这样一个落后国家发生社会主义革命的可行性。就客观方面而言，列宁提出了帝国主义链条中最薄弱的环节的理论。就主观方面而言，列宁早在《怎么办》

中提出了新的建党学说。十月革命是在这一关于革命可能成功的“偶然性”理论的指引下搞成的，而不是盲目的暴动。

类似地，在中国，毛泽东同志也为中国革命提出了一个“偶然性”理论。从他在井冈山时期的著作到抗战时期的《论持久战》，再到《新民主主义论》，可以清晰地看到这种理论的发展。毛泽东最先是从下述问题开始的：在井冈山这样的地方搞工农武装割据，为什么是可能的？他的回答是，因为：第一，帝国主义是分裂的；第二，帝国主义在中国的代理人是分裂的，因此，中国共产党有可能开展工农武装割据，建立根据地，继而由农村包围城市。从土地革命到抗日战争，他的这个战略判断得到了应验，中国革命的力量得以不断地发展壮大，最终完成了中国革命。

但问题是，如果只有关于世界历史偶然性的理论，强调生产力归根结底作用的历史唯物主义就丢弃了。道理很简单，历史唯物主义提出的生产力决定生产关系这样的规律，是具有因果性质的规律，代表了世界历史中的必然性方面。作为理论家的列宁试图回应这个问题，他认识到，如果我们谈论的不是一次平常意义的政治革命，而是经济社会形态的变迁，则生产力必须发挥作用，但这种作用在他那里不必是“事先的”，而可以是“事后的”，用他的话来讲，就是先改变上层建筑，然后在生产力上再赶上先进资本主义国家的水平。在他晚年的著述里，反复提到在新生的社会主义与资本主义的竞赛中，劳动生产率是具有决定性的力量。

如果说“列宁之问”试图在偶然性和必然性这两个不同的理论维度之间建立起联系，那么，邓小平同志则在某种更高的层面代表了必然性的回归。这种必然性的回归体现在社会主义市场经济的建立。小平同志有两句话很深刻：第一，他说，究竟什么是社会主义，现在还不清楚；第二，他又说，社会主义的关键任务，是解放生产力，发展生产力。小平同志的上述论断，一方面体现了社会主义在陷入低潮后的沉思；另一方面他接过了列宁之问，即接纳必然性，并将其发展到新的高度，提出不搞社会主义市场经济，就无法完成解放生产力和发展生产力的任务。

二

对历史唯物论的概念重构，旨在为构建当代中国社会主义政治经济学奠定一个牢靠的方法论基础。在进一步讨论这一重构之前，首先来看下述问题：当代中国社会主义政治经济学在学术史上应该如何定位？它跟以往的经济学是什么关系，有什么特点？为了搞清这个问题，我提出了一个类型学划分，即将关于现代市场经济的理论区分为三个类型，分别是市场经济理论 1.0、2.0 和 3.0。从斯密以来的传统自由主义经济学，以及当代新自由主义经济学，属于市场经济理论 1.0；以凯恩斯以及更早的李斯特为代表的提倡国家干预的经济学，属于市场经济理论 2.0；当代中国社会主义政治经济学，在我们看来则属于市场经济理论 3.0。市场经济理论 3.0 是对 2.0 的继承和发展，并与市场经济理论 1.0 根本对立。李斯特和马克思的关系是值得探讨的，马克思早年批判过李斯特，一些人据此误以为马克思和李斯特是全然对立的。我以前的同事、中国人民大学的贾根良教授则提出，根据马克思后期的论述来看，马克思事实上修改了对待李斯特的态度，肯定了后者的贡献。至于凯恩斯，如果从《就业、利息和货币通论》最后一章表达的社会哲学来看，他事实上在某种意义上是社会主义者，因为他主张为了克服资本主义经济的矛盾，国家应该在一定程度上接管市场经济中最重要的经济权力，即投资的权力。伴随李斯特和凯恩斯的出现，形成了市场经济理论 2.0。市场经济理论 1.0 和 2.0 版本的区别在什么地方？这在理论上可以继续探讨，但择要而言，我认为，有两点区别：

第一，如何看待下面三类范畴的关系，即市场和国家、经济和政治、基础和上层建筑的区别何在？它们是作为两类截然不同的制度相互区别，还是因所起的功能而区别开来呢？市场经济理论 1.0 主张三类范畴的区别是作为不同类型制度的区别，即经济是一类制度，政治是另一类制度，在经济制度的运行中，政治权力和政治关系不应该发挥实质性的干预作用。而市场经济理论 2.0 和 3.0 则主张，经济和政治的区别是相关制度在功能上的区别，政治权力也可以承担生产关系的功能，从而嵌入经济之中。

第二，两类理论对市场经济当中的行为主体认识不同。在市场经济理论1.0看来，市场经济当中只有私人企业这一个主体，而在市场经济理论2.0和3.0看来，这类主体不仅有企业，还有国家乃至竞争性的地方政府。我赞同这样的观点，即中国市场经济是三维主体的市场经济，而不是一维主体的市场经济，要正视国家（甚至党）和地方政府作为经济主体的作用。

这里要谈谈市场经济理论3.0何以在继承市场经济理论2.0的同时，又超越了市场经济理论2.0。为什么把当代中国社会主义经济学称作市场经济理论3.0？在当代中国社会主义市场经济的实践当中，国家的经济作用远远超越了凯恩斯的设想，甚至也超越了李斯特。这是一个大课题，在此不能全面展开，只能局限于谈论下面这一问题。学术界在讨论中国经济模式和东亚发展型国家的差异时认识到，中国经济中有一个竞争性的地方政府体系，这个特点是日本、韩国等国所没有的。如何在经济学上将这个特点概念化和理论化，是建立当代中国社会主义政治经济学的重要任务。当代中国经济学家围绕地方政府的问题构建了不少理论，正是在这个问题上，我们可以辨识出市场经济理论3.0和1.0的区别。比如，一种较有影响的理论是财政联邦主义理论，另一种是围绕GDP的锦标赛竞争理论，这两种理论的区别，主要是对地方政府行为动机及其收入的经济性质的解释不同，一种理论将这种动机归于对财税收入的汲取，另一种理论归于最大化GDP。就前者而言，它忽略了如此解释的地方政府收入与斯密笔下的守夜人政府的区别。一个自由主义理论中的政府，同样追求财税收入。将地方政府的收入的经济性质，仅仅限于税收，是片面的理解，它低估了中国地方政府的作用。将地方政府的行为动机归于追逐GDP，也没有恰当地回答地方政府作为经济主体的动机究竟何在的问题。GDP并不是地方政府的经济收入，仅仅在这个层面谈论地方政府的行为，是不充分的。锦标赛竞争理论规避了地方政府收入的经济性质这一问题。此外，它更注重解释个别官员而不是政府的行为，因而看起来更像一个关于官员升迁的政治学理论，而不是政治经济学理论。最后，更为重要的是，关于地方政府的政治经济学不仅要解释地方政府的动机，而且要解释其行为，回过来看上述两种理论，在这方面的缺失就更明显了，无论财政联邦主义论，还是GDP锦标赛竞争论，都倾向于将地方政府的作用局限于界定产权、监督合同的履行等在节约交易成本方面所起的作用，从而维护了市场和国家、经济和政治在制度上的截然两分，附和了市场经济理论1.0——具体而言，是新制度主义——的理论。近年来，一些学者主张利用“租”这一概念来解释地方政府的动机模式，在笔者看来，这一思路代表了一种正确的研究方向，但具体理论仍然有待于发展。

可以在区分市场经济理论 1.0 和 3.0 的基础上，绘出一个坐标系，对当代中国经济理论做一个分类（见图 1）。我们用横轴代表经济学范式或纯理论，以纵轴代表对中国经济的历史制度分析。这样就有了四个向度，横轴的两个向度分别代表市场经济理论 1.0 和 3.0 的纯理论范式，纵轴的两个向度代表以上述理论范式为基础对中国经济的两种可能的制度分析。这样一来，就可以区别两个象限，即第一象限和第三象限。第一象限的特点是市场经济理论 3.0 和 3.0 制度分析的组合，它代表了我们心目中的当代中国社会主义政治经济学；第三象限则是市场经济理论 1.0 和 1.0 制度分析的组合。前面提到的财政联邦主义乃至锦标赛竞争理论，大体属于第三象限。

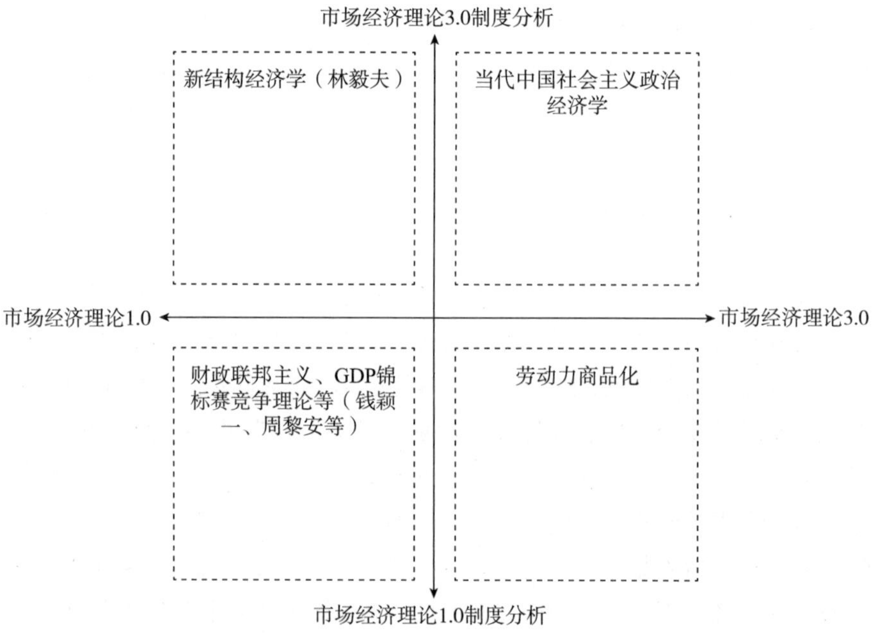

图 1　当代中国经济学的分野

除上面两个象限之外，在解释过去 30 年形成的中国特色社会主义市场经济体制的时候，中国经济学还出现了一些过渡状态。从分类的严格意义来讲，本来只有第一象限和第三象限，但是，我们发现有重要的经济学家出现在第二象限，第二象限的特点是，在理论上仍然依附于市场经济理论 1.0，或者至少在沿用市场经济理论 1.0 的话语，但针对中国经济的分析，却发展了市场经济理论 3.0 的历史制度分析。这方面的一个突出例子是林毅夫的新结构经济学，新结构经济学对中国经济的理解是面向市场经济理论 3.0 的，破除了自由主义对市场和国家、经济和政治的关系认识上的教条，但在纯理论上，却依然使用了属于市场经济理论 1.0 的比较优势学说。这两者是矛盾的，就如旧瓶装新酒，但实在地构成了他的理论。在此意义上说，我认为，林毅夫的话语转换是不彻底的，他所沿袭的一些不太适当的旧的话语给他造成了困扰，多少遮蔽了他在理论上的创新成果。

三

当代中国社会主义政治经济学具有两重性。一方面，它是关于中国这么一个落后的发展中国家的制度变迁特殊道路的理论；另一方面，它也有一般性，这个一般性首先体现在我们对市场经济理论 3.0 特点的概括中。作为这样一种兼具特殊性和一般性的经济学理论，当代中国社会主义政治经济学需要以历史唯物论的概念重构为前提。在当代中国制度或生产关系的变迁中，政治权力和政治关系起着决定性的推动作用，这一作用的因果链条和传统理论指认的因果链条，即通过生产力发展来改变生产关系，是不同的。列宁虽然认识到这一问题，但来不及将其认识概念化。这里我乐意介绍张闻天同志的一个研究，他在 20 世纪 60 年代初写了一篇重要文章，题为“论生产关系的两重性”，该文在 1979 年发表于《经济研究》。张闻天指出，生产关系有两重功能，其一是表现适应生产力，其二是服务于对剩余的占有，两者既可以统一，也可以相互对立。两者之间的对立性意味着，生产关系的变迁，并不总是为了表现和适应生产力，而是由政治权力的改变所推动的，由此推动的生产关系变迁，虽然可以增加统治阶级支配的剩余，却不一定有利于发展生产力。张闻天的研究所蕴含的上述思想，在美国马克思主义历史学家布伦纳 20 世纪 70 年代的研究中得到进一步的明确，并被用于比较历史研究。布伦纳指出，近代欧洲的三个地区，即英格兰、法国和东欧，在生产力大体一致的前提下，自 16 世纪以降演变出三种制度类型，英格兰产生了资本主义生产关系，法国在绝对主义王权下形成广泛的小农经济，东欧则出现了农奴制的复辟。根据布伦纳的研究，导致制度变迁出现如此不同的原因，在于三个地方阶级斗争形势和政治权力平衡的差异。

从张闻天到布伦纳的研究，其共同点是赋予生产关系的改变以极大的相对于生产力的自主性。前两年在研究一个课题时，笔者系统地阅读了恩格斯晚年的书信，看到他对中日甲午战争的评论，恩格斯说：在这场战争失利后，大清帝国要想不走资本主义的道路，已经不可能了。当时我就强烈地意识到，恩格斯的这个论断，触及当代中国制度变迁的实质——这一制度变迁是不能用传统的生产力一元决定论来解释的。笔者在拙著《历史唯物论与马克思主义经济学》（社会科学文献出版社 2016 年版）里，曾结合这一问题意识对历史唯物论做了一个系统的概念重构，以便为建立当代中国社会主义政治经济学建构一个适当的方法论基础。由这一重构得到的基本结论是：

第一，生产关系具有两重性，这种两重性首先体现在生产关系的类型上，即可将生产关系区分为劳动关系和所有关系；其次这种两重性还体现为功能的两重性，一方面生产关系表现和适应生产力，另一方面生产关系服务于对剩余的占有。这两重功能可以是统一的，但也可能彼此分离。后一种可能性意味着，生产关系的变革，不仅服从于生产力的影响，而且会受到生产力之外的其他因素的影响，尤其是政治、意识形态等上层建筑因素的直接推动。

第二，生产关系变革的结果，要么在生产力提高的前提下促进了剩余的增长，要么在促进剩余的增长的同时，不依靠生产力的变化。前者在概念上可称作相对剩余生产，后者可称作绝对剩余生产，这两个概念是马克思的绝对剩余价值生产和相对剩余价值生产在世界历史上的一般化。由于阶级斗争和国家间竞争的影响，世界历史的普遍规律呈现为有机生产方式的变迁，这个概念是笔者界定的，指的是在生产方式的演进中，绝对剩余生产所占的比重渐次减少，相对剩余生产的比重渐次增加。有机生产方式变迁的规律，既可用于描述某种给定的生产方式，也可用于描述不同生产方式之间的嬗变，换言之，它可用于重新表述马克思所谓人类历史发展诸形态论的实质。

第三，政治权力、政治关系——抑或宗教、血缘等其他制度——只要承担生产关系的功能，就直接成为经济基础的组成部分。这意味着，经济基础在人类社会的位置事实上是不断变化的。基础和上层建筑、经济和政治、市场和国家的区别，不是两种类型制度的区别，而是制度在其功能上的区别。这一点不仅适用于前资本主义经济，也适用于当代市场经济。在自由主义经济学即市场经济理论 1.0 的影响下，人们忘却了或不敢承认这一点。值得强调的是，习近平总书记对此问题有深刻的认识，值得我们认真领会。他在早年发表的学术论文里提出，社会主义市场经济的特点，是“经济的政治化”和“政治的经济化”①；他还指出：“一个国家的政治制度决定于这个国家的经济社会基础，同时又反作用于这个国家的经济社会基础，乃至起到决定性作用。在一个国家的各种制度中，政治制度处于关键环节。”②

在中国社会主义市场经济中，政治关系、政治权力在市场经济中的嵌入，主要体现在以下三个方面：一是通过重新界定中央和地方政府在剩余所有上的关系，使后者转变为具有特殊行为和动机模式的经济主体，由此带来了县域以上地方政府相互竞争的格局。二是通过由各级政府支配的公有企业及银行等金融机构，政治权力直接决定了投资。在此前提下，政府或者直接充当熊彼特意义上的企业家，或者承担集体生产资料和集体消费资料的供给，或者成为投资银行家以实现金融资产的增值等。三是作为事实上唯一的土地所有者，各级地方政府凭借土地产权及其利用方式构建了一系列制度和关系，借以获取与此相关的各种收益。在拙作《历史唯物论和马克思主义经济学》中，我还指出，当代中国社会主义政治经济学不仅要解释包括政治权力、政治关系在内的各种制度形式如何参与形成了新的生产关系，或直接作为生产关系发挥作用，而且要解释这些生产关系在何种程度上属于生产型（或汲取型）关系、其未来演变的动力和方向如何等一系列重大问题。③

① 习近平：《对社会主义市场经济的再认识》，《东南学术》2001 年第 4 期。

② 《习近平同志庆祝全国人民代表大会成立 60 周年的重要讲话》，《习近平总书记系列重要讲话读本》，学习出版社、人民出版社 2016 年版。

③ 在中国社会主义市场经济中，形成了三种最具特殊性的经济制度，分别是农民工、竞争性地方政府体系以及党和国家。在现有学术研究中，对农民工的分析是最为透彻的；对地方政府的研究在笔者看来只完成了一半；至于党（及其领导下的中国人民解放军）作为一种经济制度的作用，似乎没有得到任何分析，这种现象的存在不能不说是市场经济理论 1.0 流布甚广所造成的结果。

第四，虽然政治权力、政治关系的嵌入在制度变迁中可以发挥主导作用，但只要我们谈论的是从一种经济社会形态向另一种新的经济社会形态的变迁，则生产力就必须发挥归根结底的决定作用，但这种作用不一定是事先的，而可能是事后的。这种事后因果性概念——我在《历史唯物论和马克思主义经济学》一书中将其称为结构因果性——事实上来自列宁。令人遗憾的是，在后来为斯大林典范化的历史唯物主义版本中，这种结构因果性却失落了。在由资本主义向社会主义的过渡中，正如列宁指出的，世界历史的必然性和偶然性都发挥着作用。如何将这些分别象征必然性和偶然性的因素相结合，以形成一种在理论和学术上较为完备的当代社会主义政治经济学，是时代赋予我们的任务，有待于包括笔者在内的社会科学工作者为之付出不懈的努力。

中国特色社会主义新时代的理论与现实逻辑研究

——基于中国特色社会主义政治经济学理论体系创新

马 艳 王 琳

摘要 文章基于利益关系逻辑，厘清了中国特色社会主义政治经济学理论体系的逻辑起点、逻辑主线及基本理论框架，并以此为理论基础，对中国特色社会主义进入新时代的理论逻辑、历史逻辑及现实逻辑进行系统分析，认为中国特色社会主义新时代是对我国转型利益关系结构之后所进入新利益关系结构时期的科学阐释，而利益关系结构的动态演进逻辑正是中国特色社会主义进入新时代的内在理论机理。在此基础上，本文依托现实数据得出近年来我国在劳资、资资、政府角色、意识形态、国际、生态这六方面利益关系的“拐点式”转变，继而为中国特色社会主义进入新时代提供了现实佐证。

关键词 中国特色社会主义新时代 中国特色社会主义政治经济学 重大利益关系

一 引言

习近平总书记在党的十九大报告中指出，“经过长期努力，中国特色

［作者简介］马艳，上海财经大学经济学院教授、博士生导师，政治经济学系主任，研究方向为政治经济学；王琳，上海财经大学经济学院师资博士后，研究方向为政治经济学。

社会主义进入了新时代”，并在报告中阐明了这一“新时代”所具有的若干特征，如新时代是“强起来”的新发展阶段，新时代有着新的社会主要矛盾，新时代孕育了新的思想成果，新时代需要新的发展方略等。上述关于“中国特色社会主义新时代”的重要论断为中国经济发展阶段问题提供了纲领性的阐述，但同时也为相关理论研究提出了新的任务，也即要对新时代、新特征背后的理论逻辑和客观必然性进行较为深入和系统的理论与现实分析。

“中国特色社会主义新时代”这一重大论断，一经提出便引发学术界对该问题的热烈讨论，学者从不同视角出发提出了许多有价值的观点，深化了对于中国特色社会主义新时代的认识和理解。

部分学者从“强起来”的发展阶段这一角度对中国特色社会主义新时代进行了阐述。如李捷（2017）认为，党的十八大以来，我国开启了新的发展局面，进入了一个新的发展阶段，这一新的发展阶段就是在“站起来”和“富起来”的阶段基础上进入“强起来”的阶段①；李海青和徐兴豪则强调，“强起来”不同于“站起来”和“富起来”②，后两者分别着眼于取得民族独立和人民解放的政治层面，解放发展生产力、增强综合国力和提高人民生活水平的经济视域，而“强起来”是着眼于实现“两个一百年”奋斗目标和中华民族伟大复兴中国梦的整体概括。③

还有部分学者聚焦于中国特色社会主义新时代的社会主要矛盾变化这一特征进行分析。如卫兴华在梳理我国社会主要矛盾演变的基础上，认为党的十九大对社会主要矛盾变化做出的判断和表述，反映了我国生产力快速发展的巨大成就和人民生活水平总体上已提高到一个新的层次的事实，是当代中国特色社会主义政治经济学的创新与发展④；刘同舫研究了新时代社会主要矛盾演变的背后逻辑，认为党的十九大对主要矛盾的认识，是依据马克思主义唯物史观与唯物辩证法的内在逻辑，并在把握时代发展变

① 《正确理解中国特色社会主义的阶段性特征》，http：//news. ifeng. com/a/20170928/52209903_ 0. shtml。

② 李海青、徐兴豪：《从站起来、富起来到强起来的历史性飞跃》，《中国党政干部论坛》2017 年第 10 期。

③ 同上。

④ 卫兴华：《关于新时代党的领导和经济社会发展的思考》，《前线》2017 年第 11 期。

迁的基础上做出的科学论断，蕴含着深刻的现实与理论的必然逻辑。[①]

与此同时，部分学者强调，中国特色社会主义新时代并没有脱离社会主义初级阶段。如胡鞍钢（2017）认为，社会主义初级阶段大致可以分为20世纪下半叶和21世纪上半叶“两个半场”，我国经过多年的发展，现已成功进入社会主义初级阶段“下半场”的“第一阶段”，并朝着“第二阶段”进发，但是，中国特色社会主义进入新的发展阶段没有超越初级阶段这个最大国情和最大实际，只是初级阶段中的新起点新阶段[②]；韩庆祥（2017）认为，我国已处在由大国迈向社会主义现代化强国的历史方位或历史阶段上，但是，我国处在社会主义初级阶段的基本国情没有改变，要充分认识新时代条件下社会主义初级阶段所出现的新情况、新问题，把握所发生的新变化、新要求、新实际。[③]

综观以上相关研究，学术界对中国特色社会主义新时代已经有了一定的解读和认识，但不难看出，现有研究仍相对较为零散，且大多停留在政策解读和宣传层面，对于中国特色社会主义进入新时代的内在逻辑缺乏较为系统的理论分析，尤其缺乏基于马克思主义政治经济学分析框架的深入学术探讨。

本文认为，研究中国特色社会主义进入新时代这一课题，有三个不可忽视的要点：第一，马克思主义思想是贯穿我国经济社会改革发展过程始终的指导思想，因此，研究中国特色社会主义新时代应该基于马克思主义政治经济学分析框架。第二，马克思主义方法论的精髓在于与时俱进，因此，研究中国特色社会主义新时代应依托创新的马克思主义政治经济学。第三，要真正剖析中国特色社会主义新时代的理论内涵和演变机理，不能照搬教条，而必须要对马克思主义政治经济学进行充分的中国化。即要厘清中国特色社会主义进入新时代的理论与现实，必须依托中国特色社会主义政治经济学理论分析框架。

关于中国特色社会主义政治经济学理论，相关研究最早集中于具有教

---

① 刘同舫：《新时代社会主要矛盾背后的必然逻辑》，《华南师范大学学报》（社会科学版），2017年第6期。

② 《我国已成功进入社会主义初级阶段“下半场”》，http：//www. jfdaily. com/news/detail? id = 67371。

③ 《在新时代大国成为强国的历史方位上把握整个十九大报告》，http：//www. wenming. cn/djw/djw2016sy/djw2016xxll/201710/t20171022_ 4460867. shtml。

材性质的一般性探讨和专题性分析。其中，一般性探讨主要包括以下几种：一是两部分体系，即将政治经济学分成资本主义和社会主义（于光远，1961；北方本；南方本）；二是三部分体系，即由一般到特殊分析结构，即先阐述一般理论，然后分别阐述资本主义、社会主义特殊理论（蒋学模，2005；逄锦聚等，2008）；三是四部分体系，即商品经济、经济制度、经济运行、经济发展，或者商品货币、资本主义、社会主义、经济全球化和对外开放（张维达，2000；中央马工程，2011）；四是六部分体系，即社会生产过程、社会经济制度、微观经济运行、社会经济发展、宏观经济运行、国际经济关系（于良春，2012）。而以问题为导向的对于中国特色社会主义政治经济学的专题探讨主要包括：一是四专题结构，即根本任务、基本特征、经济改革、发展战略（陈承明等，2013）；二是六专题结构，即思想路线、发展阶段和道路、发展战略、发展动力、发展布局、党的建设（顾海良，2009）；三是七专题结构，即基本经济制度、市场经济或国企改革、收入分配、国家调控、（市场）经济体制、对外开放、经济发展（张宇，2016；杨瑞龙，2008）；四是八专题结构，即宏观环境、产业结构、企业制度、宏观调控、收入分配、社会保障、利用外资、区域经济（顾钰民，2002）等。

随着中国经济发展实践的不断丰富以及发展模式的不断成熟，关于中国特色社会主义政治经济学的理论研究也逐步深入，出现了越来越多具有针对性和深入性的学术研究成果，这些研究对中国特色社会主义政治经济学的逻辑起点、逻辑主线、分析框架等重要问题进行了不同视角的探讨。不少学者认为，中国特色社会主义经济理论的逻辑起点和主线，应为经济建设中最重要和最关键的问题，即社会主义基本制度与市场经济的结合问题（张宇，2007；顾海良，2017；刘伟，2016 等）；还有部分学者提出，构建中国特色社会主义经济理论新体系要以“发展”为研究主线，以发展理念、发展目的、发展动力、发展道路、发展资源、发展环境、发展制度和发展文化八方面为基本理论框架（黄泰岩、张晓晨，2016 等）。此外，还有学者从中国特色社会主义初级阶段的主要矛盾（王立胜，2015）、国家（邱海平，2017）、以人为中心的发展思想（胡钧，2017）等不同视角解读中国特色社会主义政治经济学这一理论体系。

由上可见，目前关于中国特色社会主义政治经济学的理论研究已成为经济学研究的一个重要课题，诸多学者从不同视角对这个命题进行了解读和阐释，已形成较为丰富的研究成果。然而，不难发现，在现有研究中，无论是相关教材还是体系创新研究，均普遍忽略了一个最基本但确实最为重要的问题，即中国特色社会主义政治经济学理论研究的逻辑起点和逻辑主线必须与其研究对象和研究目的相统一，否则不能称之为主线，也无法以此为基础构建中国特色社会主义政治经济学的科学理论体系。现有研究或者对马克思主义政治经济学单纯套用，或者对中国经济发展道路某一视角进行解读，或者以专题的形式对中国经济改革历程进行梳理，仍未形成能够真正揭示中国经济发展道路且具有逻辑起点、逻辑主线、理论框架的严密逻辑和科学体系，要构建真正的中国特色社会主义政治经济学理论体系仍任重而道远。

为此，本文旨在借鉴马克思分析资本主义经济运行的系统逻辑，阐明中国特色社会主义政治经济学理论体系的逻辑起点、逻辑主线及基本理论框架，并在此基础上对中国经济从“站起来”到“富起来”再到“强起来”这一发展阶段演变过程进行理论分析，以阐明中国特色社会主义进入新时代的理论与现实逻辑。具体而言，本文有如下三方面的贡献：第一，开创性地提出中国特色社会主义政治经济学理论体系应以中国特色的利益关系为逻辑起点，以中国特色利益关系的演变为逻辑主线，并以每一阶段重大利益关系的相互作用为理论分析框架；第二，基于利益关系逻辑，系统地梳理新中国成立以来中国经济社会中重大利益关系的演进过程，继而揭示中国特色社会主义进入新时代的理论机理；第三，考察当前中国经济重大利益关系的“拐点式”变化趋势，继而解析中国特色社会主义进入新时代的现实逻辑。

二　基于利益关系逻辑的中国特色社会主义政治经济学理论体系创新

在现有研究基础上，本文旨在基于利益关系逻辑，构建中国特色社会主义政治经济学理论体系的逻辑起点、逻辑主线及理论分析框架，以推动系统阐释中国经济运行规律的科学理论体系的形成和发展。

（一）逻辑起点：中国特殊的利益关系

要构建一个科学的理论体系，必须厘清该体系的逻辑起点，即这一理论体系所要研究和揭示的最根本、最关键的问题和规律。基于马克思研究资本主义经济运行的系统逻辑体系，本文认为，中国特色社会主义政治经济学理论体系的逻辑起点，应为中国特殊的利益关系。

首先，利益关系是一切经济学研究的核心问题，因此，也应成为中国特色社会主义政治经济学理论研究的核心所在。在现实经济活动中，不论生产、分配、交换、消费，决定经济主体行为选择的最核心因素通常是经济利益，因此，在经济活动过程中形成的各种人与人之间的社会关系，归根结底，也都是某种利益关系。而经济学理论研究的目的就在于揭示经济关系和经济活动的本质性规律，因此，利益关系不可避免地成为一切经济学研究的核心问题。各经济学流派最核心的关注点均为经济主体之间的利益关系，只不过由于所处立场的不同、所服务阶级的不同，其价值判断也有所不同。例如，亚当·斯密的经济理论聚焦于个人之间的利益关系，马克思主义经济学则关注资产阶级与无产阶级之间的利益关系；马歇尔经济理论旨在揭示微观主体之间的利益关系，凯恩斯的经济研究则试图解决微观利益与宏观利益之间的矛盾，等等。由此可知，对于中国特色社会主义政治经济学理论的研究，利益关系同样应成为其核心所在。

其次，利益关系从来都是马克思主义经济学的根本研究对象，因此，也应作为中国特色社会主义政治经济学理论的根本研究对象。马克思早在 1841 年《关于出版自由和公布等级会议记录的辩论》一文中便提出，人们奋斗所争取的一切，都同他们的利益有关。① 此后，《关于林木盗窃法的辩论》一文再次体现了马克思对法律背后利益原则的认识。也正是因为对物质利益的关注，使马克思开始研究现实经济关系②，他认为，“利益的社会本质和社会基础是生产关系，经济利益是生产关系的具体表现”。因此，对于旨在揭示生产关系及其矛盾运动规律的马克思经济理论而言，利益关系无疑是其研究的核心内容。而揭示资产阶级与无产阶级之间利益关系的本质规律并服务于无产阶级利益则是马克思经济研究的最终目标。可见，利益关系不仅是马克思经济学研究的起点，也是其研究的核心内容，更是其研究目标，因此，利益关系可以说是马克思经济研究的根本研究对象。

---

① 《马克思恩格斯全集》第一卷，人民出版社 1960 年版，第 82 页。

② 同上书，第 717 页。“这篇论文的写作，第一次推动马克思去研究政治经济学”。

除马克思以外，其他经典作家也对利益关系有着高度的关注。恩格斯曾指出，“每一个社会的经济关系首先是作为利益表现出来”；列宁认为，物质利益是“人民生活中最敏感的神经”①，因此，“在社会主义社会，仍然需要关心个人利益”；斯大林则强调，“要关注社会主义整个国民经济的利益和长远利益”。即利益关系是马克思主义经济学一以贯之的根本研究对象。而中国特色社会主义政治经济学正是在马克思主义经济学与中国经济改革实践相结合过程中逐渐形成并有待进一步系统化、体系化的经济理论，因此，也应遵循马克思主义经济学这一基本逻辑，即利益关系也应成为中国特色社会主义政治经济学理论的根本研究对象。

再次，马克思主义经济学聚焦于资本主义特殊的利益关系，因此，中国特色社会主义政治经济学应以中国特殊的利益关系为逻辑起点。马克思认为，不同的制度有不同的利益关系，即利益关系不仅有其一般性，同时也具有特殊性，而这种特殊的利益关系正是特殊经济社会关系的集中体现。具体而言，马克思主义经济学主要聚焦于“资本主义生产方式以及和它相适应的生产关系和交换关系”②，并且指出，“到现在为止，这种生产方式的典型地点是英国”，因此，其“资本主义社会中私人利益关系就是社会经济关系的表现”，马克思的整个理论体系也是围绕资本主义这种特殊的“私人利益关系”而逐步展开的。马克思的劳动价值论和剩余价值理论阐述了资本主义特殊的劳资利益关系；扩大再生产理论及平均利润率理论则是资本主义特殊的资资利益关系；认为国家成为资产阶级将特殊利益转变为共同利益的工具，这是资本主义特殊的资本与社会利益关系；而资本主义的矛盾和危机则是私有制下私人利益与社会利益的矛盾。可见，资本主义特殊的利益关系正是马克思主义经济学理论体系的具体研究对象和聚焦点。就中国当前的社会经济情况而言，尽管市场经济制度不断深入和完善，但中国经济相比西方国家有着极强的特殊性，而这种特殊性就体现在我国各方面利益关系的特殊性。借鉴这一逻辑，中国特色社会主义政治经济学理论不仅要聚焦于利益关系，而且应聚焦中国特殊的利益关系，并以此为逻辑起点构建理论体系。

最后，中国经济改革实践始终以利益关系为核心，且在调控利益关系

① 《列宁全集》第13卷，人民出版社1959年版，第113页。

② ［德］马克思：《资本论》第一卷，人民出版社2004年版，第8页。

方面形成了丰富的经验和成果。新中国成立以来，中国经济经历了从高度集权的计划经济到社会主义市场经济的转变，这一转变涉及我国经济的方方面面，但归根结底是各种利益关系的转变，且在这一过程中，党中央历代领导人形成了丰富的经验和成果。例如，毛泽东“统筹兼顾、适当安排”的思想；邓小平的人民利益根本论、共同富裕论、对立统一论、平等互利论等重要思想；江泽民“三个代表”重要思想中所强调的“始终代表最广大人民的根本利益”；胡锦涛“科学发展观”强调的五个统筹；习近平“五大发展理念”所围绕的“人民对美好生活向往”。可见，利益关系是新中国成立以来中国经济发展变化的现实轴心。

综上所述，构建中国特色社会主义政治经济学理论体系，应以中国特殊的利益关系为逻辑起点，这不仅是基于马克思主义经济学逻辑脉络得出的科学结论，同时也是对中国经济改革实践的高度总结。

（二）逻辑主线：中国特殊利益关系的演变

明确了中国特色社会主义政治经济学的逻辑起点，即中国特殊的利益关系，则该理论体系的逻辑主线也基本明朗，即中国特殊利益关系的演变。

利益关系并不是一成不变的，而是在生产力和生产关系的相互作用过程中不断演进。当利益关系涉及的经济主体、经济活动、制度环境、技术环境等发生变化，使利益的质或量有所变动时，利益关系也会随之演变。且利益关系的演变同生产力与生产关系的相互作用有着密切联系，一方面，利益关系作为生产关系的具体表现，其演变特征和演变方向由生产力与生产关系的相互作用结果决定，因此，通过剖析利益关系的演变历程及演变趋势即可对经济整体情况有所判断；另一方面，利益关系又会通过影响生产关系，对生产力与生产关系的矛盾运动产生能动作用，即对利益关系的改革是调整经济发展的重要手段。

需要说明的是，这里我们将利益关系看作一个整体，即某一时期各种利益关系相耦合而形成的总利益关系结构。当某种利益关系结构在整体上能够适应生产力和生产关系发展要求时，该利益关系会不断稳定，且推动生产力不断发展，我们称为巩固期；但随着生产力的不断提高，旧的利益关系可能无法继续支撑生产力发展，反而成为生产力的桎梏，此时利益关系冲突将不断累积，瓦解旧的利益关系结构，我们称为衰退期；在旧利益结构不断瓦解的过程，部分新的利益关系会酝酿而生，由于其与生产力的适应性，这种新的利益关系会不断扩大，继而形成新的利益关系结构，我们称为形成期。所谓利益关系的演变过程，就是其“探索—巩固—衰退—再探索”的动态循环过程。

对中国经济而言，利益关系的这种演变尤其显著，且中国特殊利益关系演变的路径投射了中国经济的总体发展和变化。自新中国成立以来，中国经济发生了翻天覆地的变化，在从计划经济到社会主义市场经济的改革过程中，利益关系结构发生了质和量的变化。我们将1949—1978年的中国利益关系结构称为“计划利益结构”，而这一时期则是“计划利益结构”形成、巩固并走向衰退的时期；相对应地，我们将1978—2008年的中国利益关系结构称为“转型利益结构”，这一利益关系结构的形成、巩固和衰退便构成了这一时期的逻辑主线（第三部分的现实分析将进行具体阐述）。而上述中国特殊利益关系的演变正是我国经济改革过程中生产力与生产关系相互作用的集中体现，厘清这一演变过程中每一个阶段的时间界线、演变特征及演变动力就是揭示了中国经济发展道路的本质，阐明中国经济改革的完整路径，而如何协调和引导这一演变路径的未来方向，则是中国政府进行宏观调控和进一步经济改革的关键。

因此，中国特色社会主义政治经济学理论研究应以中国特殊利益关系的演变为逻辑主线，方能勾勒出中国经济发展和变化的本质面貌及未来发展走向，这是对中国经济的纵向分析。

（三）理论框架：六大利益关系分析

以上分析阐明了中国特色社会主义政治经济学的逻辑起点及逻辑主线，提供了勾勒中国经济发展的纵向逻辑。然而，利益关系的纵向演进并不是随意进行的，而是由逻辑主线上每一个特殊时期利益关系的横向结构和相互作用所决定的。对此，本文借鉴资本积累的社会结构（SSA）理论的思想精髓并加以拓展，以构建中国特色社会主义政治经济学的理论分析框架。

SSA理论兴起于20世纪70年代末，是当代西方马克思主义经济学的主要流派之一。其中心思想是：资本积累过程中会出现系列矛盾，积累的社会结构（SSA）则是处理和缓解这些矛盾的涵盖政治、经济和文化的制度结构。资本积累过程与系列矛盾的相互作用导致了社会结构的变化，从而推动了SSA阶段的演变。具体而言，SSA理论将资本积累过程中的系列矛盾归结为五大核心矛盾，即劳资矛盾、资本竞争矛盾、资本与社会的矛盾、国际矛盾以及资本积累与主流意识形态的矛盾，其中劳资矛盾是核心矛盾。这一分析框架既符合马克思主义经典理论的思想精髓，也是对资本主义经济制度运行规律的高度抽象和总结，具有较强的科学性、开放性和包容性。

资本积累过程中的系列矛盾，就其本质而言，均可归结为某种利益关系，因此，借鉴 SSA 理论五大核心矛盾的分析框架，本文提出基于六大利益关系的中国特色社会主义政治经济分析框架：

一是资资利益关系。我国经济改革过程中生产关系的变化首先反映在资本结构和比例的变化上，这是中国特殊利益关系变化的第一特征。

二是劳资利益关系。随着资本结构的不断变化，资本与劳动相结合的形式即劳资利益关系也呈现显著变化，且这一利益关系的冲突程度衡量了中国经济社会的基本运行情况，是中国特殊利益关系变化的核心范畴。

三是资本与社会利益关系。即政府在经济活动中所扮演的角色，对于公有制为主体的社会主义中国而言，政府角色的变化和调整几乎决定了中国经济的发展方向，因此，资本与社会利益关系是中国特殊利益关系的主导因素。

四是意识形态博弈利益关系。对于一党执政的中国来说，意识形态博弈利益关系主要体现在官方意识形态与民间意识形态的博弈以及党内不同集团之间的利益博弈，而官方意识形态的博弈结果又决定了政府决策，因此，这是中国特殊利益关系的关键内容。

五是国际利益关系。随着经济全球化的不断深入，中国在国际经济中所处的地位以及与其他国家之间的利益关系变得越发重要，因此，国际利益关系是中国特色利益关系的重要方面。

六是生态利益关系。传统 SSA 理论框架中并不包含这一利益关系，但随着全球生态变化以及中国经济发展过程中的生态环境破坏，生态环境问题已成为制约中国经济和人民生活的重大隐患，因此，有必要将生态利益关系纳入中国特色社会主义政治经济学的理论分析框架。

“劳资—资资—资本与社会—意识形态博弈—国际—生态”这六大利益关系的结构性分析就构成了中国特色社会主义和政治经济学的理论分析框架。当利益关系适应生产力发展要求时，六大利益关系相互加强，彼此促进，推动经济发展；而当利益关系不足以支撑生产力继续发展时，六大利益关系相互减弱，矛盾逐步累积，促使利益关系的大规模调整和变革。中国经济正是在六大利益关系的形成、巩固和衰退过程中不断演进和发展。

以上便是本文提出的基于利益关系逻辑的中国特色社会主义政治经济学理论体系构建，即以中国特殊的利益关系为逻辑起点，以中国特殊利益关系的演变为纵向逻辑主线，以“劳资—资资—资本与社会—国际—意识形态博弈—生态”六大利益关系为横向理论分析框架，旨在系统地阐释中国经济运行规律的科学理论体系（见图 1）。

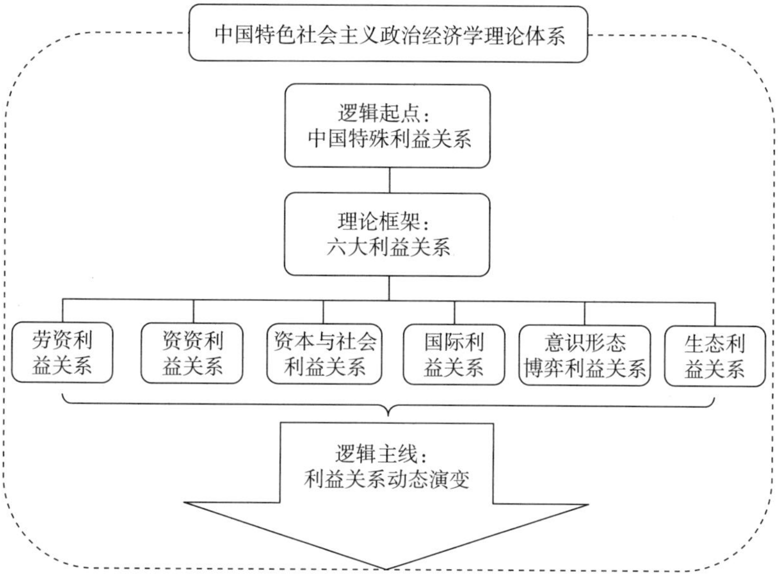

图 1　基于利益关系逻辑的中国特色社会主义政治经济学理论示意

三　中国特色社会主义新时代的理论逻辑分析

根据前文所构建的基于利益关系的中国特色社会主义政治经济学理论体系，要厘清中国特色社会主义进入新时代的内在机理，必须要从六大利益关系的阶段性特征及整体利益关系的动态演变中进行考察。

依据六大利益关系的阶段性特征，可将新中国成立以来的中国经济划分为三个阶段即 1949—1978 年的计划利益关系结构时期、1978—2012 年的转型利益关系结构时期以及 2012 年以后的新利益关系结构时期。这三个利益关系时期与习近平总书记在党的十九大报告中“站起来—富起来—强起来”的阐述有着高度的一致性，“中国特色社会主义新时代”正是对 2012 年以后新利益关系结构时期的科学总结，且这三个利益关系结构时期的演变逻辑正是中国特色社会主义进入新时代的内在理论机理。

首先，1949—1978 年的计划利益关系结构时期，对应着中国经济“站起来”的阶段，这一时期“探索—巩固—衰退”的动态过程，是中国经济进入“富起来”阶段的发展基础。

1949 年新中国成立以后，在经过短暂的国民经济恢复和发展之后，我国进行了社会主义三大改造，在新民主主义社会基础上基本建立起了社会主义制度，形成了与我国当时生产力水平相适应的高度集权的计划经济制度，中国进入计划利益关系时期。这一时期，我国经济社会中系列核心矛盾关系表现出如下特征：

一是“一元”的公有资本利益关系。经过 1953—1956 年社会主义三大改造之后，新中国成立初期多种经济成分逐步转变为单一公有制经济，一元资本关系初步形成并在此后的 20 多年中逐步得到巩固、强化。从数据来看，1949—1956 年，我国工业产值中国有企业、集体企业占比分别由 27%、1% 上升至 55% 和 17%，非公有制经济则由 73% 下降为 28%；到 1958 年非公有制经济已经消失，中国工业总产值中公有制经济成分上升为 100%。①

二是“单纯”的劳动利益关系。这一时期，公有制经济占据绝对主导地位，劳动者在不同形式的公有制经济中工作，不存在资本主义条件下雇佣劳动者与资本之间的利害冲突，只存在劳动者在共同占有生产资料基础上的公有制内部单纯的劳动关系。劳动者之间的利益冲突主要表现为不同群体的劳动者之间的冲突，不是阶级矛盾而是属于人民内部矛盾。

三是“绝对集权”的资本与社会利益关系。自新中国成立之初恢复国民经济开始，政府在经济活动中的角色一直在向绝对集权演变，并且在以后“一五”期间的三大改造、1958 年开始的大跃进、1961 年进行的经济调整以及农村“一大二公”人民公社体制的建立中，政府都在不断地强化对经济活动的控制力和影响力。此后，直至“文化大革命”结束，中国始终处在计划经济体制之下，尽管曾有部分权力下放的举措，但均局

---

① 国家统计局国民经济综合统计司：《新中国六十年统计资料汇编》，中国统计出版社 2010 年版。

限在形式上，政府的行政管制从未减少。

四是“马克思主义绝对主流”的意识形态博弈利益关系。这一时期，马克思主义在中国处于绝对主流地位，西方思潮对中国的影响微乎其微，这一时期党的文件、媒体宣传、教学教材、学术研究等情况均可佐证这一点。以经济学研究为例，1978 年以前，国内期刊发表的经济类文章绝大部分均以“马克思主义”为绝对核心内容或理论基础，对比而言，涉及西方经济学的文章微乎其微，基本没有影响力。

五是处于“弱国地位”的国际利益关系。这一时期，中国进行了部分对外开放的尝试，但由于对外政策的局限性、西方资本主义国家的刻意封锁、中苏关系的变化等多方面原因，对外开放程度仍非常之低。与此相对应的是，中国在国际关系中处于“绝对弱国地位”，尽管 1960 年中国开始实行独立自主、联合广大发展中国家的对外策略，在国际中的政治地位和战略地位有所提高，但改革开放之前中国的经济地位始终低下。

六是“隐性”的生态利益关系。这一时期，中国仍处于由农业向工业转型的过程，工业化水平十分低下，尽管落后的生产方式使单位生产过程污染较高，但整体而言，对自然环境的破坏并不严重，仍处在生态自然循环足以消化的范围之内。同时，由于人们缺乏生态环境保护意识，“大炼钢铁”“以钢为纲”的生产方式也对生态环境带来过重的负担，使生态环境与经济发展之间的矛盾也在潜在累积。

以上六大核心社会利益关系相互影响、相互作用，共同推进计划利益关系结构经历“探索—巩固—衰退”的演变过程。在计划利益关系结构探索期，“绝对集权”政府角色的逐步确立是六大核心利益关系特征形成的起点，其与“绝对主流”的马克思主义意识形态相互促进、彼此加强，继而快速推进了资本关系的一元化、劳动关系的单纯化以及国际关系的封闭化，推动计划利益关系结构进入巩固阶段。而这种“高度集权”的制度结构恰恰适应了新中国成立初期落后的生产力水平，使当时有限的财力、物力、人力得到最有效的运用，迅速改善了新中国成立时“一穷二白”“落后挨打”的局面，使中国经济“站起来”。但是，随着生产力的不断发展，过于僵化的高度集权经济制度又逐渐成为生产力发展的桎梏，各种矛盾不断累积使得计划利益关系结构的稳定性不断减弱，进入衰退阶段，而与此同时，一个新的利益关系结构将应运而生。

其次，1978—2008 年的转型利益关系结构时期，对应着中国经济

“富起来”的阶段，这一时期“探索—巩固—衰退”的动态过程，是中国经济进入“强起来”阶段的发展基础。

1978 年我国正式开始实施改革开放，1992 年确立将建设社会主义市场经济体制作为改革目标，在这一过程中，从计划经济转向具有中国特色的社会主义市场经济的转型利益关系结构时期逐步形成。与之相对应，我国经济社会中系列利益关系也呈现出新的特征。

第一，资本利益关系从“一元”转变为“多元”。改革开放的最初举措就聚焦于对资本关系的调整，党的十一届六中全会明确承认了民营经济的合法性，并在 1988 年的《宪法修正案》中强调了国家对民营经济的引导、监督和管理。至此，中国非公有制经济从无到有，逐步发展，并随着改革的不断推进而呈现多元化发展。从数据来看，截至 2008 年，在中国固定资产投资额（FCI）各经济成分占比中，国有和集体投资、个体和民营投资、港澳台和外商投资、混合所有占比分别为 32%、25%、9% 和 32% 左右①，“多元”资本并存的局面已充分彰显。

第二，劳动利益关系从“单纯”转变“复杂”。改革开放以来特别是 1992 年以后，劳动者与“多元”资本相结合，衍生出“复杂”的劳资关系，如多元资本与农民工之间的劳资关系、市场与公有资本结合下的公有劳资关系、民营经济中的劳资关系、外资企业中的劳资关系等。伴随着劳资关系的不断复杂，劳资冲突也呈现不断凸显的趋势，一方面劳动报酬占 GDP 比重在 1992 年以后不断下滑，2007 年下降到最低的 39.73%；另一方面劳资纠纷数量不断上升，1992—2008 年，我国劳动人事仲裁受理案件数增加了 85 倍，涉案的劳动者当事人数量增加了 70.84 倍。②

第三，资本与社会利益关系从“绝对集权”转向“有控制地放权”。自改革开放以来，中国政府在宏观经济制度、财税制度、企业制度等各个方面均呈现出逐步“放权”的特征。这一点从 1982 年党的十二大提出“计划经济为主，市场调节为辅”，到 1992 年党的十四大提出“市场在社会主义国家宏观调控下对资源配置起基础性作用”，再到 2007 年党的十七大提出“从制度上更好发挥市场在资源配置中的基础性作用”这一官方思想转变过程中可窥一二。但不可忽视的是，这一时期中国政府的权力下

---

① 《中国统计年鉴》（1980—2005），中经网统计数据库。

② 历年《中国劳动统计年鉴》。

放仍是“有控制”的，这主要体现在中国政府较强的经济控制力（政府在关系国计民生的基建、电力、金融、采掘等行业中的控股比例超过50%，仍旧掌握着经济控制权）以及对制度改革方向的把控上。

第四，意识形态利益博弈关系从马克思主义“绝对主流”转变为马克思主义不断战胜新自由主义的“动态博弈”。改革开放之后，西方思潮、西方理念伴随着外资企业进入中国，逐步为中国社会所接受，并且随着1992年全面推行社会主义市场经济改革，占据西方主流经济学思想的新自由主义思潮对中国的影响不断扩大，波及中国学术研究、高校教育、企业管理等各个方面。与此同时，一批坚持马克思主义的学者和机构纷纷做出积极和坚定的回应，政府也通过“马工程”“基地人才培养”“党校培训班”等措施不断调整和控制“西化”之风，使这一时期我国主流意识形态始终处在“西化—整顿—再西化—再整顿”的动态博弈过程。

第五，国际利益关系从“弱国地位”转向“强国与弱国并存”。党的十一届三中全会之后，中央便通过创办经济特区、开放沿海港口城市、建立沿海经济开放区等措施逐步加大开放力度，1992年之后，更是全面参与全球化过程，逐渐形成了“强国与弱国并存”的双重身份。与非洲、印度、拉美等发展中弱国相比，中国已经成为大国、强国，在政治、经济、军事等各个方面均拉开不小差距；但与美国、英国、日本等发达国家相比，中国仍然是发展中国家，在制定国际规则、引导国际舆论、引领国际前沿等方面仍缺少话语权。“强国与弱国并存”的国际关系使我国在这一时期所面对的国际环境更加复杂。

第六，生态利益关系从“隐性累积”转向“逐步显性”。改革开放以来，我国的工业化、现代化、市场化、城镇化程度均呈现跨越式发展，但这一发展在很大程度上是以牺牲环境为代价的，使生态环境与经济发展之间的矛盾逐步显性化。加之，中国环保和健康意识的不断提高与生态环境的不断恶化形成了一种相对运动，使生态矛盾快速从隐性转为显性，并不断趋于表象化。大气污染、水污染、垃圾处理、土地荒漠化、生物多样性破坏等环境问题已成为中国乃至世界各国发展的抑制因素，生态环境与社会发展之间的矛盾不断累积。

劳资—资资—政府角色—意识形态—国际关系—生态矛盾的上述转变共同推进计划利益关系结构向转型利益关系结构的转变，并推动转型利益关系结构经历“探索—巩固—衰退”的动态过程。1978—1992年属于探索期，这一探索期的进入仍然由政府主导，以政府“有控制的放权”为初始动力，推动资本关系逐步多元化、劳资关系逐步复杂化且国际地位不断提升，在这一过程中，不断涌入的西方思潮则起到了催化剂作用，各要素之间互相加强，推动转型利益关系结构不断稳定并进入巩固期。转型制度结构打破了计划经济对我国生产力发展的束缚，大大提升了经济活力和资源配置效率，使中国经济实现了长达几十年的稳定高速增长，使中国真正“富起来”了。然而，伴随着这种高速增长，劳资冲突、资本恶性竞争、贫富差距、意识形态混乱、国际挑战、生态破坏等诸多矛盾也在不断累积，2008 年我国经济增长开始不断放缓，这意味着转型利益关系结构已进入衰退期，同时进入一个更加注重经济发展质量、人民幸福感的新的利益关系时期则成为必然趋势，而这一新的利益关系时期正是党的十九大报告所指出的“中国特色社会主义新时代”。

可见，中国特色社会主义进入新时代，是中国经济经历计划利益关系结构、转型利益关系结构并进入新利益关系结构这一历史演变的必然结果，党的十九大报告提出的这一重大论断与中国经济发展阶段演变的历史和理论逻辑有着高度的一致性，显示出极强的科学性和客观性，是党在中国经济转变发展阶段关键时期所做出的重要判断。通过系统地阐述系列核心社会利益关系的相互作用推动中国经济发展阶段的演变，揭示中国特色社会主义进入新时代的理论机理，有助于更加科学、客观地理解党的十九大关于“中国特色社会主义新时代”的思想精髓，并为宣传、践行党的十九大报告的相关战略部署提供理论前提。

四　中国特色社会主义新时代的现实逻辑分析

前文阐明了中国特色社会主义进入新时代的理论逻辑，在此基础上必须进一步考察中国特色社会主义进入新时代的现实佐证，即是否中国经济的确进入了与以往所不同的新时期。党的十九大报告明确指出，中国特色社会主义新时代的社会主要矛盾已经发生了转变，转变为“人民日益增长的美好生活需要与不平衡不充分的发展之间的矛盾”，这正是中国特色社会主义进入新时代最重要的一个现实特征，而这一社会主要矛盾转变可具体化为劳资利益关系、资本利益关系、资本与社会利益关系、意识形态博弈利益关系、国际利益关系、生态利益关系这六大方面。基于近年来的经济发展实践以及现实数据，本文认为，我国经济中的六大核心利益关系已显示出一定的“拐点式”转变。

第一，从“复杂”的劳资利益关系转为“和谐化”劳资利益关系趋向。在“以人民为中心”的发展思想指导下，我国的劳资矛盾已从不断“复杂化”转为趋于“和谐化”。一方面，近五年来我国劳资冲突程度从不断加剧转变为趋于平缓。如图2所示，近五年来我国劳资争议案件数量及涉案劳动者数量相比以往均呈现相对较低的水平且具有一定下降趋势。此外，近五年我国劳动报酬占比也从下降态势转变为上升趋势，这意味着我国劳动者地位的不断提升。

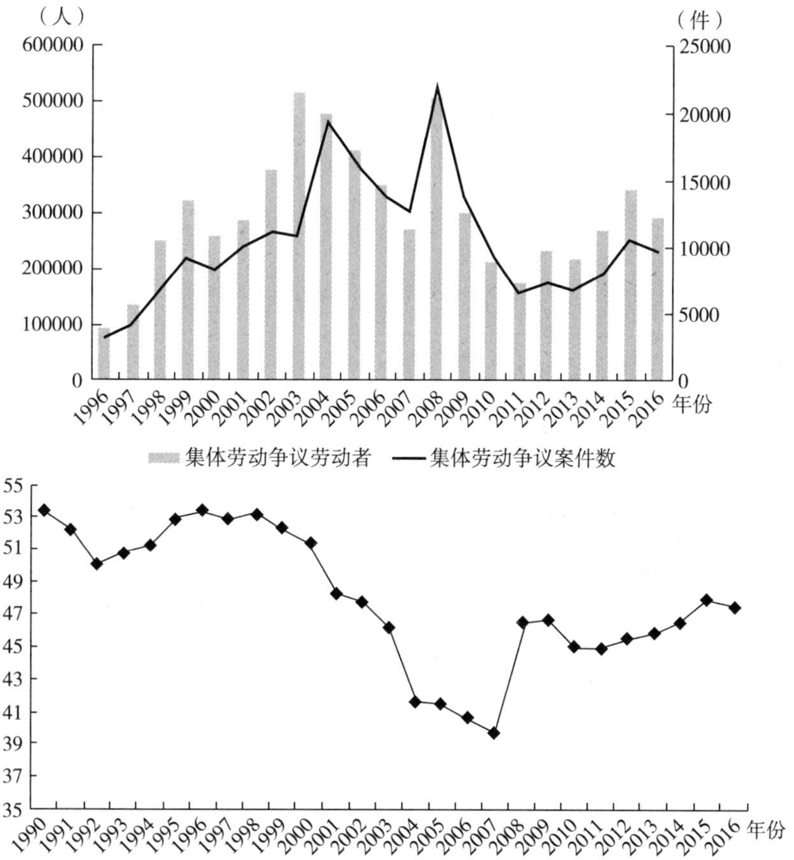

图2 我国劳动争议案件情况及劳动报酬在GDP中占比变化

资料来源：历年《中国统计年鉴》。

另外，我国劳动者工资收入差距从 2008 年以前的不断加大逐步转变为趋于缩小。从图 3 可以看出，我国城镇居民人均可支配收入与农村居民人均纯收入的比值在近年来呈现出明显的下降趋势，并且城镇不同行业的平均工资差距也在 2010 年以后呈现出不断缩小的趋势。这就意味着劳资关系的"和谐化"已成为当前我国经济社会发展的大趋势。

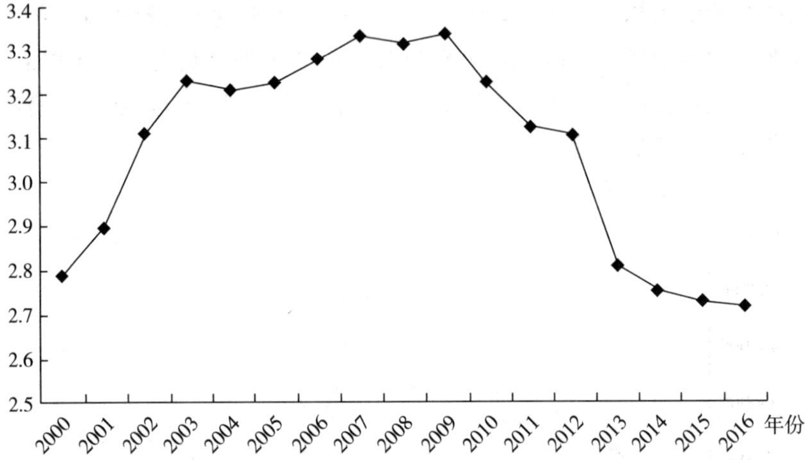

(a) 城镇居民人均可支配收入与农村居民人均纯收入的比值

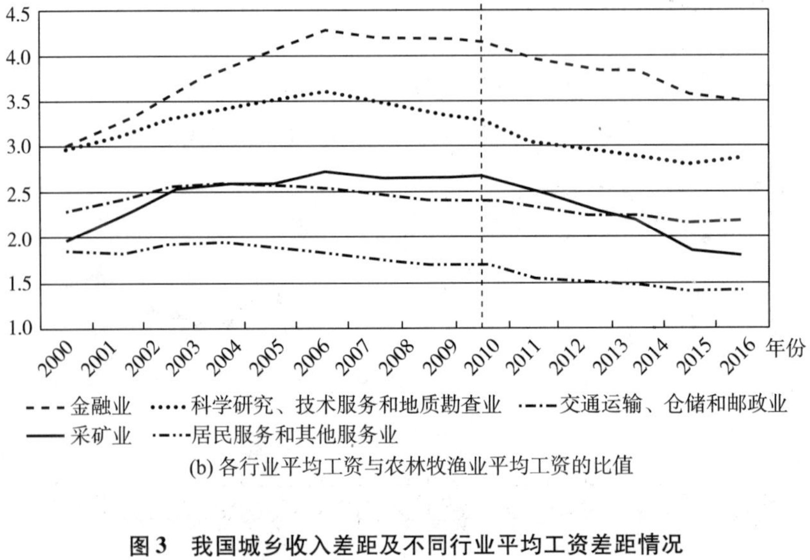

(b) 各行业平均工资与农林牧渔业平均工资的比值

图 3　我国城乡收入差距及不同行业平均工资差距情况

资料来源：国家统计局。

第二，从“多元”的资资利益关系转为“良性化”资资利益关系趋向。随着供给侧结构性改革以及国有企业改革的深入推进，我国的资资矛盾已从“多元化”特征转为趋于“良性化”。这首先体现在近年来我国经济社会中不同所有制资本之间从竞争转向合作化趋向。图4显示了1995年以来我国各类资本在全社会固定资产投资中占比变化，容易看出，2008年以后，我国资本结构显示出与上一阶段相当不同的变化特征，即资本结构从相对变化较大转变为更加稳定和均衡的趋向，其中混合经济经历了从无到有继而与国有经济、民营经济三分天下的过程，对于推进我国不同所有制资本之间的合作化竞争起到重要作用。

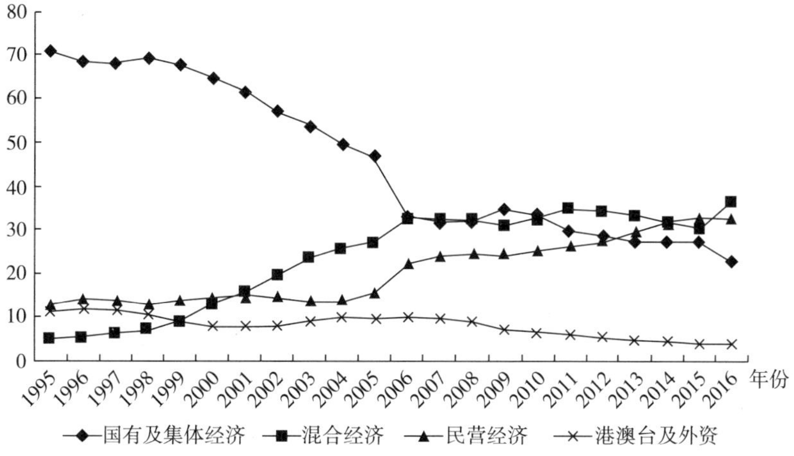

图4 各类资本在全社会固定资本投资中占比

资料来源：国家统计局。

与此同时，在私有资本内部，资本关系也不断趋于良性化，主要体现在市场竞争程度、市场垄断程度、生产过程复杂性等方面，从图5中可以看出，近年来，我国市场竞争程度具有缓和的趋势，垄断问题也有所改善，同时生产过程复杂性和技术含量不断提升。

第三，从“有控制放权”的资本与社会利益关系转为“有效化”资本与社会利益关系趋向。在全面深化改革的过程中，我国政府坚决破除各方面体制机制弊端，逐步从“有控制放权”转变为“有效化”的政府角色趋向。一是近年来我国政府更加明确了“服务型政府”的定位，在继续取消和下放行政审批事项的同时，进一步强调科学配置党政部门及机构的权力。经过2018年3月“两会”关于国务院机构改革的方案，国务院原有近70个部门已重组为26个，使相关事务权责更为明晰、流程更为精简，继而提高政府服务的效率效能。二是近年来我国政府职能发挥作用的方式更加“现代化”，不仅积极开展“互联网+政务服务”建设，同时，在公共事业上不断推进与社会资本合作的PPP新模式。数据显示，到2016年，我国70个大中城市中已有69个城市共计推出政务APP 316个，总下载量为2476.9万次，分布在交通、社保、民政、旅游、公共安全等多个领域①；在PPP项目方面，截至2018年1月，我国入库项目总数达到了7446，项目总金额则达到113467亿元。② 在以上过程中，我国国家治理体系不断完善，治理能力明显提高，政府在经济社会中的功能不断趋于“有效化”。

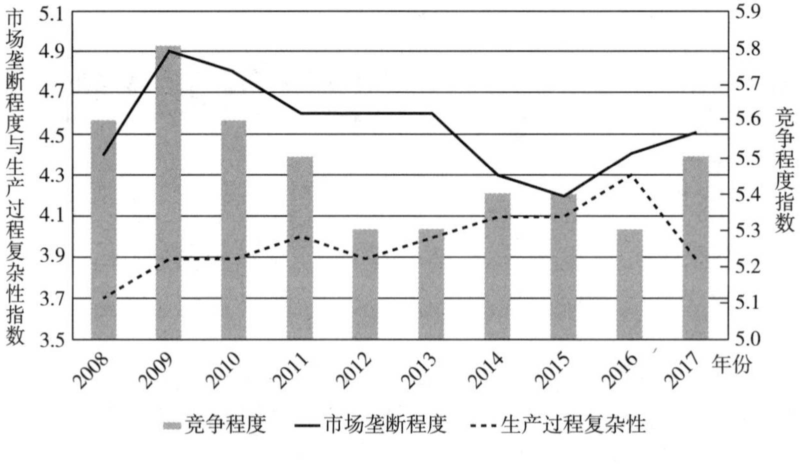

图5 我国市场竞争程度、市场垄断程度及生产过程复杂性指数

资料来源：历年《全球竞争力报告》，世界经济论坛。

第四，从“动态博弈”的意识形态利益关系转为“主流化”意识形态利益关系趋向。2012年以来，通过加强党对意识形态工作的领导，马

① 郑跃平、黄博涵：《“互联网+政务”报告（2016）：移动政务的现状与未来》，《电子政务》2016年第9期。

② http：//www.cpppc.org，财政部政府和社会资本合作中心。

克思主义在我国意识形态领域的指导地位更加鲜明。就官方思想而言，习近平总书记在2014年7月主持经济形势专家座谈会时强调“各级党委和政府要学好用好政治经济学”，2015年12月中央经济工作会议首次明确提出“要坚持中国特色社会主义政治经济学的重大原则”，2017年党的十九大报告提出新时代中国特色社会主义思想这一最新成果，并强调这一成果是马克思主义中国化最新成果。即官方思想中已明确蕴含着稳固马克思主义主流意识形态的倾向。在这一官方意识形态引导下，社会意识形态也有所转变。

以经济学为例，2017年召开的以“政治经济学”为主题的全国学术研讨会有近30场，相比2012年以前呈现大幅度提高；同时我国权威经济学期刊中发表马克思主义范式文章的比例在2008年以后呈现较为明显的上升趋势（见图6）。这也反映出我国意识形态矛盾已从“动态博弈”转变为“新时代中国特色社会主义思想”的主导化趋向。

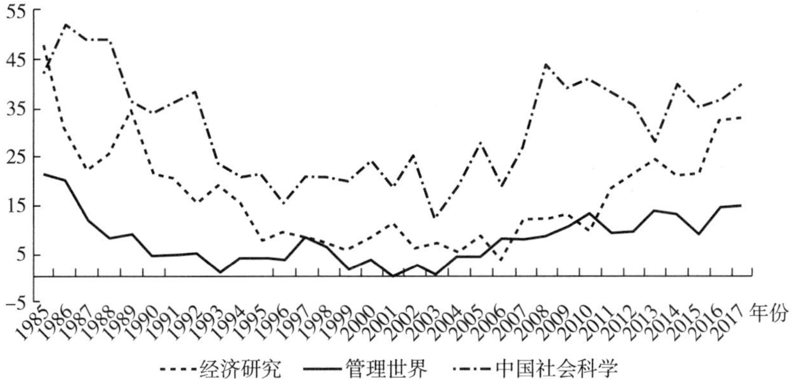

图6　我国权威经济学期刊发表马克思主义范式文章占比①

第五，从“强国与弱国并存”的国际利益关系转为“包容化”国际利益关系趋向。通过全面推进中国特色大国外交，我国已从过去“强国与弱国并存”的状态逐步转变为更具“包容性”的国际关系。这主要体现在，我国在不断提高经济、社会、政治等方面国际参与度的同时，更加

① 通过中国知网进行检索，马克思主义范式文章的数量用全文包含“马克思”或含“政治经济学”的文章数量进行估算。

注重国家自身的独立和可持续发展，逐步转变为真正的发展中“强国”。图 7 展示了我国 KOF 全球化指标变化趋势，可以看出，近年来我国全球化程度呈现不断提高的趋势，尤其是政治全球化程度在 2015 年已达到 93.6%，但 2008 年以后在经济和社会全球化方面的提高则明显放缓，转为相对平稳的态势，这其中隐含着我国不再实行单纯的“引进来、走出去”，而是更加注重我国在国际上影响力、感召力、塑造力的提升。而且在我国提升国际影响力的同时，始终坚持奉行和平发展、互利共赢的开放战略，通过实施“一带一路”倡议、倡导构建人类命运共同体，推进着国际关系的“包容性”发展。

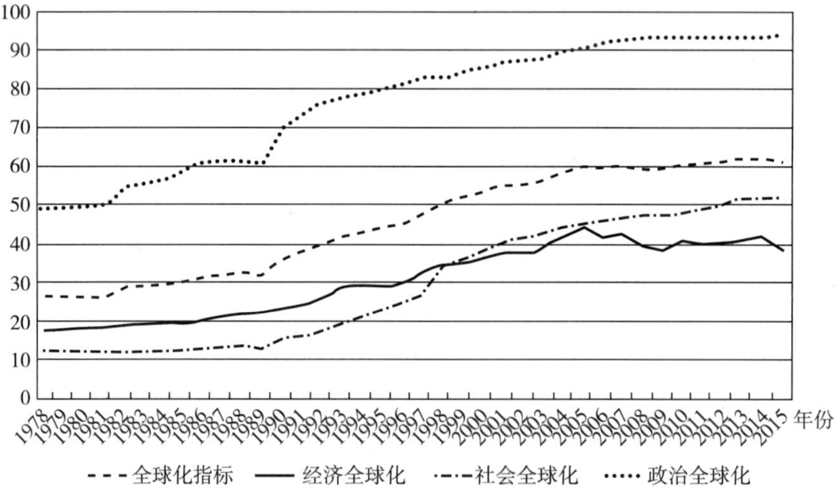

图 7　我国 KOF 全球化指数的变化①

第六，从“显性激化”的生态利益关系转为“缓和化”生态利益关系趋向。2012 年以来，通过大力推进生态文明建设、建设生态文明制度体系、健全主体功能区制度、推进全面节约资源、开展重大生态保护和修复工程，我国的生态环境治理已明显加强，环境状态得到改善，已成为全球生态文明建设的重要参与者、贡献者、引领者。党的十九大报告更是提

① KOF 全球化指数主要考虑三个维度：一是经济全球化（进出口贸易、外国直接投资、证券投资、外国雇工收入等）；二是社会全球化（居住在本国的外国人、人均麦当劳店数、国际电话通话量等）；三是政治全球化。

到“生态”30余次，提到“绿色”十余次，可见保护生态环境已成为新时代我国经济社会发展的重中之重，将贯穿于我国生产、分配、交换和消费各个环节。

从图8我国“三废”排放和环境污染治理投资数据变化也可以看出这一点，2000年以后，我国工业固体废物倾倒丢弃量始终处于下降趋势，

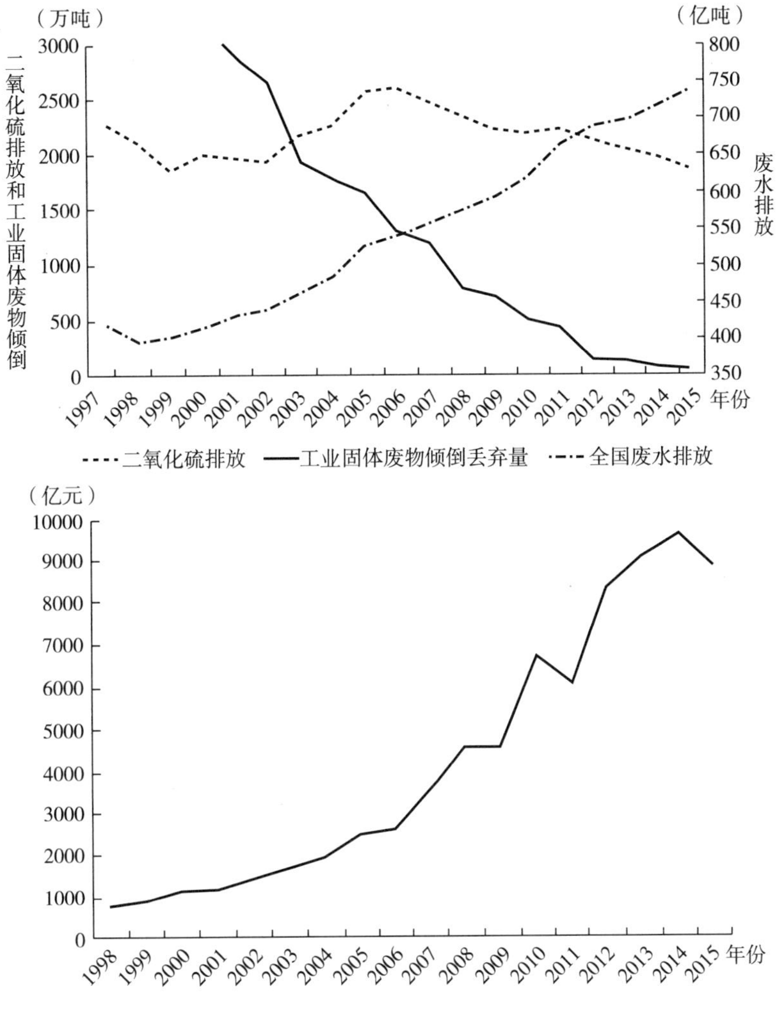

图8　我国工业“三废”排放及环境污染治理投资情况

资料来源：历年《中国环境统计年报》。

2012 年以后已达到一个相当低的水平；全国二氧化硫排量在 2007 年以后也开始呈现下降态势；全国废水排放量尽管仍处在上升趋势，但 2012 年以后的上升速度有所减缓；与此同时，我国环境污染治理投资总额呈现逐年递增的态势，且 2008 年以后增长速度显著提高。这意味着我国的生态矛盾已从“显性激化”逐步转变为“整体缓和”。

可见，与转型利益关系结构时期相比，2012 年以来，我国在劳资关系、资本关系、政府角色、意识形态、国际关系和生态关系这六大核心社会利益关系方面的确发生了“转折性”变化趋向，这是中国特色社会主义进入新时代的现实支撑和佐证。同时，这六大核心社会利益关系的新特征也有着相互作用、彼此加强的作用关系，其中，政府角色的“有效化”能够为资本关系的良性发展提供好的政策环境，意识形态的“主流化”能够为劳资关系的和谐趋向提供思想保障，包容化趋向的国际关系和不断缓和的生态矛盾则是重要的国际环境和自然环境，六大核心社会利益关系的相互加强推动着中国特色社会主义新时代这一新利益关系结构逐步走向稳固。

传统文化中的生态思想及其对构建中国特色社会主义政治经济学的启示

王尚君　赵春玲

摘要　中华优秀传统文化中蕴含着丰富的生态智慧和生态思想，表达了一种人与自然和谐共生的美好诉求，为构建中国特色社会主义政治经济学提供了丰富的思想资源。立足于新时代中国特色社会主义发展实践，中国特色社会主义政治经济学要进一步推动传统文化中的生态经济思想的辩证转换与创新性发展，为今天建设人与自然和谐共生的现代化提供有益借鉴。

关键词　生态文明　“天人合一”　中国特色社会主义政治经济学　和谐共生

习总书记在哲学社会科学大会上强调指出：“中华优秀传统文化的资源，这是中国特色哲学社会科学发展十分宝贵、不可多得的资源。”传统文化在历史发展过程中涌现出丰富的经济思维理念，为中国特色社会主义政治经济学的理论建构提供了深层次的精神支撑。杨志教授指出：“历史和现实都证明：全世界只有一个文明是可持续并最接近生态文明的，这个文明就是中华文明；全世界只有一个国家能够经受住持续发展的考验，这个国家就是中国。”当代生态经济与传统生态文明有着极大的契合性，借鉴历史，绝不是照搬照抄，目的是通过对过往的批判创新，更好地服务和把握当代。因此，从传统文化中吸收生态文明建设思想来更好地构建中国特色社会主义政治经济学，是新时代条件下坚定走好中国特色社会主义发

［作者简介］王尚君，南开大学马克思主义学院 2016 级硕士研究生；赵春玲，南开大学马克思主义学院副教授，经济学博士。

展道路的重要方面和所要建设的重大现实任务。

一 中国传统文化中的生态经济思想

中国传统文化中蕴含着丰富的民族智慧，文化形态中积淀着几千年来富有历史厚重感的理性思辨。古代杰出思想家开始从国家和社会发展的宏观范畴内系统地探讨经济问题，在实践中形成了方法论上的“道法自然”思想，生产观上的“天人合一”思想以及消费观上的“用养结合”思想，这些重视自然发展内在价值的思想理念都是先哲总结处理人与自然关系的基本准则，既不强调人类中心主义，也不单纯指向自然中心主义，其出发点是为了实现人与自然、人与社会的协调统一与和谐共生，核心理念是要强调将保护生态环境置于经济发展的重要地位，也就是要在生态环境可承受范围内进行经济建设。人与生态环境之间的这种互蕴共容的文明理念以及古代人民的生态文明思维与生态实践经验的总结，能够为当代经济社会发展提供有价值的思想元素。

（一）方法论上的“道法自然”

老子在《道德经》中提出的“道法自然”思想是道家生命哲学的核心理念和集中体现。“人法地，地法天，天法道，道法自然。”也就是说，“道”超然其外又绝对存在，“法”富含一种必定如此的规律和规则，天、地、人都要有顺其自然的状态，最基本的要义就是维护万物的自然本性。道家认为，宇宙万物都有自身的生存法则和内在目的性，人类的安身立命，必须将道作为至高无上的法则。人与自然界都是自然所创生，要重视人与自然的关联性，崇尚和敬畏自然，不能功利地去破坏赖以生存的生态环境来满足无限的欲望。“道法自然”说明万事万物都各循其道，众生平等，人类并没有处于更为优越的地位，要尊重和维护万物的存在，告诫人们不可强行干预自然的发展空间来实现一时的发展需要，要通过对世间万物的接触来感悟蕴含于其中的“自然”之道。尊重自然规律，并将其作为指导人类活动的基本准则，体现着一种人文关怀。方法论上的“道法自然”思想要求遵循自然发展规律，将有所为、有所不为的“无为”思想运用于生态发展领域，启示人类要维持自然和谐的生存状态，理性对待自然界中的生活资源，保护基础资源，同时有计划、有节制地利用各类资源来满足人类基本生存和发展的需要，做到“圣人去甚、去奢、去泰”，而不是追求对自然的无端放任与绝对征服。

（二）生产观上的“天人合一”

中国传统文化的基本理念之一就是“天人合一”。这一思想影响着我国古代政治经济和社会生活各个方面的发展，所蕴含的生态智慧，是一个综合性、极具人文生态气息的发展理念。《周易》中首次提出“生生”的智慧思想，“天地之大德曰生”“生生之谓易”，把自然界看作一个统一的生命系统，个体生命处于生存发展的运动状态，世界万物是生生不息的，因此，人类要按自然规律办事。“天人合一”思想就是从人与自然之间的关系维度出发来探寻人的存在方式和生存价值，目的是尽量减少人类在自然面前的无能为力状态，实现生存的最高境界，达到物我之间的融会贯通。宋代程颢认为：“生生之谓易，是天之所以为道也。天只是以生为道，继此生理者即是善也。”“生生”，是生命的创造与延续，自然界本身就是一个生命有机体，不断地创造、维持、延续和发展世间万物中的鲜活生命；同时，万物又是相生相联系的，能够在追求至善境界的过程中实现共生共荣。老子指出：“天之道，损有余而补不足，人之道，则不然，损不足以奉有余。”自然之道在于保持世间生态的平衡，然而，人类为了满足各种欲望，打破了生态的平衡，必将招致祸患，受到自然界的惩罚。所以，“天地有大美而不言，四时有明法而不议，万物有成理而不说，圣人者，原天地之美而达万物之理。是故至人无为，大圣不作，观于天地之谓也。”人与自然环境是一个内生的互动关系，自然界的固有运行秩序，警惕人类在物质生产领域不可为所欲为，贪得无厌，要注重人与自然界和谐相处，“天地与我并生，万物与我为一”，保护自然生产就是延续后代生命。“生生”的生态智慧，从本体论上理解，人是自然的一部分，人生于自然；从实践角度来看，人要效法天地生生之道，实现天人合德，才能达到“生生”之和谐。

（三）消费观上的“用养结合”

我国古代朴素的生态思想立足于人与自然和谐发展的角度，将爱护自然的理念自觉地落实到实际行动当中，在消费观上形成了“用养结合”的思想。以老子为代表的道家思想提倡清心寡欲和知止知足的消费观念。墨子则提出节俭消费的社会效应，实现“圣人为政一国，一国可倍也；大之为政天下，天下可倍也”。只有社会实现良性运转和可持续发展，才能出现生产有序、国泰民安的和谐景象。古人提倡将“取之有道”“用之有度”的思想真谛回归到日常生活消费领域，真正做到不竭泽而渔，不焚林而猎，在全社会营造一种节俭消费的良好氛围。孟子有云：“不违农时，谷不可胜食也；数罟不入洿池，鱼鳖不可胜食也；斧斤以时入山林，材木不可胜用也。谷与鱼鳖不可胜食，材木不可胜用，是使民养生丧死无憾也。”孟子告诫人们要在从自然界获取各种资源来满足基本生活需要的同时，不可一味地单向索取，要懂得节制欲望，顺应自然万物生长发育的规律，尊重它们成长和发展的空间，给予其休养生息的时间。在消费的过程中进行保护性的开发和利用，建立依时采伐林木和猎取生物资源的环境管理制度，这本质上就是一种可持续性的生态发展理念。我国古代人民对于人与自然关系的深刻认识和辩证把握说明只有在实际行动中做到用养结合、仁民爱物，才能保障人类基本生活需要，万事万物才能各得其宜，才能不损害后代人生存发展的基本权利。

二　传统文化中生态经济思想为构建中国特色社会主义政治经济学提供了思想资源

40 年的改革开放伟大实践，中国不断总结社会主义建设的成功经验，借鉴古代经济发展的历史渊源和文化基因来分析和解决国家发展的各项问题，更加深刻地认识到人类的幸福生活与生态文明建设息息相关。我国古代传统文化中的生态智慧蕴含着一种肯定天地万物的内在价值诉求。人与自然之间的平等关系以及“天人合一”思想的具体化渗透在社会生活的各个方面，体现着解决生态危机的文化理念，将这一思想创造性地应用于中国特色社会主义政治经济学建设，对于发展新时代中国特色社会主义生态经济具有深远的现实意义。以往经济发展过程是伴随着高投入、高污染的粗放型模式进行的，加剧了资源的供需矛盾，生态环境恶化成为制约国家发展的短板。因此，“如何深入认识生态问题，完善生态调控，是中国特色社会主义政治经济学的重大课题”。中国特色社会主义政治经济学建设与社会主义市场经济改革的目标和方向相统一，要解决好经济发展问题，尤为关键的是要解决好经济和社会的可持续发展问题，尊重和保护生态生产力，发展生态经济学，提升生态环境领域国家治理体系和治理能力现代化水平，为世界经济的良性运行贡献中国智慧和提供中国方案。

（一）借鉴古代人民“天人合一”的思想

党的十八大以来，围绕构建和发展中国特色社会主义政治经济学，党中央提出了一系列重大战略思想和重要理论观点。生态经济观集中体现在“创新、协调、绿色、开放、共享”这一新发展理念当中。“绿色发展和系统保护生产力，是中国特色社会主义政治经济学的新内容，着重解决人与自然的关系和可持续发展。”这是党对社会经济发展规律认识的不断深化，更是对中国传统文化中生态思想的合理继承与辩证发展，确立保护生态系统、爱护自然资源的绿色化和生态化文明理念，对于走好新时代条件下生态文明发展道路，丰富和发展马克思主义政治经济学理论，化解全球生态危机具有重要的现实意义。

党的十九大报告指出：“中国特色社会主义进入新时代，我国社会主要矛盾转化为人民日益增长的美好生活需要和不平衡不充分的发展之间的矛盾。”不平衡不充分的发展涉及不同地区和领域的各个方面，生态文明建设同样面临各种发展中的障碍问题。环境污染和生态破坏已经成为影响人民对美好生活需要的民生问题，势必要结合我国发展实际升华传统人对自然关系的认识，达到对自然规律的深层次理解和更为理性的把握。“我们要建设的现代化是人与自然和谐共生的现代化，既要创造更多物质财富和精神财富以满足人民日益增长的美好生活需要，也要提供更多优质生态产品以满足人民日益增长的优美生态环境需要。”这是一项系统而宏大的工程。为了服务社会主义建设事业，中国特色社会主义政治经济学在统筹政治经济、社会文化、生态环保各个方面的总体布局中，借鉴古代人民“天人合一”的思想，将“心系苞桑”“乐山乐水”“德润万物”“物我交融”等思想指引融入中国发展的实际，形成了保护生态系统、爱护自然资源的全方位、多领域的绿色化和生态化文明理念，形成一个整体生态运行系统，不断揭示社会经济与自然资源协调发展的基本规律，完善了生态经济学的基本范畴。只有不断促进人与自然、人与社会、人与人之间关系的和谐发展，重视形成综合效益，才能进一步坚定以人民为中心的基本立场，才能真正体现一种共享发展的理念，从而丰富中国特色社会主义理论体系。

（二）重视人与自然的和谐共生关系

传统的“用养结合”的生态智慧成为当今生态经济建设的重要文化

渊源，人与自然和谐共生与相通相依是关乎人民幸福和国家复兴的重要方面。中国特色社会主义政治经济学建构的根本目的在于实现共享发展和人的全面发展，寻求人类文明永续发展之路，这就必然要重视和把握好人与自然的关系问题，这也成为建设美丽中国的前提性条件。总书记在讲话中指出："让良好生态环境成为人民生活的增长点、成为经济社会持续健康发展的支撑点、成为展现我国良好形象的发力点，让中华大地天更蓝、山更绿、水更清、环境更优美。"阐释了生态环境对人类社会发展所起到的不可替代作用，要在充分认识资源的有限性以及保护生态系统的完整性和稳定性的基础上来促进经济增长。万事万物的价值都是平等的，中国特色社会主义政治经济学要重视和处理好社会主义条件下的生产关系及其与之相适应的生产方式之间的联系，来实现社会生产力变革和不断向前推进，从而将生态文明思想融入社会主义经济、政治、文化和社会建设的各个方面，通过"五位一体"的系统工程来实现国家经济与社会发展的平稳运行。现阶段实行的全面节约和高效率利用资源、倡导绿色低碳可持续发展观念以及加大对环境的整治力度等措施，体现着人与自然和谐共生的思想，本质上是对中华文明的延续，彰显着生命共同体的内在价值与实现人类福祉的深刻内涵。

（三）倡导新时代中国特色社会主义政治经济学生态哲学思想

生态经济理念渗透在中国特色社会主义宏观体系之中，目的是在人们的生产和生活中坚持民生导向，进一步解放和发展社会生产力，更好地保护生态生产力。物质资料的生产关系是在人与自然进行物质变换过程中形成的社会生产活动，是人与自然、人与社会关系的现实体现。结合新时代的实践特征，中国特色社会主义政治经济学要倡导人的全面发展与自然生态规律相融合，充分吸收我国古代人民的自然生态智慧思想，重视生态自然资源的可持续利用，做到厚德载物，不断破解经济发展与资源环境之间的矛盾，成功实现生态中国建设。自然生态环境不是人类社会的附属品，它具有自身独立的内在发展价值，成为实现人类主体价值的基本前提。我国古代的生态哲学思想渗透着一种思考人与自然关系的初步的自我意识和理性自觉，应该贯穿于中国特色社会主义政治经济学发展当中；同时，走向社会主义生态经济新时代是中国特色社会主义政治经济学的题中应有之义，更好地谱写了马克思主义政治经济学发展新篇章。马克思主义政治经济学具有客观性和整体性，致力于解决人与自然和人与社会之间的关系，从而实现自然的解放，乃至全人类的彻底解放。恩格斯曾指出："整个自然界被证明是在永恒的流动和循环中运动着。"经济活动要顺应人与自然关系的多种循环运动形式，不再追求人类中心主义，而是要达到一种对世间万物的修为，明确在自然面前的可为与不可为之处，避免过犹不及与粗放利用，从而开启生态经济发展新时代。这就要求在实践中协调好社会主义条件下生产力与生产关系以及经济基础与上层建筑之间的关系，实现国家经济安全，形成保护生态生产力的系统理论，通过生态文明的制度性保证来真正落实以人民为中心的主体地位和价值诉求。

三 推动传统文化中的生态经济思想的转换与创新

文化，是一个民族精神的家园。5000 多年的中华文明就是在人与自然和谐共生的关系中不断延续，创造辉煌。生态文明建设是国家发展的重要一环，从哲学思维来看，"生态"是自然界客观存在的一种生存和发展状态，"建设"是人类通过对自然的开发和利用来获取满足生存需要的各种资源和物质生活资料，"文明"则蕴含着哲学智慧，是为了实现可持续发展而理性对待人与自然关系的绿色发展理念，体现着一种对世间万物高度负责的精神境界。人在自然面前，肩负着一种生态道德责任，生态文明的不断演进是社会文明的重要方面，实现了对传统文明和农业文明及工业文明的超越，体现了人类的文明形态、文明意识与文明行为的进步，本质上是一种新的文明境界。我国古代传统文化中的生态经济思想既具有历史价值又富有时代精神，创新性地运用特定历史条件下古代人民在处理人与自然关系时所形成的生态和谐思想和生态伦理观念，能够为中国特色社会主义政治经济学的基本运行提供直接发展动力，为今天建设人与自然和谐共生的现代化提供有益借鉴。

（一）对古代朴素绿色发展理念进行创新性发展

我国古代提倡的"道法自然""天人合一""用养结合"等思想，出发点是为了保障人类的基本生存需要，体现了古代思想家对主客体之间关系的辩证把握，但同时，基本上是围绕着改进农业生产活动来提倡保护动植物资源和土地资源，在总结人与自然关系的经验教训方面，只强调了由天及人以及人在自然界面前的消极顺应态度，并没有重视发挥人类自身理性所具备的主观能动性。实际上，人类在尊重客观规律的基础上可以通过对自然的改造和合理利用，实现可持续发展。“绿色”是生命的象征，代表了人民对美好生活的期盼，中国特色社会主义政治经济学要对古代朴素绿色发展理念进行创新性发展，对中华优秀传统文化进行揭示与延续，就不能一味地甚至盲目地顺应自然，而是要在各行各业的生产性和非生产性活动中做到在不断满足人民对美好生活的需要的同时，追求生态关系稳定，保障人类的正常生产和生活，能够有意识地、主动地节约资源和保护环境，协调好经济发展与有限资源之间的关系，坚持绿色科技创新，同时在意识形态领域反对奢靡之风和享乐主义，降低发展中的“生态成本”。国家生存和发展的最重要物质基础就是自然资源，新时代中国特色社会主义发展条件下，要善于发挥科学技术对保护生态生产力和发展循环经济的重要作用，让重视生态平衡成为全社会发展的共识，在绿色发展的底线思维指引下，积极探索一种可持续的消费模式，从而营造一种绿色生产和生活方式来促进社会和谐进步，促使人类生活更加幸福。

（二）赋予人与自然、与生态关系以新的时代内涵

生态建设与人类文明紧密相连，我国古代的生态经济思想兼顾人的经济活动与自然资源及生态环境之间的关系，体现了一种整体性与普遍联系的观点。人类始终都不能离开自然界而孤立地存在，要让人与自然的和谐共生、人与生态环境的持续平衡思想成为广大人民群众的自觉意识，离不开“绿色合力”作用的发挥，更离不开生态文明体制的完善和发展。新时代条件下，生态文明的范畴越来越广阔，经济社会发展过程中面临的各种问题越来越突出，这就需要进一步吸收中华传统文化中有关生态思想的合理成分和有益启示，赋予人与自然、人与生态环境新时代内涵和新时代使命。突出生态文明观中的“为谁建”“谁来建”“如何建”的整体思维意识成为中国特色社会主义政治经济学的内在诉求之一，涉及生产和生活方式等各方面的深化改革，进一步实施好“五位一体”战略布局，保护自然生态系统，才能完成新时代社会主义生态文明建设的艰巨任务。党的十九大报告指出，“建设生态文明是中华民族永续发展的千年大计”，新时代发展条件下，像对待生命一样对待生态环境，实现美丽中国的建设，目的就是要实现高质量的绿色发展，达到经济社会的平衡发展，最终实现人的全面发展。

人因自然而生，人与社会的最基本关系就是要协调处理好人与自然之

间的和谐共生关系。新时代发展条件下，“创新、协调、绿色、开放、共享”的新发展理念早已超越一国范围，它是党中央结合我国实践创造和发展的新理论，是对中国特色社会主义市场经济发展范畴的丰富和发展。生态经济建设的本质特征以及实现中华民族永续发展的根本保障就是要达到人与自然和谐共生，这也是现阶段实现绿色发展的根本途径。中国特色社会主义政治经济学具有开放性与民族性，其理论体系的完整建构离不开对我国传统文化的继承和弘扬。通过将传统文化中的优秀经济思想融入中国特色社会主义政治经济学并为之提供文化底色和文化元素，才能进一步构建完整的理论体系。总书记多次指出，“走向生态文明新时代，建设美丽中国，是实现中华民族伟大复兴的中国梦的重要内容”。一方面，进一步挖掘传统文化中生态伦理思想的现代价值，实际上承载着中国特色社会主义走向生态文明新时代的历史使命；另一方面，从中国传统文化中汲取建构中国特色社会主义政治经济学的哲学根基，推进生态文明和美丽中国建设，才能在国际社会中进一步传递中国声音，讲好中国故事，展现中国特色。

新时代我国社会主要矛盾、社会主义初级阶段及其发展动力

丁为民

摘要 以改革开放以来国内外经济社会的重大变迁为基础，利用现有文献，力图较深入地研究党的十九大关于我国社会主要矛盾、发展阶段和发展动力的重要判断，揭示了这些判断形成的历史与现实背景，及其对构建中国特色社会主义政治经济学的意义。本文认为，这些判断表明，中国智慧和中国方案提供了一种既不同于发达资本主义又不同于传统社会主义的道路，即初级阶段社会主义的道路。中国特色社会主义政治经济学，应以社会主义初级阶段为主体探寻其基本要件，成为初级阶段社会主义政治经济学。

关键词 中国特色社会主义政治经济学 主要矛盾 初级阶段 发展动力

习近平同志指出，要立足我国国情和我国发展实践，揭示新特点新规律，提炼和总结我国经济发展实践的规律性成果，把实践经验上升为系统化的经济学说，不断开拓当代中国马克思主义政治经济学新境界。党的十九大报告在总结过去五年工作的基础上做出了一系列重大理论概括、重大实践总结、重大战略部署，为新时代中国特色社会主义的发展和中华民族的伟大复兴指明了方向，同时也丰富和发展了中国特色社会主义政治经济学。本文就是围绕这一中心展开的。

［作者简介］丁为民，经济学博士，天津师范大学教授，博士生导师，中国《资本论》研究会常务理事，中国经济发展研究会副会长。

一 我国的社会主要矛盾与党的十九大的新论断

揭示和判断一个社会主要矛盾的性质与状况，是揭示该社会内部结构、运行机制和主要趋势的前提。根据唯物史观的方法，马克思主义把资本主义生产方式的基本矛盾概括为“社会化生产和资本主义占有之间的矛盾”①，以此为基础，说明了资本主义社会的阶级矛盾和资本主义生产方式产生、发展、灭亡的必然性。西方主流经济学则在机械唯物论即唯心史观的基础上，竭力掩盖资本主义的深层矛盾，把这一矛盾描述为（总）供给和（总）需求之间的矛盾，认为只要自由竞争，就可以实现供求均衡和资源的有效利用，从而构建了一个以自由竞争和一般均衡为核心的理论体系。

运用唯物史观的方法，分析社会基本矛盾和主要矛盾，是坚持马克思主义的重要表现。与苏联那本《政治经济学教科书》否认在社会主义阶段存在矛盾、不分析生产关系的做法相反，中国共产党人一贯认为，在我国生产资料所有制的改造基本结束以后，我国的社会基本矛盾仍然是社会生产力与生产关系之间、上层建筑和经济建筑之间的矛盾。不过，同以往社会相比，它已经具有根本不同的性质和情况。揭示这一对矛盾的性质及其运动规律，是研究中国特色社会主义政治经济学必须回答的问题。新中国成立以来，中国共产党作为执政党，已经四次对主要矛盾进行集中梳理、认识，对主要矛盾的内容、性质做出判断。

1956 年 9 月，在生产资料所有制的社会主义改造基本完成以后，党的八大提出，国内的主要矛盾，已经是人民对于经济文化迅速发展的需要同当前经济文化不能满足人民需要的状况之间的矛盾。这一表述，基本正确表达了在新的经济和社会关系下人民的主体地位及其需要的根本变化与特点，同时，也实事求是地概括了与这种需要相对应的供给短缺状况，是对我国当时社会基本矛盾的第一次积极、有益的探索。但是，仅一年后，1957 年 10 月，受反右斗争扩大化的影响，党的八届三中全会提出，无产阶级和资产阶级的矛盾、社会主义道路和资本主义道路的矛盾，仍然是当前社会

① 《马克思恩格斯文集》第九卷，人民出版社 1999 年版，第 288 页。

的主要矛盾，从根本上改变了党的八大的判断。在 1962 年 9 月的党的八届十中全会上，毛泽东进一步“发展了他在 1957 年反右斗争以后提出的无产阶级同资产阶级的矛盾仍然是我国社会主要矛盾的观点”。[①] 上述两次判断，分别成为随后制定的总路线和基本路线的理论基础，对我国后来的政治经济形势产生了重大影响。特别是第二次判断，把一定范围内存在的阶级斗争扩大化、绝对化，为后来长达十年的“文化大革命”埋设了导火索。

1978 年年底，在作出第二次判断的 21 年后，党的十一届三中全会果断地否定了以阶级斗争为纲的基本路线，结束了“文化大革命”，把全党工作的着重点和全国人民的注意力转移到社会主义现代化建设上来。1981 年 6 月，在改革开放背景下，党的十一届六中全会通过了《关于建国以来党的若干历史问题的决议》，提出：“在社会主义改造基本完成以后，我国所要解决的主要矛盾，是人民日益增长的物质文化需要同落后的社会生产之间的矛盾。”[②] 这个判断，不仅重新肯定了党的八大有关表述的核心思想，而且明确指出了供给不足的要害——生产落后，从而使人们对我国主要问题的认识更加明晰，成为 1987 年我党在十三大提出社会主义初级阶段基本路线和一系列改革方针的理论基础。

21 年的实践，已经从正反两方面初步证明了在唯物史观指导下，坚持实事求是的思想路线，正确认识我国现阶段的主要矛盾和矛盾主要方面，对于中国共产党带领人民，确定前进方向，明确主要问题和主要任务、工作重点，制定路线、方针和政策的极端重要性。

在党的十九大报告中，习近平同志指出：“中国特色社会主义进入新时代，我国社会主要矛盾已经转化为人民日益增长的美好生活需要和不平衡不充分的发展之间的矛盾。”这是自党的十一届三中全会即 39 年以来，党对我国社会主要矛盾做出的新判断，即第四次判断，必将对我国经济社会全局和长远产生重大、深远影响。明确这一判断的主要依据和提出过程，对于更深刻地理解这一判断，增加工作自觉性，具有重要意义。

首先，新判断是依据近 40 年来社会生产力发展和人民生活需要变化做出的正确论断。改革开放以来，通过生产关系和经济体制的调整，我国社会生产力水平总体上显著提高，社会生产能力在许多方面进入世界前

---

① 《关于建国以来党的若干历史问题的决议》，《三中全会以来》（下），人民出版社 1982 年版，第 755 页。

② 同上书，第 785 页。

列。“落后的社会生产”的提法已经不能真实地反映我国发展现状。另外，由于收入的增加，我国的消费结构和消费倾向发生重大变化，人民生活显著改善，对美好生活的向往更加强烈，不仅对物质文化生活提出了更高要求，而且在民主、法制、公平、正义、安全、环境等方面的要求日益强烈，再只讲“物质文化需要”已经不能真实全面地反映人民群众的愿望和要求。① 与此同时，发展不平衡不充分的问题却更加突出，成为制约人民群众对美好生活需要得以满足的主要因素。因此，党对我国社会主要矛盾做出新判断，是对我国现实生活中基本矛盾变化的客观反映，是贯彻唯物史观和科学认识论的必然结果，而不是一种单纯的认识变化，更不是思想路线的转换，与党的八届三中全会对主要矛盾的误判有根本区别。

其次，我国原有主要矛盾的化解有一个逐渐累积变化的过程，党对主要矛盾的认识也在随之逐渐变化。几十年的实践表明，人民日益增长的物质文化需要同落后的社会生产之间的矛盾，不是能在短期内解决或发生质变的，而是有一个由量变到质变的过程。这一过程，不仅通过我国经济发展水平的逐步提升直接得以反映（例如，我国 GDP 的世界排名，1990 年是第十名，2000 年是第六名，2005 年是第五名，2010 年是第二名），而且可以通过近年来我国宏观经济管理战略的转变间接得以证明：由当时的主要矛盾和“落后的社会生产”这一矛盾主要方面所决定，20 世纪末以前，中央一直把增加有效供给作为经济工作的基本方针。但是，自 20 世纪 90 年代末（1998 年）以来，中央开始从需求侧探寻制约经济发展的原因和解决路径。1998 年年底召开的中央经济工作会议，在新中国成立以来第一次明确提出：“扩大国内需求、开拓国内市场，是我国经济发展的基本立足点和长期战略方针”。在此之后的一系列中央经济工作会议中，又多次强调扩大内需对实现我国经济发展的“巨大作用”（1999 年）和“基础作用”（2012 年，2013 年，2014 年），把扩大内需作为推动经济发展的“根本途径”（2008 年）、“战略基点”（2011 年，2012 年）、“主要动力”（2000 年）和“长期战略方针”（2000 年，2001 年）。② 这表明，在我国经济发展水平不断提高以后，需求已经逐渐成为制约我国经济社会发展的主要方面。对这种状况，运用当时主要矛盾和主要矛盾方面的表述显然是难以解释的。我

① 《党的十九大报告学习辅导百问》，党建读物出版社、学习出版社 2017 年版，第 20—21 页。

② 参见 1998—2014 年的中央经济工作会议文件。

国当时宏观政策的调整，表明在宏观管理指导思想上，党对我国经济形势和主要矛盾的变化已经做出反应。与此同时，据有关报道，在党的十六大（2002 年）报告、十七大（2007 年）报告、十八大（2012 年）报告起草过程中，都曾有人提议修改对我国社会主要矛盾的表述。因为时机还不成熟，这个问题未有定论。直到党的十九大报告起草调研，几乎所有的反馈都认为，重新定义我国社会主要矛盾的时机已经成熟。[①] 这说明，我党对社会主要矛盾做出新判断是非常慎重的。党的十一届三中全会特别是党的十八大以来的各项工作，为原有主要矛盾的化解和矛盾的质变创造了条件。

最后，供给侧结构性改革的提出，为新判断提供了方针政策方面的铺垫。在历经了 17 年（1998—2015 年）的扩大内需（需求管理）的改革之后，2015 年年底召开的中央经济工作会议明确提出：“推进供给侧结构性改革，是适应和引领经济发展新常态的重大创新，是适应国际金融危机发生后综合国力竞争新形势的主动选择，是适应我国经济发展新常态的必然要求。”这实际上已经明确，我国社会主要矛盾的主要方面已经由过去的“落后的社会生产”转变为“经济结构方面的问题”，尽管表述并不像党的十九大报告那样严格和全面。在党的十九大报告中，在做出关于主要矛盾新判断之后，习近平同志进一步指出：在今后的工作中，必须“以供给侧结构性改革为主线，推动经济发展质量变革、效率变革、动力变革”，继续深化供给侧结构性改革。由此可见，供给侧结构性改革，既是新判断的先声和铺垫，更是新判断的结果。加强供给侧结构性改革的研究，深化供给侧结构性改革，就是抓住了主要矛盾和矛盾主要方面，事关全局和长远，必须排除干扰，抓住不放。

二　社会主义初级阶段与党的十九大的两个“没有变”

在 1981 年召开党的十一届六中全会上，我党第一次做出我国仍处在社会主义初级阶段的论断。党的十三大系统地阐述了社会主义初级阶段的

① 《面向新时代的政治宣言和行动纲领——党的十九大报告诞生记》，《光明日报》2017 年 10 月 28 日。

理论，并把它上升到统领全局的高度加以论述。在此之后党的历届代表大会，都十分明确地肯定了这一判断。

做出这一判断的主要依据是什么？党的十三大报告指出：我国社会主义的初级阶段，“不是泛指任何国家进入社会主义都会经历的起始阶段，而是特指我国在生产力落后、商品经济不发达条件下建设社会主义必然要经历的特定阶段。”在这个认识的基础上，党的十三大报告重申了党的十一届六中全会对社会主要矛盾的判断。可见，对我国生产力状况和商品经济发展水平的认识，与对社会所处阶段的认识，以及对社会主要矛盾的认识之间，存在着明显的因果逻辑关系。

当我国“社会生产力水平总体上明显提高”以后，应怎样认识我国社会所处阶段？或者说，是否应重新认识我国社会所处阶段？这是学习党的十九大报告时人们普遍关注的重大问题。

党的十九大报告明确回答了这一问题：“必须认识到，我国社会主要矛盾的变化，没有改变我们对我国社会主义所处历史阶段的判断，我国仍处于并将长期处于社会主义初级阶段的基本国情没有变，我国是世界最大发展中国家的国际地位没有变。全党要牢牢把握社会主义初级阶段这个基本国情，牢牢立足社会主义初级阶段这个最大实际，牢牢坚持党的基本路线这个党和国家的生命线、人民的幸福线。”其中的两个“没有变”，构成后面三个“牢牢”的重要基础。这样，就在对我国社会生产力状况和商品经济发展水平的认识（社会生产力水平总体上明显提高），与对社会所处阶段的认识（两个“没有变”和三个“牢牢”），以及对社会主要矛盾的认识（社会主要矛盾的新论断）之间，形成了一个新的逻辑关系。

是什么改变了原有逻辑关系？这个问题很值得思考。我们认为，把它理解为我党对社会主义理论与实践，以及对当代世界经济政治走势的认识的重大深化，可能是适当的。

首先，够格的社会主义需要更高的社会生产力水平。在改革开放初期的1987年，邓小平同志指出：“现在虽说我们也在搞社会主义，但事实上不够格。”[①] 在改革开放40年后的今天，我们更深刻地体会到，与够格的社会主义所要求的生产力水平相比，我国的经济社会发展水平仍差得很

① 《邓小平文选》第三卷，人民出版社1993年版，第225页。

远。无论与马克思恩格斯对未来社会主义的伟大预期相比，与当代国内外左翼经济学家所提出的具体设想相比，还是与现实要求相比，我国的社会生产力水平，不仅在新中国成立后和改革开放初期搞社会主义不够格，而且在目前情况下仍然不够格。但是，在垄断资本已经在世界经济政治处于支配地位的背景下，我国也不可能仿照西方模式推进现代化，走发达资本主义国家曾经走过的老路。长期坚持初级阶段的社会主义必然是唯一选择。

其次，我国改革开放以来所取得的成绩，是在社会主义初级阶段基本制度基础上取得的，这恰好说明现阶段的生产关系和经济体制在总体上是适应社会生产力发展要求的。我们绝不能急于向更高阶段的经济关系过渡。如果非要如此，必然使已经发展起来的社会生产力遭到严重破坏。我们现在的任务，不是急于“转段”“升级”，而是要继续按照党的十九大的要求，“坚持和完善我国社会主义基本经济制度和分配制度，毫不动摇巩固和发展公有制经济，毫不动摇鼓励、支持、引导非公有制经济发展”，并根据经济发展和社会进步要求，动态地调整两者关系，通过长期的努力，继续为够格的社会主义提供够格的生产力基础。

最后，发达资本主义国家的经济的总体相对优势在短时期内不会丧失。这主要表现在：当我们不仅从 GDP 这样的经济总量，而且从资本分布和产业层面的企业主导权来衡量经济权力时，就可以看到，欧美企业仍在主要产业掌控着主导地位。① 它们的经济关系和体制还能够不同程度上激发或容纳较强创新能力，尽管当代资本主义由于多重性危机蔓延而“进入全面趋于衰落阶段”。② 据此，日本共产党资深领导人不破哲三甚至保守地估计“日本正处在资本主义经济发展的中期”。③ 在经济全球化背景下，“中国开放的大门不会关闭，只会越开越大”。这样，势必使我国与其他不同性质的经济体相互融合，使我国经济成为一个具有中国特色的“混合经济”，也使世界成为一个具有对立统一关系的“人类命运共同

① ［美］肖恩·斯塔尔斯：《全球融合的幻想》，李科熠译，《国外理论动态》2015 年第 9 期。

② 丁为民、李菁：《新自由主义与资本主义多重性危机》，《当代经济研究》2017 年第 8 期。

③ 曹天禄、吴健义：《不破哲三关于中国社会主义市场经济建设的几点建议》，《国外理论动态》2005 年第 8 期。

体”；也势必使马克思和恩格斯关于“联合的行动，至少是各文明国家的联合的行动，是无产阶级获得解放的首要条件之一”的论断①，越发显示出生命力。这就要求我们，既要站在全球和时代高度，又要从不同角度，认识和衡量我国经济发展水平，确定我国前进的历史方位。

当我们站在历史和时代的高度时，可能会对社会主义初级阶段的定位有更新的认识。世界经济发展史表明，在发达国家已经取得先发优势、开启了扩大全球两极分化过程的背景下，发展中国家的发展已经成为国际马克思主义者和非主流经济学家长期关注的世界性问题。中国的成功实践表明，社会主义初级阶段的基本规定，不仅包含中国特色社会主义政治经济学对中国经济发展和民族复兴的指导作用，而且包含对发展中国家的借鉴意义。在党的十九大报告中，习近平同志指出：“中国特色社会主义道路、理论、制度、文化不断发展，拓展了发展中国家走向现代化的途径，给世界上那些既希望加快发展又希望保持自身独立性的国家和民族提供了全新选择，为解决人类问题贡献了中国智慧和中国方案。”这表明，中国智慧和中国方案提供了既不同于发达资本主义又不同于传统社会主义的另一种道路，即初级阶段社会主义的道路；展示了一个相对独立的不同于以往和现有主流社会的社会形态，即初级阶段社会主义的社会形态。这种社会形态，隐藏着构建中国特色社会主义政治经济学的元素形式和基本要件，它所提供的经验、道路，可能成为发展中国家效仿以实现独立发展的模式。由此出发，中国特色社会主义政治经济学应该成为初级阶段社会主义的政治经济学，在此基础上，其现实性、系统性的力量，会得到更充分的展示和彰显。

从更深层次讲，我党对社会主义认识的深化，还表现在对人的发展问题认识的深化。1894 年，恩格斯为即将出版的《新纪元》周刊题词，用简短的字句表达了未来社会的基本思想：“除了《共产党宣言》中的下面这句话（……），我再也找不出合适的了：‘代替那存在着阶级和阶级对立的资产阶级旧社会的，将是这样一个联合体，在那里，每个人的自由发展是一切人的自由发展的条件。’”② 从这一意义上讲，我们为争取社会主义所做的一切，都是在为人的自由发展创造条件。马克思在《1844 年经

① 《马克思恩格斯文集》第二卷，人民出版社 1999 年版，第 50 页。
② 《马克思恩格斯文集》第十卷，人民出版社 2009 年版，第 666 页。

济学哲学手稿》中指出：人类在经历人的依赖关系的社会形式、以物的依赖性为基础的人的独立性的社会形式之后，必将进入一个以“自由个性”为特征的社会。[①] 其中，第二个阶段不仅形成自由程度高于“人的依赖关系”的雇佣劳动这种“形式自由”[②]，而且创造了“普遍的社会物质变换，全面的关系，多方面的需求以及全面的能力体系”[③]，从而为第三个阶段即以自由个性为特征、自由人联合体为基础的社会创造必要条件。这说明，从人的关系发展史的角度看，第二个阶段很可能是实现第三个阶段的必经阶段。在这方面，我国所面临的重大挑战就是，一方面，肯定“商品经济的充分发展是社会经济发展不可逾越的阶段”[④]；另一方面，建立新型的雇佣关系、政商关系与和谐的劳动关系。一方面，在生产力等方面，为实现我国经济现代化创造必要的物质条件；另一方面，在教育、自由时间等方面，为实现“实质自由”提供必要的社会准备。用这一标准衡量，在我国社会生产力水平总体上显著提高的同时，我国目前人的发展程度不可高估，“构建和谐劳动关系的任务艰巨”[⑤]，但总体发展趋势良好。在改革开放不断深化、教育事业不断发展和法定劳动时间有所缩短的基础上，人们不仅对物质文化生活提出了更高要求，而且在民主、法制、环境甚至闲暇时间等方面提出日益强烈的期许，人的自主意识显著增强。党的十九大报告进一步强调，“必须坚持以人民为中心的发展思想，不断促进人的全面发展”。这说明，以习近平为核心的党中央抓住了各项工作的根本；同时也说明，为了达到第三个阶段即以“自由个性”为特征的社会，我们还有相当长的路要走，还要长期奋斗。社会主义初级阶段就是这样的必经之路。

---

① 《马克思恩格斯文集》第八卷，人民出版社 2009 年版，第 52 页。

② 拉马钱德兰（V. K. Ramachandran）指出：“马克思区分了（……）资本主义下工人的形式自由与前资本主义制度下工人的真实不自由：‘工人改换雇主的自由使他有了在更早的生产方式中不曾有过的自由’。” *Wage Labour and Unfreedom in Agriculture*：*An Indian Case Study*，Oxford：Clarendon Press，1990，pp. 1 –2。

③ 《马克思恩格斯文集》第八卷，人民出版社 2009 年版，第 52 页。

④ 《中共中央关于经济体制改革的决定》，人民出版社 1984 年版，第 17 页。

⑤ 《中共中央国务院关于构建和谐劳动关系的意见》，《光明日报》2015 年 4 月 9 日。

三　社会主义初级阶段的根本动力与党的十九大的"发展利益"

马克思说：人们奋斗所争取的一切，都同他们的利益有关。① 利益既是人们行为的动力，也是行为的结果。党的十九大报告明确提出，要坚持以人民为中心，"更加自觉地维护人民利益，坚决反对一切损害人民利益、脱离群众的行为"，充分体现了马克思主义的根本立场和中国特色社会主义政治经济学的鲜明底色。

利益关系是经济关系的背面，其中，生产资料所有权主体居利益关系的核心。在传统体制下，人民的经济行为主要是在公有制经济基础上进行的，公有制经济是人民物质利益的主要来源，因此，公有制经济特别是国有经济是人民的根本利益和共同利益的基本保障，对发展和壮大公有制经济的追求，构成了传统社会主义下推动人民行为的动力结构的最重要组成部分。即使在改革初期，在党的十一届三中全会上，中央提出，要"把全党工作重心和全国人民的注意力转移到社会主义现代化建设上来"，"我们党所提出的新时期的总任务，反映了历史的要求和人民的愿望，代表了人民的根本利益"②，我们仍可以把这种根本利益和利益关系理解为公有制经济基础上的二元利益及由此形成的二元利益关系，因为当时只存在着"重大差别"的两种生产资料社会主义公有制。③

但是，改革开放40年来，我国所有制结构已经发生重大变化，主要表现为：在公有制经济特别是国有经济不断发展，经济总量和控制力、活力不断增长的同时，其相对量却在下降，各种形式的非公经济无论在总量上还是在相对量上都在迅速增长。资本性质的企业（含私营企业、港澳台商投资企业、外商投资企业）的从业人员占城镇就业人员的比重，从2005年的17.21%增至2014年的32.59%（年均上升1.54个百分点）；公有性质的企业（含国有企业、城镇集体企业、股份合作企业）从业人

① 《马克思恩格斯全集》第一卷，人民出版社1956年版，第82页。

② 《中国共产党第十一届中央委员会第三次全体会议公报》，《三中全会以来重要文献选编》上，人民出版社1982年版，第4页。

③ 薛暮桥：《中国社会主义经济问题研究》，人民出版社1979年版，第50页。

员的比重，从 2005 年的 27.39% 减至 2014 年的 17.69%（年均下降 0.97 个百分点）。[①] 这说明，我国的所有制已经多元化，与此相对应，利益结构也发生重大变化，由改革时期的二元利益结构转变为多元利益结构。这些利益主体的直接利益追求已经有重大差别：资本性质的企业显然追求的是利润率，越来越多的国有企业由于实现了股权多元化也把利润率作为自己的行为目标，广大职工则由于劳动制度改革而在事实上被承认拥有劳动力所有权，从而成为企业的工资（雇佣）劳动者，把以工资为主体的收入作为自己的行为动力。这一变化，显然是与传统社会主义向初级阶段的社会主义这一重大转变相适应的；或者说，就是这一转变的组成部分。把这种利益关系转变的原因，归结为由传统社会主义向初级阶段社会主义转变的原因，也是适当的。这说明，改革开放 40 年来，我国人民范畴的内容已经发生重大变化：从生产资料所有制改造基本完成以后到改革开放初期，“一切赞成、拥护和参加社会主义建设事业的阶级、阶层和社会集团，都属于人民的范围”[②]，转变为一切赞成、拥护和参加“社会主义初级阶段”建设事业的阶级、阶层和社会集团，都属于人民的范围。基于这一事实，把“新时代我国社会主要矛盾”理解为“社会主义初级阶段主要矛盾”，可能更为准确。

我国现阶段的多元利益关系，显然是人民内部的利益关系。应该承认，这种利益关系首先是一种矛盾的利益关系。从静态角度看，这种利益关系的内在矛盾会更加凸显。“国进民退”或“国退民进”的争论，就是这种矛盾在意识形态上的表现。按照这一思路，民营企业与外资企业之间，甚至民营企业之间，不是也存在谁进、谁退的问题吗？

实践表明，在这种利益关系中，劳资之间的利益冲突最为敏感，意识形态上的争论也最为激烈。这种争论首先表现在如何看待工资增长问题。对于这一问题，在现代经济思想史上，一直存在两种截然不同的态度：新自由主义者（以哈耶克为代表）强调工资的成本效应，认为在经济扩张期大规模投资造成工资水平提高，工资上升是经济减速、周期性危机的原因，因而只有低工资的市场，才有可能是有效率的市场，这被后人概括为关于工资与周期关系问题的“投资过度论”[③]；凯恩斯主义、新古典综合

---

① 根据同期《中国统计年鉴》计算。

② 《毛泽东选集》第五卷，人民出版社 1977 年版，第 364 页。

③ ［美］霍华德·谢尔曼：《激进政治经济学基础》，商务印书馆 1993 年版，第 160 页。

派、凯恩斯左派等则强调工资的需求效应，主张提高工资水平，增加有效需求，以此提高市场的实现效率，他们被认为是“有效需求论”的倡导者。这种对立的观点，在我国近年来的理论界也有反映。

但是，如果我们从动态和发展的角度看，情况就会发生变化。我们可以看到，在我国，正是由于近年来企业员工工资水平的提高，发挥了工资的倒逼效应，迫使企业改进技术，改变生产条件，推动企业实现技术升级和产品升级，最终推动了产业结构调整和产业结构高级化，同时扩大了提高工资的需求效应，抵消了成本效应。而这一过程和总效应，不正是我们极力推动的供给侧结构性改革吗？从经济哲学的层次讲，这正是利益冲突或利益矛盾推动经济社会进步的表现。从动态和发展角度看，不同性质企业之间的矛盾，也可以在发展过程中，通过贯彻党的十九大提出的两个“毫不动摇”，逐步得到化解。这说明，在我国现阶段多元主体所追求的各自利益之上，还有一个共同利益、最高利益或根本利益，这就是党的十九大提出的“发展利益”，即通过发展得到的利益。这是我党40年改革开放经验的浓缩，应该引起高度重视。由此引发的一个观点是：正确处理各个利益主体之间的矛盾即人民内部矛盾，应该成为中国特色社会主义政治经济学的主线；获得“发展利益”，应该成为初级阶段社会主义的最高利益和最根本的动力。

在每个利益主体都追求自身利益的同时，怎样才能使“发展利益”得以凸显和实现？美国著名主流经济学家奥尔森提出，传统的集团行为理论认为，有共同利益的个人组成的集团通常总是试图增进那些共同利益，然而，“如果一个大集团中的成员有理性地寻求他们的自我利益最大化，他们不会采取行动以增进他们的共同目标或集团目标”。[①] 在此基础上，他认为：“马克思是用生产性财产的所有关系来定义阶级的。这样，资产阶级的所有成员就有共同利益，无产阶级的所有成员也有共同利益，因为当价格和工资变化时，这些集团的所有成员同时受损或受益。”但是，“问题的症结就是，马克思关于社会阶级的理论与其假设的追求个人利益的理性、自私的行为不一致。”[②] 奥尔森提出的集团行为理论的悖论构成了对我们提出的“实现”问题的挑战。

① ［美］曼瑟尔·奥尔森：《集体行动的逻辑》，格致出版社、上海三联书店、上海人民出版社2014年版，第2页。

② 同上书，第100、104页。

党的十九大报告以鲜明的语言回应了这一挑战："实现伟大梦想，必须建设伟大工程。这个伟大工程就是我们党正在深入推进的党的建设新的伟大工程。历史已经并将继续证明，没有中国共产党的领导，民族复兴必然是空想。我们党要始终成为时代先锋、民族脊梁，始终成为马克思主义执政党，自身必须始终过硬。"改革开放以来的实践表明，中国共产党确实是带领中国人民追求共同利益、实现伟大梦想的核心和抗拒各种风浪的中流砥柱。仅就工资问题考察就可看到，20世纪90年代以来，特别是21世纪以来，我国政府按照《中华人民共和国劳动合同法》和《企业最低工资规定》的要求，根据经济形势和劳动市场状况调整最低工资标准，逐年抬高了最低工资，从而为消费结构、消费倾向的重大变化和人民生活显著改善创造了条件。它避免了静态层面利益矛盾的激化和劳资博弈过程中的非理性行为，不仅具有拉动需求、激励劳动供给、调节分配关系、推动企业实现技术升级等多重经济效应，而且也成为近年来我国劳资关系得以重构、劳动纠纷得以控制、社会生活比较稳定的重要原因。因而，在中国共产党的领导下，通过政府调控市场，形成积极的市场社会结构，处理好市场决定和政府调控的关系，是使"发展利益"得以凸显和实现的主要途径，也必然成为中国特色社会主义政治经济学的重要组成部分。从根本上说，它再一次证明了习近平同志在党的十九大报告中的重要结论："中国特色社会主义最本质的特征是中国共产党领导，中国特色社会主义制度的最大优势是中国共产党领导。"从这个意义上讲，在新形势下，我们对共同利益的认识已经超越了现实经济关系的约束，具有了民族利益的色彩，从而使中国特色社会主义政治经济学具有某些发展经济学的传统和特色。

深刻认识新时代我国社会主要矛盾转化的“三变两不变”内涵

张小瑛　张俊山

摘要　新时代社会主要矛盾转化有着理论、历史与实践上的必然性，是生产力与生产关系矛盾运动的结果，是改革开放以来中国特色社会主义发展阶段性的必然结果，与原有社会主要矛盾既一脉相承又与时俱进。准确理解新时代社会主要矛盾转化的内涵，应从“人民日益增长的物质文化需要”向“人民日益增长的美好生活需要”转化、“落后的社会生产”向“不平衡不充分的发展”转化、“人民日益增长的物质文化需要同落后的社会生产之间的矛盾”向“人民日益增长的美好生活需要和不平衡不充分的发展之间的矛盾”转化三个方面来把握其“变”，从性质与地位两方面来把握其“不变”。主要矛盾的转化不再构成二元对立的矛盾，解决这一矛盾，需要矛盾双方共同发力，即不仅要解决好不平衡不充分的发展问题，还要促进合理消费。必须要贯彻“创新、协调、绿色、开放、共享”的新发展理念，统筹推进“五位一体”总体布局，协调推进“四个全面”战略布局，坚持“以人民为中心”的发展思想，从建设现代化经济体系、完善收入分配结构、加强政治体制改革和文化建设等方面入手，解决不平衡不充分的发展问题，促进合理消费，满足人民对美好生活的需要，促进人的自由全面发展。

关键词　新时代　社会主要矛盾转化　必然性　内涵与表现　历史任务

［作者简介］张小瑛，经济学博士，中国延安干部学院科研工作站、北京师范大学科研流动站在站博士后；张俊山，南开大学经济学院教授，博士生导师。

在党的十九大报告中，习近平总书记在全面总结党的十八大以来的五年我国经济社会发展所取得的成就与发生的历史性变革基础上，提出了“中国特色社会主义进入了新时代”的重大论断。“新时代”标注了我国社会经济发展的新的历史方位，立于新的历史方位，党的十九大报告指出，我国的社会主要矛盾已转化为人民日益增长的美好生活需要和不平衡不充分的发展之间的矛盾。社会主要矛盾历经 36 年的这一历史性转化是以习近平同志为核心的党中央做出的全局性的、根本性的重大战略判断。这一重大判断，反映了我国发展的阶段性要求，对新时代中国特色社会主义建设、实现中华民族伟大复兴的中国梦具有重要的指导意义。因此，深入分析新时代我国社会主要矛盾转化的原因、内涵及其表现，找准解决的途径，对于我国全面建成小康社会，实现社会主义强国梦具有重要的现实意义。

一　新时代我国社会主要矛盾转化的必然性

（一）新时代我国社会主要矛盾的转化有着理论上的必然性，是生产力与生产关系矛盾运动的结果

党的十九大报告关于新时代我国社会主要矛盾转化是以马克思主义唯物史观和唯物辩证法的内在逻辑为基础性理论指导做出的科学的重大判断。生产力与生产关系、经济基础与上层建筑之间的矛盾是人类社会的基本矛盾或根本矛盾，它们的运动是推动社会发展的根本动力，贯穿于整个人类社会历史发展过程的始终。在生产力与生产关系、经济基础与上层建筑这两对矛盾中，生产力与生产关系的矛盾起决定性作用，从根本上规定着社会形态的更替，制约和规定着社会主要矛盾的产生及性质；社会主要矛盾则是社会基本矛盾在不同的社会形态或同一社会形态下的不同社会历史时期的外化形式①，是社会基本矛盾在不同历史发展阶段的突出表现，是矛盾的特殊性，在社会发展的不同历史时期，以不同的形式显现出来，并与其他矛盾相比，处于主导地位。社会发展的不同历史阶段或时期以及

---

① 吕普生：《论新时代中国社会主要矛盾历史性转化的理论与实践依据》，《新疆师范大学学报》（哲学社会科学版）2017 年第 11 期。

具体的社会经济发展形势又决定着社会主要矛盾的具体形式或样态，在不同的社会发展阶段，社会主要矛盾会发生变化或转化，这是一个自然的历史过程。

毛泽东在《矛盾论》中坚持辩证唯物主义和历史唯物主义观点，对于矛盾的普遍性和矛盾的特殊性、主要矛盾与次要矛盾、矛盾的主要方面和次要方面进行了系统阐述。毛泽东认为，在社会历史发展过程中，有许多矛盾，但总有一种矛盾，它的存在和发展规定着其他形式的矛盾的存在和发展，是决定社会发展方向的根本原因，这就是社会主要矛盾。主要矛盾与次要矛盾、矛盾的主要方面和次要方面的力量具有不平衡性，是相对的，在特定的社会历史阶段可以相互转化，从而引起社会性质的变化。

具体地讲，在以生产资料私有制为核心的生产关系主导下的阶级社会，劳动者与生产资料被迫分离，推动生产力发展的主体劳动者阶级与掌握生产资料的主体统治阶级（在生产关系中占主导地位）相对立，生产力与生产关系这一基本矛盾的性质就是对抗性的敌我矛盾，外化为社会主要矛盾主要是统治阶级与被统治阶级之间的矛盾；比如，在半殖民地半封建的旧中国，社会主要矛盾是帝国主义同中华民族之间的矛盾。随着生产力与生产关系的矛盾运动，生产力发展水平的不断提高，生产关系的不断发展变革，无产阶级力量的不断壮大，在以生产资料公有制为基础的生产关系主导下的社会主义社会，生产资料掌握在劳动者手中，生产力与生产关系这一基本矛盾的性质就转化为非对抗性的人民内部矛盾，社会主要矛盾也发生了根本性变化。社会主义社会主要矛盾随着生产力的发展变化而变化。

马克思指出，“人们为了能够‘创造历史’，必须能够生活。但是为了生活，首先就需要吃喝住穿以及其他一些东西。因此第一个历史活动就是生产满足这些需要的资料，即生产物质生活本身”①，也就是说，从人类诞生以来，需要与满足需要的矛盾就存在，并且是人类社会发展的任何社会形态以及发展阶段或时期都普遍存在的矛盾。而要满足需要，首先必须生产，进行物质生产，满足人们“吃喝住穿”等的物质生活需要。当生产力发展水平不断提高，满足了人们的物质生活需要后，旧的矛盾得以化解，但随之而来的是新的矛盾的凸显，生产力发展催生了新的需要，新

① 《马克思恩格斯选集》第一卷，人民出版社1995年版，第79页。

的需要又推动生产力向更高层次发展，通过不断地发展生产力，满足人们不断发展变化的广泛多样化的更高层次的新需要。因此，生产与发展同需要之间的矛盾是社会主义社会的主要矛盾。而社会主要矛盾的具体形式或样态则根据特定时期社会历史发展阶段的特征以及社会经济发展形势的变化而变化。

（二）新时代我国社会主要矛盾的转化有着历史与实践上的必然性，是改革开放以来中国特色社会主义发展阶段性的必然结果

新中国成立初期，我国生产技术极其落后，温饱问题得不到解决，物质产品十分紧缺，社会生产不能满足人民和国家对物质文化生活的需要。立足于我国社会经济发展实际和具体国情，党的八大提出，社会主要矛盾是人民对于建立先进的工业国的要求同落后的农业国的现实之间的矛盾，人民对于经济文化迅速发展的需要同当前经济文化不能满足人民需要的状况之间的矛盾；党的十一届三中全会确定了经济建设为各项工作的中心，在党的十一届六中全会上将我国社会主要矛盾表述为“人民日益增长的物质文化需要同落后的社会生产之间的矛盾”。为了解决这一主要矛盾，党中央确定了“一个中心，两个基本点”的基本路线，强调物质文明建设与精神文明建设“两手抓”，提出了社会主义初级阶段理论，走上了中国特色社会主义发展道路。作为经济发展的物质基础，生产力发展是衡量一切社会历史发展的标准，不仅是社会基本矛盾的主要方面，也是社会主要矛盾的主要方面。因此，必须解放生产力、发展生产力，打破阻碍生产力发展的束缚，释放社会生产能力，推动社会经济快速发展。邓小平同志从生产力的角度来认识和理解社会主义本质，提出了“三个有利于”的判断社会主义是否优越的标准，核心在发展生产力；江泽民同志的“三个代表”重要思想首要的也是发展生产力。①

改革开放以来，我国充分利用廉价的土地、劳动力等资源优势，以经济建设为中心，先富带后富、区域不均衡发展，并采取了粗放式经济增长模式，促使生产力快速发展，经济高速增长，物质产品迅速增加，满足了人民物质生活的基本需要。进入 21 世纪，人民的生活水平有了很大提高，总体上实现了从温饱向小康社会的历史性飞跃，中国特色社会主义进入了

① 王立胜、王清涛：《中国特色社会主义理论的逻辑起点与中国社会主要矛盾的重新确立》，《山东师范大学学报》（人文社会科学版）2015 年第 2 期。

新的发展阶段。人民对物质需要的要求、层次更高，并且需要逐渐多样化，除对基本物质生活的需要外，对教育、卫生、医疗、就业、住房等方面产生了更高层次、更高质量的需要，对社会安全、生态环境有了更高质量的要求，对社会交往、获得尊重、参政议政乃至实现自我等也有了更多的需要。但是，由于长期以来过分注重追求生产力在量上的增加，过度追求经济总量的增加，在质的提升方面有所忽视，粗放型的经济增长模式以及不均衡发展战略在推动经济高速增长的同时产生了很多问题：资源的大量消耗、生态环境的严重污染和破坏，城乡、地区之间严重失衡，收入分配差距扩大，加之经济、政治体制不完善，等等。这些问题的凸显阻碍了经济社会的发展，反映出原有的社会主要矛盾在社会生产方面和人民的需要方面都发生了变化。党的十七大针对我国特色社会主义发展的阶段性特征和出现的新矛盾，提出以人为本的全面协调可持续发展的科学发展观的重要思想和“四位一体”总体布局，党的十八大进一步提出“五位一体”的总体布局，着力转变发展观念、转变经济发展方式，转变经济体制和政府职能，转变各级干部的工作作风，促进经济社会又好又快发展，推动中国特色社会主义伟大事业和社会主义现代化建设迈上新台阶。

通过改革开放 40 年的经济以近 10% 的增速高速增长，我国发展成世界第二大经济体。但同时支撑我国经济高速增长的土地、劳动力等优势资源逐渐消失，经济增长速度下降。党的十八大以来，我国社会经济发展的条件和环境发生诸多重大转变，我国经济社会发展进入改革的攻坚期、发展的关键期和矛盾凸显的“三期叠加”期，并呈现出新的阶段性特征，习近平总书记指出：“我国发展仍处于重要战略机遇期，我们要增强信心，从当前我国经济发展的阶段性特征出发，适应新常态，保持战略上的平常心态。”我国进入经济发展新常态，在经济新常态下，经过改革开放 30 多年的大规模投资，过度投资使传统产业领域出现大量生产过剩，甚至在新兴产业领域也出现了过剩；而高技术含量的产品、高质量的服务供给却不足，社会公共产品和服务供给不充分等问题更为突出，供需关系出现了结构性失衡，供需错位问题严重制约了经济社会的进一步发展，急需寻求培育经济发展新动能。对此，习近平总书记提出要实行供给侧结构性改革。在这一发展阶段，社会主要矛盾发生了深刻变化，从人民的需要角度来看，需要的层次、结构发生了升级，原来的基本物质生活非必需品转化为了基本物质生活必需品，即人民的基本物质生活必需品由吃穿向住行转化、由低档产品向中高档产品转化、由单一的产品向多样化的产品及服务转化；人民的基本生活需要也发生了深刻变化，由原来单纯的物质生活需要转向了物质、精神文化、政治、社会交往与尊重等多方面复杂的多样化的需要，原有的矛盾主要方面和非主要方面发生了转化；从社会生产角度看，社会生产能力大幅度提高，人民的生活水平总体上由“温饱型”转向了“小康型”，但是，生产力发展不平衡不充分，生产关系不协调不完善，社会生产的结构性矛盾突出，转化为我国社会的主要矛盾。经济问题与政治、教育、文化、科学、资源、生态、环境以及体制机制等方面问题相互交融、渗透，已经成为制约经济发展的重要因素甚至决定性因素。对此，以习近平同志为核心的党中央提出了“四个全面”战略布局、“创新、协调、绿色、开放、共享”的新发展理念以及“精准脱贫”的重要思想。经过不懈努力，我国社会生产力水平显著提高，国际地位大幅提升，社会事业得到较快发展，我国落后的社会生产面貌得以改变，相应地，人民生活显著提高，正在向美好生活迈进。社会主要矛盾已经在发展中发生了变化，不平衡不充分的发展难以满足人民对美好生活需要成为现阶段面临的主要问题和矛盾，原有关于社会主要矛盾的提法已不再能准确地反映当前的社会经济现实。

二 新时代社会主要矛盾转化的内涵和表现

新时代社会主要矛盾是原有社会主要矛盾发展变化的结果。需要根据马克思主义“变”与“不变”的辩证关系，从“三变两不变”来准确理解新时代社会主要矛盾的内涵。

（一）新时代社会主要矛盾转化的“三变”及其表现

1. 从社会需要角度看，人民日益增长的“物质文化需要”转化为“美好生活需要”

马克思指出，“人以其需要的无限性和广泛性区别于其他一切动物”[①]，“已经得到满足的第一个需要本身、满足需要的活动和已经获得的

① 《马克思恩格斯全集》第 49 卷，人民出版社 1982 年版，第 130 页。

为满足需要而用的工具又引起新的需要”。[1] 也就是说，人的需要由多种层次和类型构成，随着生产的不断发展变化，某一范围的需要被满足后，又会产生新的需要。我国生产力水平的提高催生了人民需要范围的扩展，结构和层次的提升。这一转化蕴含着以下三个层面的内涵。

第一，人民的物质生活需要从“量”的追求转变为“质”的提升。主要表现在：一是原来的基本物质生活非必需品开始转变为基本物质生活的必需品，“以前表现为奢侈的东西，现在成为必要的了”。[2] 比如，手机、家用电器以前对普通大众来说都是奢侈品，现在都成为必需品；还有汽车，现在对于普通家庭来说，已成为一种基本的代步工具。二是高质量、生态环保、健康安全的物质产品和服务成为基本的物质生活需要，精细化、品质化成为人民的新需要理念。

第二，人民的需要从“物质文化需要”转变为“美好生活需要”，需要的内容更趋于丰富和多样化，层次逐渐高端化，构成更为综合而多元。人民的基本生活需要不再满足于单一的物质生活需要，非物质需要逐渐突出，成为人民基本生活中不可缺少的一部分，主要表现在人民逐渐有更多地追求社会交往、尊重、休闲娱乐等精神生活需要；追求更高质量、更多样化和智慧化、更能体现个性化的民生保障等公共产品与服务的需要；有追求包括食品药品、生产、交通、治安、财产、信息、政治等安全在内的总体安全需要；有归属需要；有对空气良好、生态优美的生态环境需要；有公平正义需要；有参政议政需要、有自我价值实现需要；等等。

第三，坚持“以人民为中心”的发展思想。“美好的”是一个主观的价值判断，“需要”又是一个主观心理现象，客观存在的美好并非就是主体主观认为的美好[3]，“美好的生活”是主体对未来生活的一种美好向往，并希望达到的生活存在状态。“需要”既有社会的、共同的需要，又有个性化的个体需要。“美好的生活需要”一般是指社会整体普遍的、共同的需要，是中高级的需要，是以生活需要为主导、发展和享受需要为主流的需要。[4] 党的十九大报告中指出，“人民美好生活需要日益广泛，不仅对

---

① 《马克思恩格斯选集》第一卷，人民出版社 1995 年版，第 79 页。

② 《马克思恩格斯全集》第 46 卷（下），人民出版社 1980 年版，第 19 页。

③ 李建华：《如何理解美好生活需要》，《中国地质大学学报》（社会科学版）2017 年第 6 期。

④ 侯秋月、李建群：《新时代社会主要矛盾的人学解读》，《新疆师范大学学报》（哲学社会科学版）2018 年第 4 期。

物质文化生活提出了更高要求，而且在民主、法治、公平、正义、安全、环境等方面的要求日益增长。”① 在新时代中国特色社会主义发展的新起点上，满足人民美好生活需要，使人民过上美好的生活，光靠经济建设是不行的，要对政治、社会、文化、生态文明等方面进行全面建设，要将我国建成富强、民主、文明、和谐、美丽的社会主义现代化强国，要教育培养高素质的公民，优秀的公民是实现或达到美好生活的基础。这就决定了我们要坚持“以人民为中心”的发展思想②，促进人的自由全面发展。

2. 从社会生产与发展角度看，“落后的社会生产”转化为“不平衡不充分的发展”

社会生产既包括生产力的发展，也包括生产关系的发展，理解“落后的社会生产”转化为“不平衡不充分的发展”这一矛盾转化的内涵，必须要从生产力与生产关系之间的矛盾运动关系中去把握。

首先，从生产力与生产关系相统一的角度来看，一方面，我国生产力水平总体上极大提高，在很多方面已进入世界领先行列，综合国力显著增强，经济发展势头迅猛，已成为全球第二大经济体、第一制造大国、第一货物出口大国、重要对外投资国。生产力的极大发展，为社会创造了丰富的物质财富，稳定解决了我国十几亿人口的温饱问题，总体上实现了我国从“温饱型”社会到“小康型”社会的历史性飞跃，为我国广大人民群众奠定了满足各种需要的坚实的物质基础。另一方面，我国生产力水平的提高促进了生产关系的改革与发展，促使我国的所有制结构、收入分配结构、经济体制、社会保障制度等方面都发生了深刻的变化，生产关系的这些变化又反作用于生产力的发展，在生产力与生产关系的统一中共同推动社会生产能力的提高、促进社会的进步，改变了落后的社会生产面貌。

其次，从生产力与生产关系不协调的角度来看，一方面，作为生产力与生产关系、经济基础与上层建筑这一基本矛盾的外化形式，社会主要矛盾在改革开放之初的具体国情和社会经济形势下的确立，侧重于社会基本矛盾系统中的主要方面，只注重和强调了生产关系以及上层建筑不适应生

① 习近平：《决胜全面建成小康社会　夺取新时代中国特色社会主义伟大胜利——在中国共产党第十九次全国代表大会上的报告》，《人民日报》2017 年 10 月 28 日。

② 张三元：《科学认识新时代中国特色社会主义的主要矛盾》，《思想理论教育》2017 年第 12 期；郝宇彪：《社会主要矛盾转变的原因、内涵与解决思路》，《新东方》2017 年第 5 期。

产力发展的方面，只讲人与自然的关系以及人与人之间关系的一个环节，而没有从整体上反映和体现社会基本矛盾。另一方面，社会再生产四环节即生产、分配、交换、消费之间是相互联系、相互作用的内在统一的有机整体，共同构成社会经济有机体。在这个有机整体中，“一定的生产决定一定的消费、分配、交换和这些不同要素相互间的一定关系。当然，生产就其片面形式来说也决定于其他要素。……不同要素之间存在着相互作用”。[①] 社会再生产任何一个环节都离不开生产关系，社会再生产活动也一定是在一定生产关系中进行的活动。撇开生产关系只讲生产，只讲生产力的发展，是一定会出现问题的。任何一个环节出现问题，都会影响社会再生产的顺利进行，导致有机整体内部联系的中断，在社会经济运行中体现为社会经济结构的失衡，在市场需求方面表现为供需之间的失衡。

为了改变我国落后的社会生产面貌，长期以来重生产、轻消费，结果是为生产而生产，颠倒了生产与消费的目的，导致生产结构性过剩严重，消费结构不合理，生产与消费失衡。过分注重生产力在量上的增加，忽视了人的自由全面发展这一生产力的本质方向，形成了一切唯生产力发展（主要指量上的增加）、唯经济增长的指导思想，唯 GDP 增量、唯招商引资、唯财政收入的政绩观[②]，引起社会生产关系的不合理发展，最终造成经济、社会、政治、法律、文化、生态等多领域多方面不平衡不充分等一系列问题和矛盾。邓小平同志早就认识到了这一点，他说：“发展起来以后的问题不比不发展时少。”[③] 这些不平衡不充分发展主要表现在以下六个方面。

第一，经济发展不平衡不充分，有产业结构失衡，三次产业比例及其内部结构发展不均衡，产业的技术结构不平衡，质量和效益亟待提高；实体经济与虚拟经济发展不平衡；收入分配结构不合理、贫富差距过大引起的消费结构的失衡；供需结构的不平衡；城乡结构、区域结构发展不平衡；企业创新能力不足；科技发展不充分；经济体制发展不完善，改革不充分等。

---

① ［德］马克思：《〈政治经济学批判〉导言》，人民出版社 1971 年版，第 22 页。

② 王立胜、王清涛：《中国特色社会主义理论的逻辑起点与中国社会主要矛盾的重新确立》，《山东师范大学学报》（人文社会科学版）2015 年第 2 期。

③ 赵智奎：《改革开放 30 年思想史》上卷，人民出版社 2008 年版，第 430 页。

第二，社会发展不平衡不充分，主要有社会保障制度不完善，民生保障发展不平衡不充分，社会弱势群体的利益得不到保障，教育、医疗等产业化，上学难、看病难等问题没有得到解决；社会公共资源浪费严重、分布不均衡；基本公共产品与服务供给不充分等，缺乏社会公平正义。

第三，政治体制建设不完善不充分，政府职能转变不到位、以权谋私、贪污腐败等问题依然存在等。

第四，法制不健全，社会法制建设不充分。社会公民的法律意识依然不强，存在执法人员知法犯法、徇私枉法等现象。

第五，文化建设不足。道德滑坡、信用危机、诚信缺失等现象依然较严重，传统文化丧失，人民的整体文化素质有待提高。

第六，资源能源利用不充分、生态环境保护任务艰巨等。

3. 从需要同社会生产与发展之间的矛盾关系角度来看，“人民日益增长的物质文化需要同落后的社会生产之间的矛盾”转化为“人民日益增长的美好生活需要和不平衡不充分的发展之间的矛盾”

这一转化也蕴含三层含义。

第一，矛盾的关系方发生了变化。社会主要矛盾由“需要与生产”之间的矛盾转化为“需要与发展”之间的矛盾。在“人民日益增长的物质文化需要同落后的社会生产之间的矛盾”化解过程中，“落后的社会生产”通常更侧重物质生产，只考虑物质生产力的发展，并且是生产力的增量，忽视了生产关系的合理性，也忽视了精神等其他方面的生产；只关注了人与自然的关系，撇开了人与人之间的关系。而“人民日益增长的美好生活需要和不平衡不充分的发展之间的矛盾”，发展的目的在于满足人的需要，发展只是满足人的需要的手段。生产是发展的基础，生产力发展是发展的物质基础。发展必须是以生产为基础的科学的发展，科学的发展是生产力充分的发展，要求生产力发展不仅要实现在量上的增加，还有符合人的自由全面发展的本质要求，因此，这一主要矛盾既注重人与自然的关系，又强调人与人之间的关系；不仅注重物质生产，还强调精神、文化、生态、人口等多方面全方位的发展。

第二，矛盾的解决方式更为复杂。“人民日益增长的物质文化需要同落后的社会生产之间的矛盾”是二元对立的矛盾，解决方式单一；“人民日益增长的美好生活需要和不平衡不充分的发展之间的矛盾”不再构成二元对立的矛盾[1]，化解方式复杂化。新时代社会主要矛盾更为复杂，不平衡不充分的发展问题本身就是社会各种矛盾交织和问题叠加的纵横交错的综合体，需要长期艰辛的努力才能解决；而美好生活需要是一个主观性强又难以把握的需要，美好生活需要内容中大部分又都属于精神领域的需要，是更高层次的需要，内容广泛而复杂，这些需要的满足很难找到一个准确的客观衡量标准，满足的条件也更为复杂。发展更平衡更充分达到客观存在的美好生活，但这种美好生活并不一定就是人们所认为的美好的生活，不一定能满足人们美好生活的需要，其间有太多太复杂的中间因素和环节的干扰和制约，存在很多的不确定性。因此，解决新时代社会主要矛盾是一个需要长期努力奋斗的、艰难的社会历史过程。

第三，需要在矛盾的两个方面共同发力。“人民日益增长的物质文化需要同落后的社会生产之间的矛盾”中，只需解决好矛盾的一方“落后的社会生产”，需要随生产的扩大而满足；而“人民日益增长的美好生活需要和不平衡不充分的发展之间的矛盾”中，不仅要解决好发展不平衡不充分问题，同时还要保证消费需要的合理性。我国已从生产型社会转向消费型社会，消费需要大幅增加，但是，由于唯生产力增量扩张的思想，以及一系列刺激消费需求的政策，颠倒了生产与消费的本来关系，造成了奢侈性、炫耀性消费等大量不合理、不健康消费行为的出现，造成了生态环境的污染、自然资源的过度利用和消耗、消费主义盛行等社会不良风气的形成等，不合理的消费需要会推动新的生产，不合理的消费结构会导致生产结构的不合理，导致经济结构不合理不平衡发展，不合理的消费需要会使发展不平衡不充分问题更为严重，加重和激化矛盾。所以，新时代社会主要矛盾需要“需要方”与“发展方”共同发力来解决。[2]

（二）新时代社会主要矛盾转化中的“两不变”

党的十九大报告指出：“必须认识到，我国社会主要矛盾的变化，没有改变我们对我国社会主义所处历史阶段的判断，我国仍处于并将长期处于社会主义初级阶段的基本国情没有变，我国是世界最大发展中国家的国

① 唐皇凤：《社会主要矛盾转化与新时代我国国家治理现代化的战略选择》，《新疆师范大学学报》（哲学社会科学版）2018 年第 4 期。

② 邱耕田：《辩证分析当前我国社会主要矛盾》，《理论视野》2017 年第 10 期。

际地位没有变。”① 尽管新时代社会主要矛盾发生了深刻的变化，矛盾的关系方发生了变化，需要的层次与结构也发生了变化，不平衡不充分的发展已成为当前制约人民美好生活需要得以满足的主要因素，但是，这一转化并没有改变我国社会主义初级阶段的性质，社会基本矛盾的内在属性没有改变，社会主要矛盾的性质也没有发生“质”变②，只是社会主要矛盾的具体样态在新时代这个特定的社会历史发展阶段发生了变化。社会主要矛盾从原有矛盾向现有矛盾转化只是深刻的“量变”。③ 尽管需要从内涵和外延都发生了拓展，但仍然是以物质生活需要为基础的多样化、多层次的更广泛全面的需要，没有脱离社会主义社会主要矛盾的范围。发展不充分是造成发展不平衡的重要根源，而发展不充分的根源又在于生产力发展的不充分。生产力发展的不充分，是由历史、现实等多种因素造成的，更重要的是受人们在一定的历史发展阶段的认识程度和实践能力的制约，人类的认识程度和实践能力的提高又受社会历史发展阶段和水平的制约，需要一个长期的过程，解决社会主要矛盾需要生产力的长期发展。与以往相比，我国的生产力发展水平虽然显著提高，但是发展不充分，创新能力不强，社会生产力状况没有得到根本性的改变，社会生产力水平总体上显著“提高”并不代表社会生产力水平已经“很高”或“极高”；社会生产能力在“很多方面”进入世界前列并不代表社会生产能力已经完全进入世界前列；总体上实现小康并不代表已经全面建成小康社会。我国人均国内生产总值达到了八九千美元，但仍远远低于世界发达国家水平。而就我国的社会生产关系而言，经济体制还很不完善，收入分配结构不合理等问题突出。④ 因此，尽管我国已实现了从“站起来”到“富起来”的跃进，但是，我国仍然处在社会主义初级阶段，依然是世界最大的发展中国家。所以，新时代社会主要矛盾只是原有社会主要矛盾的进一步发展。

---

① 习近平：《决胜全面建成小康社会　夺取新时代中国特色社会主义伟大胜利——在中国共产党第十九次全国代表大会上的报告》，《人民日报》2017 年 10 月 28 日。

② 李忠杰：《全面把握社会主要矛盾的新界定》，《中国党政干部论坛》2017 年第 11 期。

③ 刘同舫：《新时代社会主要矛盾背后的必然逻辑》，《华南师范大学学报》2017 年第 6 期。

④ 康伟：《中国社会主要矛盾的“变”与“不变”兼与“主要矛盾改变论”商榷》，《湖北行政学院学报》2012 年第 2 期。

三 新时代社会主要矛盾提出的历史任务

新时代社会主要矛盾“两不变”意味着发展仍然是基础，是党执政兴国的第一要务；经济建设依然是中心和关键。解决新时代社会主要矛盾，就必须要贯彻“创新、协调、绿色、开放、共享”的新发展理念，统筹推进“五位一体”总体布局，协调推进“四个全面”战略布局。要以经济建设为中心，解放和发展生产力，实施创新驱动，加快形成先进的生产力，提升发展质量和效益，建设现代化经济体系，深化供给侧结构性改革，壮大实体经济，振兴乡村，加快“一带一路”建设；同时，要坚持“以人民为中心”的发展思想，加强社会、文化、政治、生态等方面建设，补短板，强弱项，彰显社会公平正义，打造生态优美的宜居环境，解决好不平衡不充分的发展问题，满足人民对美好生活的需要。

（一）建设现代化经济体系，促进经济平衡充分发展

建设现代化经济体系是化解新时代社会主要矛盾、实现“两个一百年”奋斗目标的核心基础，是中国特色社会主义发展走向更高阶段、经济发展步入更高水平的基本途径，是我国经济由高速增长阶段转向高质量发展阶段的内在要求。党的十九大报告对如何建设现代化经济体系做了总体部署，概括起来，就是“一个理念一坚持，一个主线三变革，四位协同三个有”。具体从以下五个方面着手：

1. 深化供给侧结构性改革，提高供给质量，实现供需动态平衡

我国发展不平衡不充分首先表现在供需结构性失衡，低质量、低技术含量产品过剩，传统产业部门生产过剩，供过于求，需求不足现象突出，而高质量、高技术含量产品供给不足，先进装备制造业以及战略性新兴产业部门等生产技术水平低下，供不应求，供给不足现象凸显。因此，我们要从供给侧发力，把提高供给体系质量作为主攻方向，实施创新驱动，进行科技创新，提高科技水平，促进产业结构优化升级，加快发展先进装备制造业、战略性新兴产业、改造升级传统产业，促进互联网、大数据、人工智能与实体经济进行深度融合，壮大实体经济，提高我国实体经济在全球价值链中的地位；发展现代服务业，特别是现代金融业，发挥好现代金融业为实体经济服务的功能；提升劳动者的技术水平，增强其科技能力，

实施管理创新，提高企业的创新力和竞争力，提高实体经济的发展质量和效益，实现供需动态平衡。

2. 实施乡村振兴战略，统筹城乡发展

“三农”问题是关系国计民生的根本性问题，也是制约经济社会发展的短板。工业化、城镇化的深入推进弱化了农业的基础性地位，加深了三次产业发展的不平衡、城乡发展的不平衡。农业生产力发展不充分、技术水平不高，农产品科技含量低，农民增收困难，农村经济发展滞后，阻碍了全面建成小康社会的步伐。城乡发展不平衡、农村经济发展不充分是不平衡不充分的发展问题中最突出的问题。因此，乡村振兴是化解新时代社会主要矛盾、全面建成小康社会的必然选择。我们要提高农业科技创新力度，提高农业科技水平，加快发展现代化农业，保证农业的基础性地位。建设现代农业产业体系、生产体系、经营体系，大力推进第一、第二、第三产业融合发展，促进种—养—加—销等一体化生态农业生产经营模式，大力打造集康养、生态、科普、旅游、观光、休闲等为一体的生态农业综合体，大力培育新型农业经营主体，培养科技型职业农民，加快农村产业发展，实现产业兴农，振兴农村经济，支持鼓励返乡农民工带领当地农民就近就地就业和创业，拓宽农民增收渠道，缩小城乡差距，统筹推进城乡一体化发展。

3. 深入推进“一带一路”建设，促进区域协调发展

东部、中部、西部地区经济发展差距大、发展不平衡，西部地区经济发展不充分是制约我国经济整体发展的重要方面。我国革命老区、少数民族地区、边疆地区以及西部贫困地区发展仍较为落后，发展后劲不足，严重落后于东部沿海经济发达地区，西部地区经济发展滞后、发展活力不足，创新能力不强，产业转移承接力不强，东西部地区产业结构发展严重不均衡。“一带一路”建设给西部地区经济发展带来了前所未有的重大机遇，将西部地区推向了改革开放的前沿，进一步深化了西部大开发战略，为西部地区经济发展注入了活力；“一带一路”建设有力地促进了东北老工业基地的改革和中部地区的崛起。加快“一带一路”建设，深入推进西部大开发，加强西部地区基础设施建设，强化制度建设，加强政策创新和支持力度，吸引东中部地区以及国外优秀企业、人才、资金、技术向西部地区转移，改善投资环境，夯实经济发展基础；加强产业园区、开发区建设，打造产业集聚区，形成产业增长极，增强产业转移承接力；积极鼓

励西部地区企业走出去，加强创新开放合作，实现西部大发展，缩小东部、中部、西部地区的差距；建立区域协调发展新机制，完善区域合作机制，促进国际国内产能合作，促进东部、中部、西部地区协调发展。

4. 加快完善社会主义市场经济体制，促进市场充分竞争

长期以来，我国市场经济体制不完善，是经济发展活力不足、市场竞争不充分的重要制约因素。深化改革和完善市场经济体制是建设现代化经济体系的重要制度保障。在发挥好社会主义制度优越性的同时，大力发展市场经济，发挥市场在资源配置中的决定性作用，处理好政府与市场之间的关系，形成宏观调控有度、微观主体有活力的良性循环。深化国有资产管理体制改革和国有企业改革，提升国有资产运营效率，做大做优做强国有企业，激发国有企业活力。大力发展混合所有制经济，充分调动和利用民间资本，扩大民营经济规模，做大做强民营企业，特别是实体经济领域的民营企业，壮大一批优秀的核心竞争力强的民营企业集团，培育具有全球竞争力的龙头企业。完善现代企业制度，优化企业发展环境，降低市场准入门槛，破除行政性垄断[①]，完善市场监管，深化投融资、税收、金融等体制改革，加大金融支持中、小微企业发展力度，充分发挥和利用市场优势，促进市场充分竞争。

5. 加强经济发展与生态环境保护之间的协调

长期以来，为了促进经济高速增长，实行粗放式增长模式，造成自然资源的过度开发和利用，环境的破坏和污染，经济发展与生态环境保护之间的矛盾突出。必须深入贯彻“协调”“绿色”新发展理念，转变经济发展方式，协同推进生产力发展与生态环境保护，大力发展循环经济、低碳经济，发展绿色产业，提供优质生态产品；转变生活观念，提倡绿色生态理念，促进绿色消费、合理消费、健康消费，共创绿色美好生活。

（二）改革收入分配结构，完善社会保障体系，提高人民的“获得感”和“幸福感”

城乡、区域、群体之间的收入分配不平衡是城乡、区域发展不平衡的主要方面，是发展不平衡不充分的一个最重要方面，收入分配不平衡会加剧发展的不平衡，影响社会和谐与稳定。收入分配结构不合理是导致消费

---

① 梁謇：《全面深化经济结构调整加快培育经济发展的新动能》，《学术交流》2017 年第 6 期。

结构不合理的决定性因素，马克思指出，分配关系决定消费关系。我国目前已从生产型社会转向了消费型社会，消费需要大幅增加。收入分配不平衡将消费者群体划分为高、中、低不同的消费者阶层，每个阶层的消费者的消费需要不尽相同，使需要呈现出多层次多样化。因此，缩小收入分配差距是化解新时代社会主要矛盾、全面建成小康社会的迫切需要。

1. 提高劳动者收入水平，缩小初次分配差距

造成收入分配差距过大是因为初次分配差距过大，工资利润比分配不合理。要提高劳动者的工资水平，特别是提高实体经济部门劳动者的工资，缩小以致最终消除实体经济部门劳动者的工资和虚拟经济部门劳动者两者之间的工资收入差距，合理确定分配工资利润比，构建和谐劳动关系。

2. 完善社会保障体系，再分配调节差距

要加快完善社会保障制度，全面建成覆盖全民、统筹城乡的多层次社会保障体系，加快实现养老保险的全国统筹，完善统一的城乡居民基本医疗保险制度和大病保险制度，完善住房保障制度，使人民老有所养、病有所医、住有所居，提高人民的“获得感”，满足人民对美好生活的需要。

（三）加强民主政治建设，提高国家治理水平；强化文化建设，共创文明生活

1. 全面深化政治体制改革

一是随着经济社会的发展，政府的政策尤其是公共政策越来越关系到人民的现实生活和切身利益，人民有越来越多地参政议政的需要，通过多种途径参与和影响政策的制定。要加强民主建设，扩大人民的政治参与，充分保障人民当家作主的主体地位，扩大基层人大代表的比例，让人民群众参与到社会管理中发挥其自主管理和监督作用，发挥广大人民群众的积极性。

二是面对政府职能转变不到位，行政干预多，政企不分、政资不分，公共服务意识薄弱，在民生领域，提供公共产品与服务方面存在体制性问题，以权谋私、贪污腐败等问题①，要深化行政管理体制改革，实现行政管理体制与经济体制的良好对接，加快转变政府职能，解决好政府职能

① 徐湘林：《政治体制改革与国家治理现代化》，《中央社会主义学院学报》2017 年第 4 期。

“越位”“错位”“缺位”等问题，强化政府服务意识，建设和完善服务型政府，让政府职能“归位”；健全和创新政府公共服务体制，规范公共服务秩序，增加公共服务的有效供给，深化财政体制改革，增加公共服务投入，进行精确识别、精心设计、精益生产、精准提供、精细管理①，确保公共服务的质量和效率，提高民生保障水平；加强制度建设，保证政府的清正廉洁。

三是要加强社会主义法制建设，全面推进依法治国。提高全社会法制意识，使每个公民懂法守法，学会用法律维护自身权益不受侵犯；建立健全法律法规体系，完善司法权力运行机制，确保司法公正②；坚持依法执政，用法治将权力关进“制度的笼子”，杜绝以权压法，改变社会不良风气，维护社会公平正义，提高国家治理水平。

2. 加强文化建设，践行社会主义核心价值观

一是现阶段我们提供的文化产品和服务已不能满足人民日益增长的文化需要，要推进文化领域的供给侧结构性改革，建立健全城乡标准化、均等化的现代基本公共文化服务体系，完善公共文化网络设施，提升公共文化服务能力和水平；打造以中华优秀文化资源为依托的高质量的文化产品和文艺作品，加强创意文化产业的发展，推动文化与信息、金融、科技等产业深度融合发展③，满足人民的文化消费需要；积极挖掘和发展群众文化，丰富群众文化活动。

二是面对传统文化丧失、道德滑坡、诚信缺失等问题，要加强意识形态建设，用马克思主义武装头脑，坚持党领导一切，坚持人民立场；④ 要践行社会主义核心价值观，大力弘扬中国优秀传统文化，树立、增强和坚定文化自信。

---

① 张贵群：《精准服务：公共服务供给侧结构性改革的行动逻辑》，《重庆理工大学学报》（社会科学版）2017 年第 7 期。

② 谢加书：《美好生活建设的中国道路》，《马克思主义研究》2017 年第 10 期。

③ 辛向阳：《准确把握人民群众物质文化需要的新变化》，《世界社会主义研究》2017 年第 7 期。

④ 王文慧：《习近平文化建设思想的三个维度及其理论创新性》，《理论学刊》2017 年第 4 期。

中国现阶段民营企业劳资关系的属性及特点：马克思主义政治经济学的解释

李玲娥

摘要 本文运用马克思主义政治经济学理论，结合笔者对于山西省民营企业劳资关系的实地和问卷调查，对中国现阶段民营企业劳资关系的属性及特点进行研究，提出协调劳资关系的对策。得出的结论为：中国现阶段民营企业劳资关系具有雇佣劳动、生产关系的从属性和依附性、政治法律地位平等和非对抗及共存共赢共享等属性，且具有非平衡性、非稳定性、非规范性及非协调性的特点。目前，我国民营企业的劳资关系基本呈现出和谐发展的态势，民营企业主与员工之间的关系在总体上比较融洽，劳资冲突不明显。但民营企业中仍然存在员工工作时间普遍超过国家法定工作时间、薪酬体系不健全、社会保障覆盖面较窄、福利待遇区别对待、劳动保护有所欠缺、劳动合同签约率较低、工会的组建流于形式等问题。应从政府、企业、员工及社会多方面共同努力，从完善制度机制等多种渠道来促进和谐劳资关系的构建。

关键词 民营企业　劳资关系　属性　特点　山西省

一　引言

改革开放以来，中国的民营经济快速发展。从全国来看，民营经济在国民经济中占有相当的比重，已成为我国社会主义市场经济的重要组成部

［作者简介］李玲娥，经济学博士，山西财经大学经济学院教授、博士生导师。

分。截至2015年年底，全国民营企业户数1908.23万户；民营企业就业人数16394.9万人，占全国就业总人数的21.17%。[①] 从笔者所承担的教育部人文社会科学研究项目的研究对象山西省来看，民营经济已经成为经济增长的重要支撑力量。截至2015年年底，山西省民营企业户数32.08万户；就业人数234.4万人，占山西省从业人员总数的12.52%。[②]

在我国社会经济转型及经济发展新常态的条件下，民营企业中劳资关系方面的问题日益凸显。研究中国现阶段民营企业劳资关系的属性及特点，对于深化相关理论研究及促进和谐劳资关系构建具有重要的理论价值和现实意义。

国外学术界对劳资关系的研究最早从资产阶级古典政治经济学开始，以亚当·斯密为代表。他指出，在资本主义社会，劳动者与生产者之间的冲突和斗争是经常存在的，因为在存在土地私有和资本累积的情况下，劳动生产物必须在劳动者、地主和资本家之间进行分割。亚当·斯密认为，劳资双方的利益绝对是不一致的，而在发生一般的争议的情况下，雇主往往占有优势。但只要劳动者的工资能够满足劳动者及其家庭成员的基本生活，劳动者即愿意与资本家签订契约。[③] 因此，在亚当·斯密看来，冲突与合作是劳资关系的基调。马克思在资本主义雇佣劳动和生产资料私有制的基础上，揭示了资本家与工人之间的根本利益是对立的，认为剥削与被剥削是资本主义社会资本家与雇佣劳动者关系的本质，而暴力革命与工会组织对消灭剥削可以发挥重要作用。19世纪末期，韦伯夫妇认为，劳资冲突并不只是涉及经济利益，社会因素、政治因素等都需要考虑在内，由此，首次提出通过产业内民主来解决劳资冲突。到20世纪初期，康芒斯提出了劳资关系的集体行动理论，主张通过国家干预和法律制度来调节劳资之间的矛盾。之后，随着企业管理理论的兴起，在19世纪末20世纪初，查尔斯·巴贝奇（Charles Babbage）、弗雷德里克·泰罗（Frederick Taylor）、乔治·E. 梅奥（George E. Mayo）和约翰·W. 巴德（John W. Bader）等的研究逐渐倾向于从加强组织内部管理、建立良好沟通渠道等方面来对劳资冲突进行控制，强调劳资双方利益的一致性。

① 《中国统计年鉴（2016）》，中国统计出版社2016年版。

② 同上。

③ ［英］亚当·斯密：《国民财富的性质和原因的研究》上卷，商务印书馆1997年版，第58—62页。

国内学术界对中国改革开放以来民营企业劳资关系的研究取得了丰富的成果。关于民营企业的性质及民营企业主的经济地位和作用，学术界存在着两种截然不同的观点：一种观点认为，民营经济是社会主义市场经济的重要组成部分，民营企业主是社会主义市场经济的建设者。多数学者持这种观点，认为应当承认和肯定民营企业主作为管理者也是劳动者，他们的经营管理劳动同样是创造价值的劳动。①②③ 另一种观点认为，民营经济虽然是社会主义市场经济的一个重要组成部分，但民营企业是属于资本主义性质，民营企业主是资本家和剥削者，而非劳动者。④⑤ 关于民营企业主的收入问题，多数学者认为，在我国现阶段，发展非公有制经济是必要的、有益的。不管民营企业主的收入有多少是劳动收入，有多少是非劳动收入，只要是合理经营的合法收入，就应受到保护。⑥⑦⑧ 关于剩余价值分配，史正富提出一种独特的观点⑨，他认为，在马克思所处的业主资本主义时代，资本家具有出资者、创业者和管理者三位一体的身份，因而剩余价值全部被资本家所占有，劳动者只能获得劳动力的价值。但现代“管理革命”和“资本革命”改变了马克思价值理论得以孕育的客观条件。在出资、创业和管理三种职能分离的当代大型企业中，创造价值的劳动是包含创业者、管理者及专业资本经营者在内的组合劳动。相应地，剩余价值也由过去的资本独占演变成了由资本与劳动分享。而两者的分享比例则受创业必要资本量和劳动的人力资本特征（创新性、可测性）等变量的影响。至于资本报酬及资本所有权的原因，则是资本的稀缺性。简言之，

---

① 卫兴华：《再论深化对劳动和劳动价值论的认识》，《宏观经济研究》2001 年第 3 期。

② 萧灼基：《推进理论创新，指导经济实践——谈谈“关于深化对劳动和劳动价值理论的认识”》，《当代经济研究》2001 年第 5 期。

③ 李江帆：《对劳动、劳动产品与劳动价值论的再认识》，《南开大学政治经济学研究中心年度报告（2001）》《社会主义劳动与劳动价值论研究》，南开大学出版社 2002 年版，第 326—345 页。

④ 潘石：《当代中国私营经济研究》，山西经济出版社 1991 年版，第 44、49 页。

⑤ 丁冰：《从生产劳动说起——兼析民营企业主是否是劳动者》，胡钧、樊建新：《深化认识劳动价值论过程中的一些问题》，经济科学出版社 2002 年版，第 316、319 页。

⑥ 卫兴华：《关于深化对劳动和劳动价值理论的研究与认识之我见》，《南开学报》2002 年第 1 期。

⑦ 晓亮：《寄希望于民营》，广西人民出版社 1999 年版，第 146—147、149 页。

⑧ 邹东涛：《深化对劳动和劳动价值论的认识》，《南开学报》2002 年第 1 期。

⑨ 史正富：《劳动、价值和企业所有权——马克思劳动价值论的现代拓展》，《经济研究》2002 年第 2 期。

劳动分享净剩余的根源是劳动知识化，而资本分享净剩余则源于资本稀缺性的继续存在。关于民营企业劳资关系的特点，袁凌、李健认为[①]，由于我国转轨时期劳动密集型产业居多且劳动力处于买方市场，导致劳动者议价权弱化，在劳动契约中处于不平等的地位，因此，企业劳资冲突形式多样且案件增多。茅于轼认为[②]，在我国，从短期看，劳资是利益对立的双方，资方处于有利地位。在微观层面，一个企业中劳资的力量不一样，资方的力量强，如果没有工会，资方很容易压制劳方，会让劳动者受到损失。也就是说，在微观层面，劳资关系是存在不公平的。但从长期看，劳资则是利益发展共存的双方。关于劳动关系的模式[③]，茅于轼认为[④]，各国的劳动关系模式都表现出个性化的发展特征，即使在一个国家，劳资关系模式也是多样化的。未来的中国模式劳动关系，斗争要让位于协商和双赢。

目前，学术界关于我国民营企业劳资关系的属性及特点的已有研究成果，仍缺乏系统性的理论概括。本文运用马克思主义政治经济学的经济理论，结合笔者对于山西省民营企业劳资关系的调查和研究，对中国现阶段民营企业劳资关系的形成以及劳资关系的属性和特点进行深入的理论探讨，以期对相关理论研究有所推进，并对民营企业发展的实践提供参考，推动中国民营经济更加健康、快速地发展。

二 中国现阶段民营企业的初始资金积累及雇佣劳动关系的形成

我国现阶段的民营经济是存在雇佣劳动关系的经济成分，现阶段的民营企业建立在雇佣劳动的基础上。马克思对于资本主义企业劳资关系的分析表明，资本原始积累以及雇佣劳动者和资本家的形成对资本主义古典企

---

① 袁凌、李健：《中国企业劳资关系内在属性与冲突处理研究》，《华东经济管理》2010 年第 2 期。

② 《中国工人》编辑部：《茅于轼谈劳动关系》，《中国工人》2014 年第 6 期。

③ 茅于轼认为，劳动关系是以雇佣关系为基础的劳资关系的范畴。参见《中国工人》编辑部《茅于轼谈劳动关系》，《中国工人》2014 年第 6 期。

④ 同上。

业的劳资关系有着重要的影响。依此，我国改革开放以来民营企业初始资金的积累及雇佣劳动关系的形成对民营企业劳资关系的属性和特点同样会产生重要影响。因此，本文下面首先分析民营企业初始资金积累的途径和特点以及民营企业中自由劳动者和民营企业主的形成。

（一）现阶段民营企业初始资金的来源和积累途径

改革开放初期出现的民营企业，是伴随着个体经济的恢复和发展而萌生的。党的十一届三中全会以后，在农村普遍推行的家庭联产承包责任制，使农业的劳动生产率得到提高，这是产生剩余资金的经济基础。

具体地讲，民营企业初始资金的积累主要是通过以下三种途径实现的：一是通过“滚雪球”式的自我扩张进行积累。这是现阶段民营企业初始资金积累的主要形式。二是通过银行贷款、民间借贷、社会募股、工人带资进厂、预付定金等多种形式进行积累。在民营企业初始资金的构成中，自有资金所占的比重不是很高，银行、信用社贷款占有较高的比重。[①] 三是承包、租赁公有企业（主要是乡镇企业），以民营企业的经营方式运作，并逐步演变为民营企业。

由此可见，现阶段民营企业的形成方式主要是两种：第一种是私人收入资本化，即农村专业户、城镇个体工商业户和一般生产经营者，用自身积累和筹集的资金逐步扩大规模，发展成为民营企业。第二种是公有企业私营化，即个人通过承包国有企业和集体企业，在经营过程中将其逐渐地演变为民营企业。

（二）现阶段民营企业初始资金积累的特点

从总体上看，现阶段民营企业初始资金积累是经历了一个渐进的过程，而不同于原始资本积累的爆发过程。

现阶段民营企业初始资金积累与旧中国民族资本及资本主义民营企业的原始资本积累有着根本区别。从我国现阶段民营企业的初始资金积累来看，并没有经历资本原始积累过程，这是它与资本主义国家民营企业以及旧中国民族资本主义企业的根本区别。

首先，我国民营企业的初始资金积累与资本主义私人资本的原始积累

---

① 据 1993 年全国民营企业抽样调查及有关资料，全国农村百强民营企业平均的初始投资额为 3.2 万元，其中借贷资金达 2 万元的占 63%。另据 1997 年的调查，民营企业初始投资资金来自借款的占民营企业初始资金来源的 34.5%。参见杜奋根《如何看待中国的民营企业主》，《湖北经济学院学报》2006 年第 2 期。

具有本质的不同。从资本主义国家民营企业的产生来看，在以生产资料私有制为基础的资本主义生产方式确立之前，经过了野蛮、血腥的资本原始积累。资本主义的原始积累是以暴力的强制手段获得的，正如马克思在谈到原始积累时所说的："资本来到世间，从头到脚，每个毛孔都滴着血和肮脏的东西。"① 资本原始积累通过暴力使直接生产者与生产资料相分离，从而使货币财富迅速地集中到少数人手中。而我国民营企业的初始资金是在国家政策允许的条件下依靠诚实劳动和辛勤智慧取得的，当然，不排除有极少数投机分子，靠钻国家政策的空子赚取非法钱财，但这只是少数，大多数民营企业主是社会主义建设事业的投资者、管理者、劳动者。

其次，我国民营企业的初始资金积累与旧中国民族资本主义企业的资本原始积累也是不同的。中国资本主义的发展，也经历了这种原始积累过程，不过是以另一种方式即主要是由于外国资本的入侵引起的。外国资本的入侵，"不仅对中国封建经济的基础起了解体的作用，同时又给中国资本主义生产的发展造成了某些客观的条件和可能。因为自然经济的破坏，给资本主义造成了商品的市场，而大量农民和手工业者的破产，又给资本主义造成了劳动力的市场。"② 而中国现阶段的民营企业是生长于实行社会主义制度的新中国，其产生和存在的根本原因是在于解放和发展社会生产力，是社会主义制度内部生产方式的变革，从而不会经历资本原始积累，也不会通过暴力的手段取得原始资本。现阶段民营企业的创办者也与旧中国的民族资本家没有任何的历史渊源，他们的原来身份都是劳动者，并且绝大多数出身于劳动人民家庭。

（三）民营企业主的产生

目前民营企业已发展成为我国现阶段社会经济结构中的一个重要组成部分，民营企业主作为民营企业人格化的代表，也已发展成为一个具有相对独立的经济地位和利益要求的社会群体和新的社会阶层。

从民营企业主的形成来看，民营企业主是从工人、农民、知识分子等劳动者阶级和阶层中分化出来并重新组合而成的新的社会群体。他们绝大多数出身于普通劳动者家庭。作为民营企业创办者，他们具有的共同特征是：有从事非农产业和参加较多社会活动的经历，见多识广，善于经营，

① ［德］马克思：《资本论》第一卷，人民出版社 1975 年版，第 829 页。

② 《毛泽东选集》第二卷，人民出版社 1991 年版，第 626—627 页。

大多是农村中的“能人”。

在民营经济发展过程中，民营企业主的社会来源有很大的变化。据1993 年的调查，在 20 世纪 80 年代末 90 年代初，民营企业主主要来自农民和工人。农村民营企业主中，53.5% 是农民；城镇民营企业主中，工人占 25.2%，农民占 17.2%，工人和农民一共占 42.4%。而 2004 年和 2006 年的调查显示，我国民营企业主中，在开办民营企业前从事管理和专业技术工作的人所占比例明显提高。①

（四）自由劳动者的出现

农村中家庭联产承包责任制的实行，使家庭的功能发生了变化。农民家庭由原来的生活消费单位，变成了具有积累和再生产功能的经济单位。相应地，农民的身份也由过去单纯的劳动者，变成了相对独立的商品生产者和经营者。这样，家庭经营的劳动方式，就使农村中一部分剩余劳动者离开土地和家庭成为可能。据统计，80 年代初期，农村剩余劳动力的数量在各地不等，一般占劳动力总数的 30%。全国农村有 1 亿多剩余劳动力。②

少数农户手中积累的货币资金是可能性上的资本，而农村中一部分自由的剩余劳动者则是可能的雇佣劳动者。在资本、技术和劳动力等生产要素已经进入市场的情况下，货币资金和剩余劳动力通过市场结合起来，便使雇佣劳动关系得以形成。这样，以雇佣劳动关系作为基础和本质特征的民营经济也就产生了。

三　中国现阶段民营企业劳资关系的属性

（一）现阶段民营企业劳资关系具有雇佣劳动的属性

从民营企业的产权关系来看，民营企业的资产属于企业主私人所有，企业主对企业资产拥有占有、使用、受益及处置等权利，这些权利得到国家法律的保护。在一般情况下，雇佣员工无权占有、支配民营企业的生产资料。

---

① 李强：《改革开放 40 年来中国社会分层结构的变迁》，《北京社会科学》2008 年第 5 期。

② 张厚义、明立志：《中国民营企业发展报告（1978—1998）》，社会科学文献出版社 1999 年版，第 8—9 页。

从民营企业内部劳动力与生产资料的结合方式来看，两者是通过劳动力买卖的形式而间接地进行结合。在这里，民营企业主作为生产资料的所有者，不仅支配企业的全部经营管理活动，而且支配雇佣员工的劳动力。雇佣员工作为劳动力的所有者，在为民营企业付出劳动后，取得工资收入。他们之间是雇佣和被雇佣的关系，这种雇佣劳动关系虽然与资本主义生产资料私有制下的雇佣劳动关系有着本质区别，但从一般特征来看又有其共同之处，因此也可以称为劳资关系。

从民营企业的内部管理来看，绝大多数企业主直接负责企业的经营管理和技术指导，只有极少数企业主不参与企业的日常工作。一个人说了算的家长制管理比较普遍。

从民营企业剩余产品的来源和归属来看，虽然剩余产品是由雇佣员工和企业主共同创造的，但其归属却大部分由企业主占有，普通员工则无权享有。剩余产品的这种占有形式，是生产资料私有制在分配上的体现。民营企业主正是凭借其拥有的企业资产所有权，而无偿地占有雇佣员工创造的、超过劳动力价值或价格的那部分剩余价值。雇佣员工得到的工资只是相当于劳动力价值的部分，一般情况下，他们无权参与企业利润的分配。

由此可见，中国现阶段的民营企业是一种具有雇佣劳动属性的新的经济形式，其不同于纯粹的资本主义企业。民营企业主作为民营企业人格化的代表，虽然与资本人格化的资本家有某些相似之处，但从本质上讲，民营企业主是有中国特色的社会主义市场经济的建设者，是管理者和劳动者，而不是资本家。

（二）现阶段民营企业劳资关系具有生产关系的从属性和依附性

马克思在《〈政治经济学批判〉导言》中指出：在一切社会形式中都有一种一定的生产支配着其他一切生产的地位和影响，因而它的关系也支配着其他一切关系的地位和影响。这是一种普照的光，一切其他色彩都隐没其中，它使它们的特点变了样。……它决定着它里面显露出来的一切存在的比重。[①] 这就是说，在一个社会的生产关系体系中，总有一种生产关系是处于支配地位、起着主导作用，而其他的生产关系则处于从属地位。在中国社会主义初级阶段，公有制在整个社会经济中占有主体地位，社会主义全民所有制起着主导作用，公有制对非公有制经济成分起着支配作

① 《马克思恩格斯选集》第二卷，人民出版社1972年版，第109页。

用，决定和影响着非公有制经济成分的发展。民营经济作为非公有制经济成分，在整个社会经济中处于从属地位。

中国现阶段民营企业劳资关系是在以社会主义公有制经济为主体、国有经济占主导条件下的一种新型的社会生产关系，它具有非主流的属性，必须服从于社会主义公有制经济的领导。

（三）现阶段民营企业劳资关系具有政治法律地位平等和非对抗的属性

中国现阶段民营企业劳资关系建立在企业主和企业员工地位平等基础之上，劳资双方都是社会主义生产资料公有制的主人，都是社会主义市场经济的建设者和劳动者。企业主并未脱离企业生产和管理过程，他们既是生产资料所有者，也是企业的管理者。企业员工拥有一定的生活资料和生产资料，不是一无所有的劳动力商品出卖者，他们与企业主的政治地位和法律地位是平等的。

在民营经济内部并不存在民营企业主与雇佣劳动者的根本对立。现阶段的民营企业主既与马克思当年所分析的资本家不同，也与中国历史上的资本家不同。在社会主义市场经济条件下，民营企业主具有资本所有者和管理者这两重身份：一方面，他们作为生产的管理者，其劳动属于监督劳动和指挥劳动，是生产正常进行所必需的；另一方面，他们作为生产资料的所有者，又凭借对生产资料的所有权而无偿地占有雇佣工人的剩余价值，其收入一定程度上具有剥削的性质。对于民营企业主，应区分他们作为资本所有者和管理者的两重身份。应承认和肯定作为管理者，他们也是劳动者，他们的经营管理劳动同样是创造价值的劳动。

民营企业劳资冲突属于人民内部矛盾，当产生劳资矛盾和冲突时，以劳动者的自动离职或员工与企业主协商及法律仲裁为主要解决方式，激烈的劳资暴力冲突或集体罢工行为比较少。

（四）现阶段民营企业劳资关系具有共存共赢共享的属性

中国现阶段民营企业中劳资双方是互利合作的关系，具有共存共赢共享的属性。笔者对山西省民营企业的调查和研究结果显示，民营企业主与员工之间的关系在总体上是比较融洽的，劳资关系基本呈现出和谐发展的态势。劳资双方的根本利益是一致的。

全国民营企业抽样调查数据显示，随着民营企业的发展，其工资分配向着更加合理的方向发展，民营企业主及普通员工的工资收入都能得到提高。[①] 可见，民营企业主与员工是利益相关者，民营企业是由民营企业主与员工所组成的一个利益共同体。

四 中国现阶段民营企业劳资关系的特点[②]

（一）中国现阶段民营企业劳资关系具有非平衡性

首先，我国现阶段“资本短缺，劳动过剩”的现象比较突出，劳动力市场属于买方市场，劳动者是弱势一方。

其次，在民营企业内部，企业主凭借生产资料所有权对企业的生产经营管理和财产及收入分配具有绝对的话语权和支配权，企业员工在企业生产经营决策中的参与度很低。雇佣关系的特点比较明显。

最后，民营企业主的收入与雇工收入相差悬殊。虽然在不同地区、不同行业企业主和雇工的收入状况不同，但共同之处是企业主的收入一般为雇工收入的几倍、几十倍甚至上百倍。一般情况下，企业主的收入与企业规模，即雇工人数呈正相关关系，雇工人数越多，企业主的收入就越多。具体情况参见表1和表2。

表1　　上海市民营企业工资水平比较

工资档次	企业主本人工资		技术人员管理人员工资		雇工工资		最高工资		最低工资	
	户数（家）	构成（%）	户数（家）	构成（%）	户数（家）	构成（%）	户数（家）	构成（%）	户数（家）	构成（%）
100—300元	6	2.61	40	19.42	113	54.33	18	8.45	156	81.25
301—600元	160	69.57	132	64.08	83	39.90	145	68.08	36	18.75
601—1000元	37	16.08	28	13.60	10	4.81	24	11.27	0	0
1000元以上	27	11.74	6	2.90	2	0.96	26	12.20	0	0
合计	230	100.00	206	100.00	208	100.00	213	100.00	192	100.00

资料来源：转引自王克忠主编《非公有制经济论》，上海人民出版社2003年版，第293页。

---

① 中国民（私）营经济研究会：《第八次全国民营企业抽样调查数据分析综合报告（摘要）》，《中华工商时报》2009年3月26日。

② 关于山西省的数据及实际例证，参见笔者承担的教育部人文社会科学研究项目“中国现阶段民营企业劳资关系研究——以山西省为例”的研究报告。

表 2　　国有企业和民营企业的就业和收入情况（2003 年）

		就业人数（万人）	平均收入（元）
民营企业	投资者	772. 8	202000
	雇员	3526. 3	8033
国有企业		4461. 4	14558
总计		8760. 5	28466. 575

资料来源：转引自苑林娅《中国收入差距不平等状况的泰尔指数分析》，《云南财经大学学报》2008 年第 1 期。

（二）中国现阶段民营企业劳资关系具有非稳定性

中国现阶段民营企业中的雇佣劳动关系稳定性比较差，合同签订率比较低，合同期限较短，员工流动比较频繁。笔者对近年来山西省民营企业的调查数据显示，除冶金矿产、化工业与金融服务业外，其他行业的企业合同签约率较低。许多行业中的民营企业选择不与部分员工签订劳动合同，有的企业签约率低至 20%。如轻工业的生产车间工人、餐饮业的服务人员、旅游业的非常用导游，都没有与企业签订劳动合同。

这种状况的产生，是劳资双方原因造成的，资方为了保持生产经营的灵活性及节约成本，大多数民营企业在劳动力使用方面存在短期化倾向，不愿签订长期的劳动合同；许多民营企业劳动者来自附近农村，没有完全脱离农业生产，也不愿意签订稳定的劳动合同，以便于他们随时离开企业。劳动时间长、劳动强度大、工资水平低、劳动条件差等是使民营企业员工自动离职的主要原因。较低的合同签订率所导致的直接后果就是企业的人员流动性过强、雇佣关系不具有稳定性。

（三）中国现阶段民营企业劳资关系具有非规范性

中国现阶段民营企业以中小型企业为主，家族式管理的特点鲜明。民营企业主不能严格遵守国家的法律法规，不签订劳动用工合同、延长员工劳动时间、不支付员工加班工资的现象还普遍存在。

笔者对山西省近年来民营企业的调查数据显示，山西省民营企业普遍存在工作时间偏长、劳动强度偏大的现象。虽然劳动者每周至少一日的休息时间能得以保障，但每日与每周工作时间基本上都超过法定时间。被调查的各个行业都存在加班的现象，并且劳动者只能得到部分加班工资或者完全不能得到加班工资。国家法律规定，如果超过法定工作时间，劳动者在没有拒绝加班的情况下，企业需要支付合理的加班费用。显然，企业没有发放或者未能足额发放加班工资的做法违反了国家的规定，侵害了劳动者的合法权益。

（四）中国现阶段民营企业劳资关系具有一定程度的非协调性

中国现阶段民营企业虽然很少发生重大的劳资冲突，但是，绝大部分劳动者对于个人的工资奖金和福利待遇的满意度并不高。其主要原因是员工应有的合法利益得不到满足，如工资及收入水平低、社会保障覆盖面较窄、工资及福利待遇差别化对待比较明显等。目前，大多数企业主的法律意识比较淡薄，工会的维权作用微弱，员工的合法权益得不到有效维护。从民营企业长期发展来看，这些问题亟须解决，否则将会影响企业的可持续发展。

笔者对山西省近年来民营企业劳资关系的研究结果表明，民营企业劳资关系的非协调性具体表现在以下四个方面。

1. 薪酬体系存在缺陷

山西省大多数民营企业的工资是企业依据岗位和工作年限拟定的，工资随着企业经营效益浮动。这样的薪酬体系存在一定的合理性，但同样存在问题。仅仅依据岗位和工作年限是否能真正反映员工付出劳动的价值，这样能否真正做到公平，能否让所有员工感到满意，这些都值得斟酌。另外，工资与企业效益同步变化，在企业处于经济效益增长阶段时，伴随的工资上涨能够使员工欣喜，但是，如果在企业处于业绩严重下滑阶段时，员工是否能欣然接受随之而来的工资大幅度下降，这些都需要考量。对于奖金发放，有的企业规定只有经理以上的管理层才能获得奖金，这样会使员工之间的差距越来越大，不利于企业的整体提升。

一些行业制订特有的薪酬方案。如轻工业中车间工人是获取计件工资，旅游业中未与企业签订劳动合同的导游没有固定工资，其收入是依据带团数量来获得的劳务费和提成。这些工资制度虽然能起到激励员工工作积极性的作用，但使员工没有最低工资保障。若导游由于当地旅游经济不景气，只能接到少量旅游团的工作，所赚取的收入可能都达不到当的最低工资标准。这些行业的员工可能会因不能满足个人的生活需求而选择离职，从而会影响到企业的稳定及可持续发展。

2. 社会保障覆盖面较窄

山西省民营企业为员工所购买的社会保险品种单一，区别对待员工情况较为严重。虽然各行业购买社会保险情况有较大差异，但大多数民营企业没有为所有员工购买基本的“五险一金”，企业会选择性地为不同员工购买社会保险。例如，有些企业只为相对危险的工种上意外伤害保险，有的企业只为管理人员购买大部分保险，还有企业只给工作达到一定年限的员工购买养老保险、工伤保险和医疗保险。这些做法会降低员工的满意度，影响员工的工作热情，不利于劳资关系长期和谐发展。

3. 福利待遇存在明显的区别对待

各行业都或多或少存在福利待遇方面的歧视。条件较好的企业设有职工活动中心，提供每年定期体检或卫生保健补贴，还有带薪休假、定期旅游等福利。条件较差的企业会提供简单的体育运动器材，或较好的食宿安排等福利。但通常这些福利并不是所有员工都可以享有，大部分仅给予管理层的工作人员，或者作为一种奖励给予优秀员工。这些做法可能已成为各行业默认的惯例，但有悖于平等对待每位员工，有悖于所有员工本应该无偿享有福利待遇的理念。

4. 工会的组建流于形式，未能真正发挥维权作用

山西省民营企业的工会组建存在诸多问题。非工业企业基本未组建工会，其员工对工会的构成、作用等情况大多不了解。工业企业大部分虽然组建了工会，但工会实际上仍不具有独立性，工会定位不明确，目前还无法充分发挥维权功能。员工对工会的认识也存在许多误区，仅将工会看作文体活动组织者。当与资方发生纠纷时，员工一般是直接与企业协商或诉诸法律，而不会向工会寻求帮助。可见工会形同虚设。

五　协调中国现阶段民营企业劳资关系的建议

笔者对山西省民营企业的调查和研究结果表明，目前民营企业中的劳资关系基本呈现出和谐发展的态势，民营企业主与员工之间的关系在总体上是比较融洽的。具体表现在大多数民营企业劳动合同签订较为规范，能够足额发放员工的工资，并提供一定的社会保障和福利待遇；企业组织培训情况良好；大部分企业采取安全防护措施；劳资冲突不明显。山西省民营企业虽然未发生重大的劳资冲突，但是，大部分行业的劳动者对于个人的工资奖金和福利待遇的满意度并不高。

（一）中国现阶段民营企业劳资关系现存问题的成因

1. 我国相关法律法规不够完善

我国虽然已出台了一些促进劳资关系健康发展的法律，但这些法律仍然有待完善。

在员工工资报酬方面，中国可像其他发展中国家那样，实行最低工资制度。在员工的社会保障方面，目前中国大多数企业都没有为全部员工足额购买所有的基本社会保险。对于这种情况，员工一般会选择忍气吞声，却很少寻求法律的帮助。这反映出法律在制度规范和执行方面还存在欠缺，应补充完善相关规定，如明确规定企业应购买险种和购买数额的最低标准，制定具体处罚条款；应明确统一社会保险费的征收机构，完善社会保险中的监督机制，通过法律法规来保证员工享受应有的社会保障，从而维护好劳动者的权益。

在合同的签订保护方面，我国法律虽然在合同的签订、履行上已有所规定，但现实情况却是大部分企业合同签约率较低。有的员工未签订合同，主要是因为由业主拟定的劳动合同中规定了具体工作年限，会限制他们随时离职的自由。合同原本是保护劳动者权益的工具，却被劳动者看作负担。可以看出，在合同拟定方面企业主掌握了单方决定权，劳动者没有话语权，只能被动接受。并且合同的内容不够灵活，没有充分考虑到劳动者的需求。现行的法律虽然规定合同的签订要满足劳资双方的意愿，但没有将这种权利的平等性具体化，因此，法律条款需要更加细致，更加贴近实际情况。

在构建民营企业和谐劳资关系的协调机制方面，《中华人民共和国劳动合同法》虽然明确规定了建立劳资关系的协调机制，但仍然缺乏一部针对集体谈判及三方协调机制等有效运行的特定的劳资关系法律法规。

2. 资方劳资关系观念和经营理念亟待转变

山西省民营企业普遍存在劳动者工作时间过长的现象，不能严格遵守国家法定的劳动者每日工作时间不超过八小时、平均每周工作时间不超过四十四小时的工时制度。一方面，这与各行业及其工作岗位的特点有关。如轻工业行政人员的工作时间基本能满足八小时制，但车间工人就不能完全保证日工作时间都在八小时之内，流水线的工作模式以及计件工资制度都导致工人需要加班才能完成任务。另一方面，更为主要的原因是与企业的经营理念有关。大部分民营企业主注重企业利润最大化，而较少考虑员工利益，由此导致企业主一味地延长员工工作时间，甚至超过了国家法律规定的工作时间。如在餐饮业，周工作时间能在五天内的员工占比很少，工作时间内基本无休息，加班对于服务人员来说较为普遍。这些会使员工产生不良情绪，从长期看，将会影响企业的稳定和可持续发展。

3. 薪酬体系合理性有待改进

民营企业的薪酬体系存在着不少缺陷，需要从薪酬体系的制定依据、制度设计的参与者、制度设计的目标定位及其实际效果等各方面来全面考虑。

首先，各个员工的工资是否能使其劳动付出全部得到回报，值得重新考量。民营企业现有的工资标准主要是根据员工的工作岗位和工作年限来确定的，这是比较片面的。企业应该考虑利用更多的指标，更加全面地衡量一个员工的工作，如对企业的实际贡献、工作效率、工作的积极性等。同时要做到平等地对待每个员工，用同样的标准去衡量评价所有员工，使员工的劳动报酬与其劳动付出真正对等，让每个员工都能满足于自己获得的报酬。工资的制定还要考虑到该企业所处行业的平均工资水平，拟定一个最低工资保障，使工资标准更加合理。

其次，奖金在管理层与普通员工之间的差距越来越大，也反映出薪酬体系中的一些缺陷，即薪酬是由业主一方决定。工资奖金的制定需要加入不同类型、不同等级的员工共同商定，这样，才能倾听到各类员工的诉求。

最后，薪酬体系的合理性需要得到实践的验证。比如，工资随着企业经营效益浮动这种方案，在企业业绩高涨时所有人都可以接受，而在企业低迷时员工却抱怨工资的下跌。对于这种方案的可行性就要精心推敲，寻找进一步改进和完善的方案。可尝试对该浮动工资制度设定一个最高限和最低限，从而对员工的基本工资有所保障，同时又可使企业与员工的利益真正做到共享。

4. 劳动者维权意识淡薄

在很多行业中，劳动者的整体素质不高，对于有关自身权益的知识了解甚少。主要表现在以下三个方面：一是当企业未为员工购买基本的社会保险时，或者是未给从事危险工作的员工购买相应的保险时，员工大多表现出不在意和不关注。二是在企业未给部分员工应有的良好福利待遇时，如每年定期体检或卫生保健补贴、带薪休假、定期旅游等，员工表现出对自身应有何种福利待遇不了解，所以，更谈不上去争取自己的合法权益。三是在企业不与员工签订劳动合同时，一些员工表示出不在乎，签不签都无所谓的态度，甚至认为签订劳动合同反而是一种负担。他们没有意识到劳动合同可以保护自身的权益，没有考虑若发生企业拖欠员工工资、无报酬地延长工作时间等情况，可以依靠劳动合同来维护自身利益。因此可以看出，有相当一部分员工的维权意识薄弱，缺乏对法律知识和自身权益的基本认识。劳动者的维权意识淡薄也是资方不能严格遵守国家相关法律规定的一个重要因素。

5. 民营企业、劳动者及社会的安全保护意识不强

在现阶段一些行业中存在劳动保护欠缺的现象，这是由民营企业、劳动者和社会三方面的原因造成的。首先，从民营企业来看，有些行业安全意识淡薄，是因为资方自身存在知识局限性，使其无法看到企业潜在的安全隐患，从而不重视工作场所的安全，仅提供较少的安全防护品或仅采取简单的安全防范措施，并且忽视对员工安全意识的培训。其次，从劳动者来看，安全保护意识的淡薄部分原因在于劳动者未接触相关知识，部分原因是劳动者怀有侥幸心理。知识的欠缺会使劳动者不知道如何进行自我保护，侥幸心理使劳动者置身于危险之中，这些具体表现为不采取安全防护措施、不按照规定流程从事安全生产，等等。劳动者需要意识到这些行为会带来的严重后果，需要通过不断的学习和实践来强化自我保护意识。最后，从社会来看，企业和劳动者的劳动保护意识也有可能会受社会氛围的影响。若社会加强对企业的安全监督、加大安全知识宣传的力度，将会提升大部分社会成员的安全意识，从而对企业起到促进作用，使企业为员工提供更为全面的安全保障，减少劳动者工作中伤亡事件的发生。

6. 工会作用缺失

从对山西省的调研情况看，民营企业的工会建设还存在很多有待改进之处。工会在山西省大部分工业企业中都已建立，但工会的组建在部分非工业企业还是空白。在工业行业中，部分企业规模较大、员工人数较多，组建工会的意愿可以通过较多的员工共同实现。在非工业行业中，部分企业规模较小、员工人数较少、人员流动性较大，员工无法形成凝聚力的团体，更无法去组建有组织性的工会。

在山西省已组建了工会的民营企业中，工会的职能并没能充分地得到发挥。工会虽然有许多职能，但其最主要的职能是维护劳动者的合法权

益。目前有不少工会组织偏离其主要职能，造成这种状况有很多因素，但是，很重要的一个原因是工会缺乏独立性，如工会的领导人受制于企业、工会的运转资金依赖于企业等。工会要发挥其主要职能，得到劳动者的信任，一方面，要从根本上脱离企业，通过劳动者的民主选举产生工会领导人；另一方面，要在发生劳资纠纷的时候挺身而出，全力为劳动者争取合法权益。

（二）协调中国现阶段民营企业劳资关系的对策

1. 强化政府对民营企业劳资关系的指导、管理及监督的职能

要解决现阶段民营企业中存在的劳资关系问题，不能仅寄希望于企业主的“觉悟”提高，政府必须发挥其应有的作用。党的十八届三中全会报告中提出，要充分发挥市场在资源配置中的决定性作用，这并不是对政府宏观调控的否定，政府对构建民营企业和谐劳资关系起着不容忽视的作用。

（1）制定和完善相关法律制度。要继续补充完善劳动法及相关法律，建立完善的劳动法律体系，使雇主和雇员在发生矛盾与冲突时有法可依，通过法律法规来规范雇主的行为，保护劳动者的合法权益。可考虑将工会纳入法制建设中，以保证工会的维权作用得到充分发挥。

我国急需制定专门的针对劳资关系的法律法规，可以考虑出台基于劳动者具体权益的单行法律，如建立公平劳动法、职业安全法和健康法等，并要解决现有法律存在的可操作性差的问题。

（2）转变“唯 GDP”的干部考核机制，重视劳资关系的考核。干部政绩考核评价机制，是各级干部工作的“指挥棒”，对于干部树立什么样的发展观和政绩观，具有重要的导向作用。以往的干部政绩考核中，以 GDP 为主要考量指标，导致有些地方政府只注重为投资者提供优惠条件，而忽视了对劳工权益的保护，对于劳资关系中的不公平现象也“睁一只眼，闭一只眼”。因此，在今后的干部政绩考核中应将劳资关系作为构建和谐社会的一个重要指标纳入考核当中。

（3）改善和强化政府对于劳资关系的管理。第一，政府必须纠正重招商引资、轻劳工保护的倾向，克服那些认为保护劳工权益将会加大劳动成本、不利于发展民营经济的错误观念。第二，要切实加大劳动监察力度，严格公正执法。例如，对旅游行业中普遍存在的导游“无合同、无固定工资、无社保”现象，劳动监察机关应予以严厉的打击，切实维护

员工的正当利益。劳动监察机关不能一味地迁就企业的违法行为，要切实依法维护员工的合法权益。违法经营是不能长久的，只有保护了员工的合法权益，才能解决员工工作的后顾之忧，激励员工的工作积极性，提高劳动生产率。从长远来看，必将有利于企业的增产增效，促进当地经济可持续发展，同时也维护了社会的和谐与稳定。第三，政府要引导企业推进社会责任建设。政府有义务向民营企业宣传企业应承担的社会责任，让企业主普遍认识到社会责任对于生产经营、品牌建设的重要性，帮助企业树立社会责任感。

（4）积极抓好法律宣传，提高民营企业主和员工的法律意识。我国大部分民营企业主法律意识淡薄，企业中普遍存在以“人治”代替“法治”的现象。政府必须加大对企业主的教育，对他们进行相关法律和现代企业制度等方面的培训。

政府机关和普法工作者要经常开展普法活动，利用广播、电视、组织活动等多种手段宣传法律知识，通过广泛的普法宣传，让民营企业主和员工双方明确各自的权利和义务，提升企业员工的法律意识和维权意识，鼓励员工运用法律武器捍卫自己的合法权益。

2. 民营企业主应转变观念，做到以人为本

由于大部分民营企业主的劳资关系理念仍然停留在企业利润最大化层次上，主要考虑企业利益，较少考虑员工利益，导致民营企业劳资矛盾的产生。要缓解劳资关系紧张的状况，就必须使企业主转变他们狭隘的观念，严格遵守和执行《中华人民共和国劳动法》对劳动者权益的规定，切实维护劳动者的合法权益。其实，延长员工的工作时间、不履行对员工应有的责任，虽然在短期内可以让企业谋得利益，但是，从长期来看，会使优秀员工大量流失，从而不利于企业的长久发展。因此，企业主应该下决心转变陈旧的劳资关系观念和经营理念，从一味地追求利润最大化转变为获取企业最佳盈利与满足员工利益并重，努力构建员工与企业主双方合作共赢的新型和谐劳资关系。如果员工与企业主能够同心同德，必定会给企业带来可观的利润；反之，如果劳资之间关系不融洽，则必定导致员工负面的工作表现。因此，企业主应当给予员工足够的关怀，以发挥其积极性，实现企业的可持续发展。

（1）企业应建立科学合理的薪酬制度。薪酬的发放原则不应因人而异，而要因岗位和能力而异，依据员工对企业的贡献付薪，通过明确的赏

罚制度激发员工的活力，提高企业效益。

（2）企业应不断提高员工的福利待遇。一方面，要尽可能提供全面的社会保障，扩大社会保险的种类和覆盖率，特别对于像煤炭焦化等高危行业，应有针对性地保证工伤保险、医疗保险的全覆盖，增加劳动者的安全感。另一方面，要为员工多提供职工活动中心、企业医疗服务等福利设施以及带薪休假、交通补贴、定期培训等福利待遇。这些措施必将激发员工的工作热情，增加其企业归属感，提高工作效率，从而提高企业效益。

（3）企业应努力改善员工工作环境。员工的工作环境及身心健康与劳动积极性、工作效率息息相关，作为资方必须努力改善员工的工作环境。特别是煤炭、焦化、钢铁等涉危行业，企业应当着重为员工提供相应的安全防护品和安全防护措施，定期为员工提供安全知识培训，保证员工的身心健康不受侵害，杜绝安全隐患的发生。

（4）企业应建设体现人文关怀的企业文化。体现人文关怀的企业文化，能够强化个人对企业目标的认同程度。个人对企业目标的认同程度，是影响企业凝聚力的关键因素。体现人文关怀的企业文化可以让劳资双方以诚相待，相互信任和理解，并对员工形成一种激励，成为凝聚企业内部各种力量的“黏合剂”，为企业的生存、竞争和发展带来勃勃生机与活力，并建立起一种和谐的劳资关系。

3. 企业员工应提高自身的文化素养和技能，增强维权意识

民营企业中多数员工处于弱势地位，再加上一些劳动者文化程度不高，特别是缺乏必要的法律常识和维权意识，在工作中遇到不平等待遇时一般选择默默承受，能忍则忍，能让则让，这无形中助长了民营企业主在劳资关系中的一些不公行为。例如，在旅游业中，存在节假日员工加班但无报酬的现象，餐饮行业存在劳动合同签约率低等现象，对于这些明显的违法行为，劳动者并没有利用法律武器来捍卫自己的合法权益。因此，员工应该不断提高自身的科学文化知识素养和职业技能，主动参加各种普法活动，了解自身权益及国家相关法律法规，重视维护自身权益不受损害。同时，要积极向工会和党组织靠拢，依靠工会和党组织的力量来保护自身的合理权益。

4. 加强工会组织建设，充分发挥其维护员工合法权益的重要作用

工会的基本职能是代表和维护劳动者的合法权益，提高劳动者的组织化程度，增加劳资博弈中劳动者一方的力量。然而，就目前形势看，很多

民营企业尚未成立工会组织，现有的工会组织也并未起到维护员工权益的作用。因此，今后在民营企业中应当加强工会建设，尤其是在劳资关系的协调与纠纷化解方面，要强调工会作用的发挥。首先，要定位明确，分清主要和次要职能。工会的主要职能是维权，次要职能才是宣传、培训。其次，工会要时刻以维护劳动者的权益为己任。在发生劳资纠纷时，要有效地组织劳动者积极维权，代表劳动者和企业进行平等、公平的谈判，建立公信力和影响力。再次，对于工会成员的任命需要由职工直接选举产生，工会资金来源不由企业支付，也就是说，工会的一切运行都要保持独立性，真正代表工人利益，不再是企业的政治工具。最后，政府有必要引导建立行业工会，增强劳动者的话语权。

5. 充分发挥新闻媒体的监督作用

随着新闻媒体影响力的加大，很多民营企业主往往迫于压力，去改善劳资关系。因此，政府应当制定相关法律法规，促进新闻媒体更好地发挥其监督者的角色，促进民营企业劳资纠纷和劳资矛盾的妥善解决。

六　结论

本文上述研究表明，中国现阶段民营企业劳资关系具有的属性包括：雇佣劳动；生产关系的从属性和依附性；政治法律地位平等和非对抗的属性；共存共赢共享的属性。中国现阶段民营企业劳资关系具有非平衡性、非稳定性、非规范性及非协调性的特点。

笔者对山西省民营企业的调查和研究表明，目前民营企业中的劳资关系基本呈现出和谐发展的态势，民营企业主与员工之间的关系在总体上是比较融洽的。表现在大多数民营企业劳动合同签订较为规范，能够足额发放员工的工资，并提供一定的社会保障和福利待遇；企业组织培训情况良好；大部分企业采取安全防护措施；劳资冲突不明显。

山西省民营企业虽然未发生重大的劳资冲突，但是，大部分行业的劳动者对于个人的工资奖金和福利待遇的满意度并不高。目前山西省民营企业中的劳资关系存在以下问题：除冶金矿产、化工业与金融服务业外，其他行业的企业合同签约率较低，雇佣关系稳定性较差；员工工作时间较长，超过国家法定工作时间，而且比较普遍；薪酬体系存在缺陷；社会保障覆盖面较窄；福利待遇存在明显的区别对待；某些行业劳动保护有所欠缺；工会的组建流于形式，未能真正发挥维护员工合法权益的作用。

目前，民营企业中劳资关系所存在的问题与企业、政府、员工及社会等多方面因素有关。我国相关法律法规不够完善；资方的劳资关系观念和经营理念亟待转变；薪酬体系合理性有待改进；劳动者维权意识淡薄；民营企业、劳动者及社会的安全保护意识不强；工会作用缺失，等等。因此，应从政府、企业、员工及社会多方面共同努力、从完善制度机制等多种渠道来促进和谐劳资关系的构建。

论中国开放型经济体制的理论缘起与创新发展

卢 江 张 晨

摘要 中国开放型经济体制建设是当代世界经济格局变化的重要内容，40年开放历程不仅极大地解决了我国自身的发展问题，也积极推动了双边、多边、区域经济发展，为人类命运共同体形成贡献中国智慧中国方案。中国开放型经济体制建设的内部基础是承认商品生产和价值规律调节，外部环境是经济全球化大潮，我们在开放中借鉴并创新了分工和比较优势理论。从开放基本经验来看，核心是正确处理政府和市场的关系，方法是渐进式改革，突破点是转变经济发展方式，落脚点是以人民发展为中心、实现人的全面自由发展。在新的历史条件下，推动形成全面开放新格局面临重大挑战，比如，外部风险防范难度加大、构建全球新秩序与现有世界体系矛盾较深、本土经济结构与新格局融合点不足、经济性与援助性项目权衡等，总体而言，中国开放型经济顺应时代潮流，符合人类社会经济发展大趋势。

关键词 改革开放 生产力 社会主义市场经济 外部风险 人类命运共同体

党的十九大报告在总结过去五年的工作和历史性变革时指出，“开放

［作者简介］卢江，经济学博士后，浙江大学马克思主义学院副教授，硕士生导师；张晨，经济学博士，中国人民大学经济学院副教授，硕士生导师。

型经济新体制逐步健全，对外贸易、对外投资、外汇储备稳居世界前列"[①]，这是对我国经济开放在中国特色社会主义新时代做出的基本判断。特别地，党的十九大报告在"贯彻新发展理念　建设现代化经济体系"中明确提出，"推动形成全面开放新格局""中国开放的大门不会关闭，只会越开越大"[②]，这为新时代我国如何进一步实行经济开放提供了决策指南和根本遵循。2018 年，中国经济实行改革开放已达 40 周年，无论是从中国自身纵向历史发展来看，还是从世界格局演变和世界经济发展来看，这都是具有里程碑意义的重大事件。在中国即将全面建成小康社会的时点上，我们需要回顾中国经济开放的历史，详细理顺理论支撑，认真弄清探索路径，全面分析积极成效，准确总结成功经验，妥善应对风险挑战，形成系统性认知，为促进中国全面建成社会主义现代化国家、实现中华民族伟大复兴提供可靠有效的思想武器。

一　商品生产与价值规律：中国经济开放的理论基础

如何认识中国实行改革开放的必要条件以及开放取得显著成效的原因，是摆在面前的首要问题。对此，党内、政界、民间、学界各有认识，尽管存在部分异见，但也达成了一些基本共识。比如，在开放目的上，是为了活跃市场，解放和发展生产力，打破贫穷，走向共同富裕，加快向社会主义现代化国家发展；在开放策略上，要以渐进式变革为主，顶层设计和基层探索相结合，从点、线到片、面逐步发展；在开放态度上，既要坚持四项基本宏观原则，又要坚持独立自主、自力更生，平等互利原则，在新时代，还要遵循共商共建共享原则，等等。上述观点虽然是从不同的视角展开的分析，但它们都指向一个重大的基础理论问题，即社会主义制度下的商品生产和价值规律。商品生产和价值规律是市场经济的基本特征，本质上体现了市场配置资源的具体活动和作用机制。根据历史唯物主义，国家经济运行在不同时期和不同环境下呈现不同的规律，任何一项重大经济决策的制定和落实都需要成熟的条件——它们内生和成长于本国土壤，

① 习近平：《决胜全面建成小康社会　夺取新时代中国特色社会主义伟大胜利——在中国共产党第十九次全国代表大会上的报告》，人民出版社 2017 年版，第 3 页。

② 同上书，第 34 页。

从这个角度来看，我国实行改革开放最关键的条件是承认和允许商品生产的存在，这正是改旧有经济体制不合理因素、革旧有错误观念的核心，而且，随着改革开放释放出来的红利日益显著，我们不断正视并积极运用价值规律在其应存的领域内发挥作用。

从历史逻辑来看，我国的改革开放是以前三十年的经济建设为基础的，即便是实行了统一的计划经济，但是，前三十年的经济运行依然保留了一定的商品生产和价值规律调节。长期以来，社会上有种错误观点被大肆渲染，甚至得到了部分学者支持，即认为党的第一代领导集体是完全拒绝和否定商品生产和价值规律的，这不符合历史史实。

第一，关于商品生产问题。尽管在 1956—1978 年，中央计划占据支配地位，但是，无论是在理论上还是实践中，依然存在商品生产和交换。1956 年，毛泽东同志同民间和工商联负责人谈话，明确指出："可以搞国营，也可以搞私营。可以消灭了资本主义，又搞资本主义。""定息时间要相当长，急于国有化，不利于生产。公私合营有优越性，比不合营好，工人的积极性提高了，资方的态度也改变了。"① 这说明中央领导人对经济运行是清楚的。今天看来，公私合营是一种混合所有制经济，《关于正确处理人民内部矛盾的问题》将公私合营企业界定为不完全社会主义性质，充分说明商品生产存在的客观性。1958 年，党的八届六中全会《关于人民公社若干问题的决议》指出："继续发展商品生产和继续保持按劳分配的原则"；同年，《中共中央、国务院关于适应人民公社会的形势改进农村财政贸易管理体制的决定》指出："农村人民公社化以后，尽管有一部分产品在社内直接分配，但是，整体来说，商品生产和商品交换不是缩小而是扩大；尽管生产的调节主要靠政治挂帅，靠计划指导，价值规律的作用已经进一步受到限制，但是商品、价值、价格、货币和信贷的作用并不是很快就要消失，而是要继续发挥它的积极作用。""人民公社，一方面要大大发展自给性的生产，另一方面又要大大发展适合社会需要的商品性生产。"② 甚至在 1965 年，国务院为了促进出口商品生产的发展，专门出台了《关于供应出口商品统一作价办法的暂行规定》，这些客观材料充分证明，中国共产党始终正视商品生产，在过渡时期，中国商品生产存

① 《毛泽东文集》第七卷，人民出版社 1999 年版，第 170—171 页。

② 中共中央文献研究室：《建国以来重要文献选编》第十一册，中央文献出版社 1995 年版。

在是有必要的，不仅不能立即消灭，还要继续发展，这不仅符合马克思主义经典作家的基本理论[①]，也是遵循中国客观事情的必然。

第二，关于价值规律问题。实际上，价值规律和商品生产是分不开的，价值规律的调节着重体现在商品生产和交换上。在改革开放以前，中国共产党不但没有彻底否定价值规律，相反，还想方设法要积极加以利用。1957 年，刘少奇就明确指出，苏联在社会主义经济的计划性和灵活多样性上存在弊端和教训，认为“只是计划调整还不行，还要利用价值规律”；1962 年，《中共中央关于商业工作问题的决定》要求商业工作“应该在国家计划的指导下，按照等价交换的原则，正确地利用价值规律，通过适当的购销形式，促进农业和工业生产的发展，逐步保障城乡居民消费品的供应”，等等。与此同时，学界关于价值规律也有客观论述。1959 年，王亚南在《人民日报》发文认为：“我们的社会主义国民经济是一个整体，我们所有的社会产品，都还要借助于价值、货币、价格，来确定它们所费社会必要劳动量的大小，来确定它们的成本，确定它们相互交换分配的比价。价值规律不在其中发生作用是不成的。”[②] 因此，利用价值规律根本上是服务于如何提高社会生产力这一要求的。

正是得益于旧体制中依然存在的商品生产和价值规律，中国共产党领导全国人民在改革开放上审时度势，不断深化关于商品生产和价值规律对社会主义经济建设作用的认识，逐渐创新发展了社会主义基本经济制度，因此也可以说，改革开放的历史就是社会主义与市场经济相结合的探索历史，这又可以分为三个阶段。

（1）1978—1992 年。党的十一届三中全会提出，要把全党的工作重心转移到社会主义现代化建设上来，并及时实行改革开放，同时启动具有深远意义的农村改革，在此过程中，中国人不断打破思想禁锢，经历了三次调整。首先是摒弃将计划与市场完全相对立的错误观念，打破过去高度集权的计划经济模式，形成“计划经济为主、市场经济为辅”的第一次

---

① 党的八届六中全会的决议符合马克思主义经典作家的理论。恩格斯在《共产主义原理》中关于“能不能一下子就把私有制废除”时说，“不能，正像不能一下子就把现有的生产力扩大到为实行财产公有所必要的程度一样。因此，很可能就要来临的无产阶级革命，只能逐步改造现今社会，只有创造了所必需的大量生产资料之后，才能废除私有制”。这充分说明，无产阶级政党执政后，还需要对商品生产给予一定的空间。

② 《王亚南文选》第一卷，人民出版社 2007 年版，第 195 页。

调整，这次突破具有重要意义，承认了商品生产和价值规律对中国经济建设的合理性。其次是进一步大胆创新。1984 年，党的十二届三中全会通过《中共中央关于经济体制改革的决定》，并在历史上第一次提出“社会主义经济是在公有制基础上的有计划的商品经济”，这实际上重新界定了社会主义经济的基本内涵。最后是1992 年党的十四大明确提出：“我们要建立的社会主义市场经济体制，就是要使市场在社会主义国家宏观调控下对资源配置起基础性作用，使经济活动遵循价值规律的要求，适应供求关系的变化。”① 社会主义与市场经济相结合的争论在党内第一次明确定调。

（2）1993—2012 年。社会主义市场经济确立后，我们党又在制度层面上经历了多次尝试和改革，包括“发挥市场在资源配置和结构调整中的基础性作用”“更大程度发挥市场在资源配置中的基础性作用”等。

（3）2013 年至今。党的十八届三中全会做出全面深化经济体制改革的部署，并指出“市场在资源配置中起决定性作用，更好发挥政府作用”。

我国的改革开放根本上是就如何进行商品生产、如何运用价值规律来促进经济发展进行的改革开放，集中表现在对非公有制经济的态度转变上。事实证明，中国特色社会主义市场经济不可能脱离商品生产和价值规律的一般性，而非公有制经济在商品生产和发挥价值规律上比公有制经济更有优势，因此，中国共产党在党的重要会议和文献中逐步调整了非公有制经济政策，这是在社会主义制度条件下对商品生产和价值规律的进一步发展。根据马克思主义经典作家理论，资本主义生产关系下的商品生产和价值规律是为资本逐利服务的，在社会化大生产发展的高级阶段，会衍生出向社会主义过渡的经济组织，比如农业上的合作社、工业企业上的股份制，等等②；在社会主义制度下，商品生产和价值规律并非完全遵循资本逐利原则，还需要接受监督和领导，大局上要服从于人民发展需要，因此，非公有制经济有助于推动社会主义社会的生产力提升。综上所述，商品生产和价值规律调节理论是我国进行对外开放的基础理论支撑，它着重回答了我国建设开放型经济的内部条件。

---

① 《十一届三中全会历次党代会　中央全会报告　公报　决议　决定》，人民出版社 2015 年版，第 445 页。

② 马克思在《资本论》第三卷第二十七章对股份公司进行了详细分析，认为这是资本主义生产关系随着生产力发展而进行的自我扬弃。

二 分工与比较优势：中国经济开放的理论借鉴与创新

建设开放型经济体系，说明经济“域场”相对扩张，在商品生产条件下表现为市场范围增大，既受商品生产和交易的“量”的约束，也深刻反映了商品生产和交易的“质”及“种类”的提升，归根结底，都与分工直接相关，具体又包括产业内分工、社会分工、国际分工等。经济思想史的发展确证了分工与经济开放之间的逻辑关系，只是两者之间还存在着桥梁，不同学者对这一问题形成了诸多理论，其中绝对优势理论、比较优势理论、要素禀赋理论、产业内贸易理论、国家竞争优势理论等影响颇为深远，但总结来看，20 世纪以来的国际贸易理论基本上都是比较优势理论的拓展版。亚当·斯密在《国民财富的性质和原因的研究》中详细地论述了分工的基本内涵和对社会经济发展的影响，然而，分工理论在他的思想体系中只是一个中介环节，用以连接劳动生产率和资本积累的传导，从而解释国民财富性质和原因，其积极意义在于解释了分工对劳动生产率提升的作用，并构建了绝对优势理论。大卫·李嘉图同样基于分工理论，从不完备的劳动价值论中改写了亚当·斯密的国际交换原则，形成了比较优势理论，认为国家在开放过程中通过生产和交换本国具有相对优势的产品，同样能提升国家利益。

马克思生前没有完成国家经济开放理论写作，他本打算在其六分册计划的第五分册“对外贸易”和第六分册“世界市场”来专门阐述，尽管如此，马克思还是提出了许多零散观点，比如他在《哲学的贫困》中提出，“由于机器和蒸汽的应用，分工的规模已使脱离了本国基地的大工业完全依赖于世界市场、国际交换和国际分工”①，显然，马克思也是从分工视角出发来探讨国家经济开放。但与古典经济学不同，马克思运用历史唯物主义和辩证唯物主义方法，第一次区分了劳动和劳动力的概念，从而创立了科学的劳动价值论，并从企业、产业、社会、国家和国际等多维度研究分工问题，将开放型经济的基本原因归类于一般性和特殊性两个层

---

① 《马克思恩格斯文集》第一卷，人民出版社 2009 年版，第 627 页。

次，这对我国经济实践具有重要价值。实际上，我国改革开放确实也是在借鉴了比较优势的合理成分基础上，以马克思主义思想为指导进行的。

首先，分工对开放型经济体制前期经济成果的作用。从新中国成立后到改革开放前的中国社会经济状况来看，我国在共产党的领导下，按照马克思主义政治经济学关于两大部类平衡生产理论，建立了独立的且比较完整的工业体系和国民经济体系，这是在新中国成立后经济一穷二白的基础上和在中央高度计划指令下完成的，它深刻地反映了经济中的分工元素。① 分工自身是一个动态发展的过程，既取决于已有生产力的积累，也受制于上层建筑的反作用。前面已经指出了生产技术对分工的影响，实际上，分工和市场范围确实也存在着不可割舍的关系，无论是产业上优先发展重工业，还是区域上的“三线”建设，这些顶层设计自觉或不自觉地已经无不蕴含着拓展市场的客观情况，因此，正是从这个意义上说，没有合理的分工便不会形成平衡发展。

其次，从单一因素看比较优势理论对我国开放型经济体系的合理影响。改革开放后，我国经济发展策略和思维方式发生了转变，不仅注重本土经济分工，而且积极研究国际分工。中国共产党根据国内外市场形势和历史，总结国家对外经济交往的一般经验，着重对比较优势进行了深入研究。如果从单一因素占比来看，本文认为，我国开放型经济体制总体上可以分为四个阶段：

第一，“以市场换技术”。邓小平在 1983 年明确指出：“中国是一个大的市场，许多国家都想同我们搞点合作，做点买卖，我们要很好利用。这是一个战略问题。”② 这里说得很明白，市场优势是我国有自信进行开放的关键，正是基于此，“以市场换技术”成为 20 世纪 80 年代较为盛行的对外政策，这颠覆了过去计划经济时代的策略思维。开放前，我国对外经济政策基本上是“以出口促进口”“以商品换技术”，比如，1975 年，邓小平同志在国务院讨论国家计委起草的《关于加快工业发展的若干问题》时的谈话指出：“要进口，就要多出口点东西……要千方百计地增加出口……还可以考虑同外国签订长期合同，引进他们的技术装备开采煤矿，用煤炭偿付。”“要争取多出口一点东西，换点高、精、尖的技术和

① 在这段时期，中国对外经济交往规模不大，而且对外经济关系与世界政治格局密切相关，因此，我们着重考虑国内经济发展，浮夸风、大跃进等问题本文不作考虑。

② 《邓小平文选》第三卷，人民出版社 1993 年版，第 32 页。

设备回来，加速工业技术改造，提高劳动生产率。”① “以市场换技术” 是我国开放首先展示出来的比较优势。

第二，“以成本换技术”。随着我国经济活力的迸发，生产要素劳动力市场逐渐活跃起来，而在相当长一段时间内，劳动力廉价成为世界跨国公司，特别是制造业企业进驻中国的重要原因，除此之外，在税收、基础设施等方面也给予非常丰厚的回报，这种开放特征被称为“以成本换技术”，它占据了我国开放 30 余年时间，在新千年以后，中国劳动力成本逐渐上涨，此时成本比较优势缓慢褪去，一些跨国公司向东南亚国家转移。“以成本换技术”是我国开放过程中长期占据主导地位的比较优势。

第三，“以资本换技术”。在社会主义市场经济建设和改革过程中，包括公有制资本和非公有制资本在内的一些国内资本积极利用长时期的宽松政策和其他有利机会，经历了优胜劣汰的激烈竞争，初步完成了资本积累，并且已经较好地控制和驾驭了国内技术，由此将视线转向国际技术，这突出表现在对外兼并、收购等。我国对外兼并和收购早期是以公有制资本为主导，当前一些非公资本和混合资本充当主要力量，这通常被称为“以资本换技术”，它是我国改革开放相对成熟时期和相对稳定时期表现出来的比较优势。

第四，“以技术换市场”。中国经济开放在引进国外技术过程中，通过学习和模仿创新，及时消化它们，转为我用。另外，国家每年大量投入人力、物力、财力进行科技研发，大力实施创新驱动发展战略，使我国成为世界上技术研发应用前列，党的十九大报告指出：“创新型国家建设成果丰硕，天宫、蛟龙、天眼、悟空、墨子、大飞机等重大科技成果相继问世。”② 中国技术引起世界高度重视，本土技术向国外市场进军成为常态，其中，高铁技术成为争夺海外市场的典型，中国在经济开放中的比较优势已经化被动为主动，“以技术换市场”是我国改革开放进入新时代后的比较优势。

最后，中国从综合分析出发改写与创新比较优势理论。我国对外经济开放之所以取得成功，并是不简单地得益于单一因素的比较优势理论，而是结合地域、生态、人口、历史、文化等整体性因素进行系统探索的统筹谋划，在同一历史时期，市场、成本、资本、技术都是并存的。比如，东

① 《邓小平文选》第二卷，人民出版社 1994 年版，第 29 页。

② 习近平：《决胜全面建成小康社会　夺取新时代中国特色社会主义伟大胜利——在中国共产党第十九次全国代表大会上的报告》，人民出版社 2017 年版，第 3 页。

北地区从经济建设早期一直到20世纪末，在我国经济开放格局中都占据重要地位，不仅仅因为“共和国长子”和重化工业技术的因素，同时丰富的自然资源也为农林业增添了巨大的对外经济贸易利润；再如，通过国家集中统一资源建设起来的深圳，在之前是个小渔村，毫无比较优势，其对外开放的窗口的荣誉完全来自中国智慧的建构。显然，那些从无到有、内生于社会主义制度自我演化出来的因素是无法用李嘉图式的比较优势理论解释的，如果我们把视野定格在党的十八大以来的这五年，更容易理解这个事实。众所周知，2008年世界经济危机以后，我国贸易外部环境严重恶化，按照我国加入世界贸易组织的约定，我国理应在2015年自动获得市场经济地位，但是，美国、欧盟、日本等西方发达国家拒绝承认，西方右翼势力甚至与世界发展主流趋势相悖而行，在这种格局下，我国对外经济依然保持了稳中向好的态势，不断提出新的国际经济交往义利观，这完全可以称得上是对比较优势理论的改写和扬弃。

三 经济全球化：中国经济开放的外部生态

对外开放是开放主体和外部环境客观统一的过程，缺少任何一方都是不完整的。我国在20世纪70年代末决定实行对外开放固然有内部诸多原因，但是，经济全球化和世界一体化也着实为我国经济开放提供了客观的外部环境。

经济全球化和世界一体化过程中的国家经济关系可分为被动殖民和主动合作两种类型。首先，在16世纪中叶的重商主义信条指导下，西班牙、葡萄牙、荷兰、英国、法国等相继开启了殖民掠夺，特别是在发现北美新大陆、绕过好望角到达东方国度等重大历史事件后，整个世界的贸易版图逐渐清晰了。西方国家确立资产阶级政权后，表面上看，改变了封建时代的兵舰掩护下的贸易，转向以商品交换为主要形式的经济往来，但资本主义制度主导下的全球经济关系是更加不平衡的，同样具有殖民性质。特别是20世纪中叶，世界上掀起了民族国家寻求独立、摆脱西方控制的浪潮，总而言之，这四百年时间里全球经济虽然有往来，但其本质特征是殖民性。其次，第二次世界大战以后，布雷顿森林体系成为主导资本主义体系的核心，其主要内容与经济全球化和世界一体化是紧密相关的，包括外汇自由化、资本自由化和贸易自由化，该体系一直维系到 20 世纪 70 年代初，因为美元危机和日益加剧的经济危机，它最终被牙买加体系所取代，但是，经济全球化和世界一体化的进程却是大大提升及加快了。随着以信息化为典型特征的第三次工业革命深入发展，全球经济互联互通更加迅猛，地球村的概念已经达成共识。由于这个时期的对外经济关系绝大多数是以主权国家为主体的，所以，合作性是最大的特征，尽管它依然充满了不平等。比如，劳尔·普雷维什的“中心—外围理论”（又称依附理论）充分解释了国际资本和本土资本联合的影响，虽然短期有助于增长，但长期却使落后国家处于不利地位。再如，伊曼纽尔·沃勒斯坦提出“世界体系理论”，他从 16 世纪以来的长周期进行考察，认为民族国家并非社会变迁的基本单位，世界一体化才是贯穿整个过程的唯一实体。实际上，依附理论和世界体系理论并不矛盾，后者在范围上覆盖了前者，将殖民型和合作型统一于世界一体化的理论之中。

经济全球化和世界一体化必然离不开古老的中国。封建王朝时期，中国的经济总量长期处于世界领先地位，中国自古以来就重视和外国通商贸易，最为著名的表现就是开辟了“陆上丝绸之路”和“海上丝绸之路”，打通了东西方贸易，两种文明互相交织、渗透，极大地促进了全球经济的融合。经济全球化和世界一体化也必然离不开现代的中国。第二次世界大战以后，中国不仅成为联合国常任理事国，并且在一些重要的国际组织中都扮演了重要角色，比如，中国是国际货币基金组织和世界银行的创始国，2001 年中国加入世界贸易组织。近十年以来，中国在经济全球化中积极转变了角色，从过去被动适应转向主动适应，再从主动适应转向积极引领，为推动世界经济发展提供了积极力量。比如，中国“一带一路”倡议得到众多国家支持，并正在成为重塑全球化格局的“领头羊”，亚洲基础设施投资银行极大地提升了区域经济基础设施建设，在东南亚经济联盟、上海经济合作组织等经济组织中发挥着重要作用。

中国曾在一段时间内实行闭关锁国政策，致使科学技术和经济发展与世界脱节严重。1978 年，邓小平会见德意志联邦共和国新闻代表团时指出，要实行开放政策，学习世界先进科学技术。“关起门来，故步自封，夜郎自大，是发达不起来的。”① 回顾历史，闭关锁国显然违背世界发展

① 《邓小平文选》第二卷，人民出版社 1994 年版，第 132 页。

的一般趋势，而今，经济全球化早已走过早期“粗放型”表现，呈现出越来越“精细化”的特征。如果说中国在改革开放初期是受益于贸易自由化和生产国际化，那么当前则是积极利用资本全球化和科技全球化来重新改写世界一体化的秩序，这种趋势日益明显，世界其他各国对中国资本和技术的渴求也越来越多。

当前经济全球化和世界经济一体化遭遇到了一些困境，特别是美国作为世界第一大经济体，在长期奉行贸易自由化政策后开始转向，特朗普执政后不仅在第一时间否定国际多边经济谈判组织《跨太平洋伙伴关系协定》（TPP），而且公然实施贸易保护和逆全球化政策。同时，美国通过强力度减税和加息等宏观经济政策来诱使国际资本回流，对当前的全球经济合作和一体化格局产生一定的“硬着陆”冲击。但是，我们认为，美国政府的经济决策是不符合世界历史发展主流趋势的，也不会改变经济全球化和世界经济一体化的前进方向。一方面，全球经济合作日益呈现出全球范围内的双边、多边和区域往来，这种“化大为小”的方法有效地减缓了一个或者少数几个国家政策动荡产生的负面效应；另一方面，广大发展中国家和新兴市场国家的经济合作不断增强，“南南合作”“金砖国家”合作已经取得巨大成效，对世界经济增长的贡献达到历史新高。因此，中国开放型经济建设有充分的外部生态，这是我们得以持续并进一步推动全面开放新格局的又一个基础条件。

四　中国开放型经济体制的创新发展

由前所述，中国开放型经济体制建设和发展完全有理论上的支撑，逻辑是自洽的，时机是成熟的，条件是充分的，这为开放取得实际成效提供了可能，但真要转化为现实，还需要在战略上做好部署安排。尽管对外开放是一个“摸着石头过河”的历程，但它并不是杂乱无章的，而是有步骤、有层次、有规律的探索。改革开放前 15 年，关于开放什么、怎么开放的问题，我们并没有可靠的案例可循，党内外经历了长时间讨论。1978 年，邓小平在中共中央工作会议闭幕会上发表了《解放思想，实事求是，团结一致向前看》的讲话，其中明确提出：“在全国的统一方案拿出来以前，可以先从局部做起，从一个地区、一个行业做起，逐步推开。”① 经过十余年时间的经验积累，最后邓小平在“南方谈话”中提到：“不争论，大胆地试，大胆地闯。”② 为重新布局经济提供了一颗定心丸，自 20 世纪 90 年代初以来，虽然我们对外经济开放遇到了两次较为严重的挫折，但在开放战略上基本没变。

党的十八大以来，我国经济开放取得新成就，特别是在 2013 年首度超过美国，成为世界第一大贸易国，同时，我国经济发展进入新常态，国内国际环境都已经与过去大不相同。从国内来看，增长速度换挡期、结构调整阵痛期、前期刺激政策消化期三期叠加，供给侧结构性改革还在逐步推进，“三去一降一补”对产业结构升级产生显著影响，这些都改变了对外经济开放的格局；从国际来看，西方国家还在经济危机的泥沼里挣扎，资本主义主导的世界贸易体系面临着多重矛盾和冲突，但是，全球人民谋求幸福的诉求没有变，经济全球化依然是时代潮流。基于此，党的十九大报告提出，推动形成全面开放型格局的实践创新要求，具体表现在以下三个方面：

第一，以“一带一路”建设为重点。“一带一路”倡议是习近平总书记在 2013 年提出的，提出的大背景包括两个方面：一是全球经济持续低迷，世界经济发展结构性问题非常突出，生产要素和商品流通在不同国家和区域之间还存在许多隔阂及障碍；二是全球范围内贸易不平衡日益加剧，资本主义体系主导下的贸易规则和义利观还存在许多缺陷，主要经济体之间贸易互信不足，区域经济恶性竞争和保护主义抬头。“一带一路”倡议的根本目的是要增强经济体之间互信互助、互联互通，形成融合联动发展的人类命运共同体。截至 2017 年年底，已经有 100 多个国家和经济组织积极响应及加入，经济成效十分显著，充分彰显了中国智慧、中国方案推动经济全球化发展的重要意义。商务部数据显示，2017 年前 11 个月，我国与沿线国家贸易额达到 9830 亿美元，我国企业在“一带一路”沿线 61 个国家新签对外承包工程项目合同 6201 份，新签合同额 1135. 2 亿美元，占同期我国对外承包工程新签合同额的 54. 1%，同比增长 13. 1%；完成营业额 653. 9 亿美元，占同期总额的 48. 7%，同比增长 6. 1%。③ 毫无疑问，“一带一路”倡议顺应了时代发展潮流，得到世界认

① 《邓小平文选》第二卷，人民出版社 1994 年版，第 150 页。
② 《邓小平文选》第三卷，人民出版社 1993 年版，第 374 页。
③ 资料来自中华人民共和国商务部合作司。

可，2017 年，“一带一路”国际合作高峰论坛成功召开便是最好的证明。

在新时代，我国重点建设“一带一路”还面临着不少问题。从国内来看，区域经济发展不平衡不充分，因此，参与“一带一路”建设的机会和资源配置能力存在较多矛盾，企业“走出去”和企业“引进来”之间还没有形成良性互动，对外贸易和对外投资的产品结构面临转型升级，服务性贸易格局还有待进一步打开等；从国际来看，一些国家和地区对“一带一路”倡议还存在不少误解，国家历史文化差异与经济发展水平产生阻碍，外部不确定风险防范难度较大，等等。对此，我们需要做好以下几个方面工作：一是通过“一带一路”倡议倒逼和促进国内经济相对落后地区的改革。40 年历程表明，但凡能够积极主动适应和参与开放的地区，在经济发展活力、制度建设、技术合作等问题上都取得了明显成效，反过来，这又强化了它们进一步融入开放的能力。二是通过“一带一路”倡议在世界经济格局深度调整中更加把握主动权，要转变经济开放观念，树立正确义利观，通过共商、共建、共享，既维护中国利益，又促进他国发展。同时，在贸易摩擦上也要更加掌握主动权，特别需要深入研究国际贸易规则中的漏洞，培养为我所用的国际法相关专业人才，从原来的被动局面向主动攻守结合转变。三是通过完善立法、建立健全监管体制，谨防外部不确定性风险进入我国，维护国家经济安全，特别是要在金融方面下硬功夫，既要合理开放利率市场，同时也要加强利率汇率市场多层次多级别防火墙建设，不能一味地贸然实行完全的利率市场化和自由化。四是坚持“引进来”和“走出去”并重发展。通过政府税收政策、银行授信、自由贸易区等多方面措施，积极扶持优秀企业“走出去”，培养一批具有世界竞争力的一流企业，一方面，要着重提升国有企业的投资能力和盈利水平，对投资领域做好审慎研判；另一方面，要积极鼓励民间资本转向国际市场，在融资政策上给予灵活调整；同时，还要支持技术先进、产品质量过硬、管理经验先进的企业进入中国，通过外商直接投资拉动地方经济发展，有效地利用外资和外资企业，提升人民多样化、多层次、多方面需求，满足人民对美好生活的向往。

第二，加快培育新优势。当今世界科技变化日新月异，新技术革命对世界经济格局产生了重大影响，不仅提升了一个国家产品和服务贸易的附加值，而且极大地改变了全球贸易组织和形式，创新日益成为国家对外经济活动的主导因素，正是基于此，党的十九大报告指出，“加强创新能力，开放合作”“创新对外投资方式，促进国际产能合作，形成面向全球的贸易、投融资、生产、服务网络，加快培育国际经济合作和竞争新优势”。经过 40 年的发展，我国传统经济竞争优势已经逐渐消失，随着土地、劳动力的成本不断提高，近两年出现了跨国公司撤出中国现象，企图再依靠市场和成本来释放开放红利显然空间不足，资本推动和技术创新是未来发展的重要优势，因此，要在以下三个方面发力：一是加大科研投入，占据技术高地。利用互联网和第四次工业革命契机，不断打造建设第三方平台，从产品贸易为重转向产品与服务贸易并重，特别是要抓住网络信息技术，增强线上线下融合，大力支持各种专业类的电子商务平台和网络贸易平台，重新打造国际贸易产业链和组织形式，推动跨境电子商务成为外贸新增长点①。二是整合分散优势，化旧为新。在已有基础上进行转型升级，注入人工智能活力，改变传统外贸观念，增强“湾—港—口—区”的互动效应，从而将集装、保税、中转、金融、服务、销售等联系起来，提升贸易效率，推动形成若干个重要的贸易一体化综合示范区。三是深入实施供给侧结构性改革，提高我国对外经济贸易的供给能力，从而有效化解现存产能，有效推动投融资供给方式转变。特别是近年来，中国智慧和中国方案对世界经济格局产生了积极影响。“我国正在培育参与制定国际规则的能力，并已经在国际经济领域开始发起新倡议、新议题和新行动。这标志着我国开始培育自己生产和提供全球公共品的能力。”②

第三，形成陆海内外联动、东西双向互济的开放格局。众所周知，我国的对外开放首先是从东部沿海地区的若干个城市试点开始的，这些城市地理位置优越、经济基础较好，通过开放融入世界分工体系，积极吸收、借鉴、模仿外国技术，为自主创新奠定了必要基础，从而成功地加速经济增长。同时我们也看到，经过 40 年的发展，东部沿海地区的开放领域和能力已经大幅度提升，一些基础产业不再适合本地发展要求，但这些产业对于我国欠发达地区而言仍然具有突出的经济效益和社会价值，因此，如何最大限度地优化产业布局成为难题。党的十九大报告指出，要形成“陆海内外联动、东西双向互济”的开放格局，这是我国开放型经济体制在新时代的重大战略调整，要实现这样的目标，必须做好以下三个方面的

① 金京、张二震、戴翔：《论新形势下我国开放型经济发展战略的调整》，《经济管理》2015 年第 6 期。

② 裴长洪：《中国特色开放型经济理论研究纲要》，《经济研究》2016 年第 4 期。

工作：一是深化体制改革，打破区域壁垒。由于历史和其他因素，我国不同省市和地方还存在着一些不合理的行政干预，导致产品、服务和生产要素的自由流动不顺畅，市场在资源配置中起决定性作用还面临着不少隐性障碍，区域间产业规划雷同、重复建设和恶性竞争较为严重，必须进一步深化体制改革，做好产业因地制宜地转移和承接。二是加强政策引导，集中统一布局。产业布局既要尊重市场经济一般规律，同时也要更好发挥政府作用，科学谋划、统筹规划，做好全国范围内的产业集中统一布局。近些年，《西部大开发“十二五”规划》《促进中部地区崛起规划（2016—2020 年）》相关文件出台极大利好中西部地区经济发展，长株潭国家自主创新示范区、成渝经济圈、喀什综合保税区等显著提升了中西部地区开放效应。三是依托“一带一路”建设，开展多层次多级别多领域合作。“一带一路”建设连接我国东部沿海地区和中西部欠发达地区，是陆海连线和东西双向的典型示范，为中西部地区与沿线相关国家与城市开展经济合作提供了重大机遇。

五　开放型经济体制建设的进一步思考

中国开放型经济体制建设是世界经济史上的一次壮丽探索，在没有案例可寻、没有经验可取的背景下实现了跨越式发展，开放型经济体制取得了举世瞩目的成功，为全球经济发展贡献了中国智慧。从我国 40 年改革开放的基本经验来看，核心是正确处理政府和市场的关系，方法是渐进式改革，突破点是转变经济发展方式，落脚点是以人民发展为中心、实现人的全面自由发展。新时代如何更加稳步推进全面开放型格局的形成、如何将中国方案化成他国发展可借鉴的蓝图还有许多值得进一步思考的问题。比如，中国开放型经济体制建设是怎样体现四项基本原则的？又是如何落实独立自主、自力更生和平等互利的？另外，我国建设全面开放格局还面临不少国际重大挑战。比如，引领全球经济发展，构建人类命运共同体和世界现有体系存在矛盾，地缘政治冲突升级，外部风险频发；国际援助性项目和经济性项目如何权衡？美国、欧盟等拒绝承认我国市场经济地位引发的贸易战等，这些问题都有待进一步研究。

［重大现实问题探析］

从不发达的商品经济到现代化经济体系

——马克思主义政治经济学中国化的三次飞跃

王立胜　周绍东

摘要　马克思主义政治经济学中国化是马克思主义基本原理与中国经济建设实践结合的过程，中国特色社会主义政治经济学是马克思主义政治经济学中国化的重要理论成果。新中国成立后，我国社会形态的演进经历了多个阶段，反映在理论上，马克思主义政治经济学的中国化进程也实现了三次飞跃。第一次飞跃是在过渡时期开展社会主义三大改造，率先调整生产关系，引导生产方式转变并极大地提高生产力水平。第二次飞跃是改革开放以来实现了从计划产品经济体制向社会主义市场经济体制的历史变迁。党的十八大以来，在完善市场经济体制的基础上，推动社会形态向现代化经济体系演进，这是马克思主义政治经济学中国化的“第三次飞跃”。只有从生产力、生产方式和生产关系三个方面协同发力，深化改革，才能有效推动我国社会形态的演进，构建现代化经济体系。

关键词　马克思主义政治经济学　中国特色社会主义政治经济学　社会主义市场经济体制　现代化经济体系　马克思主义中国化

马克思主义政治经济学中国化进程具有阶段性，作为我国社会主义经济建设实践的理论反映，马克思主义政治经济学的中国化进程也实现了三次质的飞跃。从社会形态的演进来看，第一次飞跃是指新中国成立后，通过社会主义三大改造，逐步将新民主主义社会不发达的商品经济改造成为

［作者简介］王立胜，中国社会科学院哲学研究所党委书记、副所长；周绍东，武汉大学马克思主义理论与中国实践协同创新中心研究员。

计划产品经济。第一次飞跃的实践成果是建立了较为完善的工业体系，使我国从一个落后的农业国逐步成为工业国，第一次飞跃的理论成果是构建中国社会主义政治经济学这一任务的提出。第二次飞跃是指改革开放以来，我国社会形态从计划产品经济向商品经济形态的转变，第二次飞跃的实践成果是建立了社会主义市场经济体制，理论成果是中国特色社会主义政治经济学理论的初步形成。第三次飞跃是指党的十八大以来，在不断完善社会主义市场经济体制的基础上，开启了“现代化经济体系”时代，其理论成果是中国特色社会主义政治经济学理论体系的构建和完善。

马克思主义政治经济学中国化的三次飞跃，是马克思主义基本原理与中国经济建设实践结合的产物，是辩证把握“生产力—生产方式—生产关系”唯物史观范式的理论成果，是马克思主义中国化的生动体现。本文首先回顾人类社会形态演进的历史阶段，提出了社会形态演进中呈现出的两条路径，结合新中国成立以来社会主义经济建设实践的展开，分析了马克思主义政治经济学中国化理论飞跃的具体内容，并对社会主义市场经济体制向“现代化经济体系”的演进进行了展望。

一　人类社会形态演进的历史阶段

1883 年 3 月 14 日，伟大的无产阶级革命导师马克思在伦敦逝世。作为对马克思一生的总结，恩格斯指出：正像达尔文发现有机界的发展规律一样，马克思发现了人类历史的发展规律，即历来为繁芜丛杂的意识形态所掩盖着的一个简单事实：人们首先必须吃、喝、住、穿，然后才能从事政治、科学、艺术、宗教，等等；所以，直接的物质的生活资料的生产，从而一个民族或一个时代的一定的经济发展阶段，便构成基础，人们的国家设施、法的观点、艺术以至宗教观念，就是从这个基础上发展起来的，因而，也必须由这个基础来解释，而不是像过去那样做得相反。①

恩格斯的这段话阐明了唯物史观的核心。作为马克思主义的重要组成

① 《马克思恩格斯全集》第 19 卷，人民出版社 1963 年版，第 374—375 页。

部分，政治经济学的根本任务就是要研究“生产方式及其与之相适应的生产关系”。在物质资料生产活动中，劳动者和生产资料是两个必不可少的要素，生产方式即是指劳动者与生产资料结合起来进行生产的方式，这构成了社会形态的基础。马克思主义经典作家以生产方式作为标准，划分了人类社会形态的发展阶段。马克思在《政治经济学批判（1857—1858)》中指出：人的依赖关系（起初完全是自然发生的），是最初的社会形态……以物的依赖性为基础的人的独立性，是第二大形态……建立在个人全面发展和他们共同的社会生产能力成为他们的社会财富这一基础上的自由个性，是第三个阶段。第二个阶段为第三个阶段创造条件。[①] 这表明，人类社会形态演变将经历三个阶段，第一个阶段是自然经济形态，第二个阶段是商品经济形态，而第三个阶段则是共产主义社会的产品经济形态。在自然经济阶段，劳动者与生产资料直接结合，劳动者在经济上自给自足。在商品经济阶段，劳动者与生产资料通过商品和货币关系间接地结合起来，私人劳动还必须通过市场这一中介才能转化为社会劳动。产品经济形态是对自然经济形态的否定之否定，劳动者与生产资料在新的意义上直接结合，私人劳动从一开始就直接成为社会劳动，商品货币关系和市场载体都将消亡，取而代之的是“有计划按比例”配置劳动者和生产资料的新型生产方式。当然，从世界历史的发展进程来看，从商品经济形态向产品经济形态的过渡是一个十分漫长的过程，这有赖于生产力的高度发达和生产关系的深刻变革。

特别需要指出的是，将社会形态划分为三个历史阶段，不同于传统上将人类历史发展划分为五个阶段的做法，这里涉及“社会形态”和“社会经济形态”的区别问题。马克思曾指出：大体说来，亚细亚的、古代的、封建的和现代资产阶级的生产方式可以看作是社会经济形态演进的几个时代。[②] 在这里，马克思认为，人类社会经济形态演进一般要经过原始社会、奴隶社会、封建社会、资本主义社会以及未来社会五个阶段，进行这种划分的主要依据是生产关系差异特别是生产资料所有制差异，也就是说，社会经济形态更多的是指社会形态在经济方面的特征，而社会形态则是包含了经济因素在内的社会总体形态，两者是具有本质差别的，也正因为如

① 《马克思恩格斯全集》第 46 卷（上），人民出版社 1979 年版，第 104 页。

② 《马克思恩格斯全集》第 13 卷，人民出版社 1998 年版，第 9 页。

此，社会形态的发展阶段与社会经济形态的发展阶段也不是一一对应的。[①]

二 社会经济形态演进的两条路径

长期以来，作为唯物史观的核心范式，生产力与生产关系两者之间的互动关系未能得到有效揭示，其关键问题在于在社会形态演进的过程中，其路径究竟是由生产力率先启动，进而推动生产关系变革，还是可以率先变革生产关系进而促进生产力发展呢？社会形态是生产力、生产方式和生产关系三者的综合体，“生产力—生产方式—生产关系”呈现出两条社会形态演变的路径。第一条路径为：生产力进步—生产方式（一般）变革—职群分裂—生产关系演进；第二条路径为：生产关系演进—阶级分化—生产方式（特殊）变革—生产力进步。第一条路径和第二条路径的最根本区别在于：在第一条路径中，生产力是率先发生变化的，而在第二条路径中，生产关系率先发生变化。

（一）社会形态演变的第一条路径：从生产力到生产关系

社会形态演变的第一条路径是以生产力本身的进步和跃升作为起点的，生产力水平的提高体现在劳动者自身素质、劳动工具改善以及劳动对象本身质量的提高等多个方面，但这些因素的独立变动都无法实现生产力进步，换言之，生产力进步的直接后果是改变劳动者与生产资料的结合方式，即生产方式（一般）变革。

当生产方式（一般）发生变革时，其直接后果便是社会分工程度的提高，这将造成职业群体数量的增多。可以将这种由生产方式（一般）决定的分工群体称为“职业群体”，也即由于从事同一种职业而聚集和组织起来的群体。[②] 即使不考虑分工与生产资料所有制之间的关系，纯粹的

---

① 我们也注意到，在2012年新版的《马克思恩格斯选集》中，“社会经济形态”这一概念已经被修改为“经济的社会形态”，这就更为清楚地表明“社会形态”和“社会经济形态”两者具有本质差异了。

② 涂尔干将这种职业群体又称之为法人团体。他对职业群体寄予厚望，认为职业群体的建立和完善将成为解决现代社会各种失范现象的重要组织形式，并有助于社会的“有机团结”。但本文借用“职业群体”这一概念，仅仅是出于界定这一范畴的方便起见，并不打算探讨其在社会学领域中的深刻含义。参见涂尔干《社会分工论》，渠东译，上海三联书店2013年版，第17—22页。

技术上的分工深化、广化以及职业群体的增多，也会导致生产力水平的提升。一方面，由于分工不断深化，产品生产的工序和步骤增加，某些工序和步骤甚至独立出来成为新的产业，而这种专业化程度的提高，将有效地提高劳动熟练程度，也能够催生更为专业化的生产资料（主要是生产工具）。另一方面，由于分工不断广化，直接衍生出新的产业部门和职业门类，这将与消费需求形成协同互动作用，进一步提高劳动生产率。

（二）社会形态演变的第二条路径：从生产关系到生产力

在社会形态演进的研究过程中，一个长期以来得不到准确解答的问题是：生产力与生产关系之间是不是仅存在“作用—反作用”的关系？如果两者仅仅是这样的关系，那么，推动社会形态研究的“第一推动力”必然是生产力进步。然而，在很多社会形态演进的历史案例中，推动社会变革的“第一”动力都来自制度变革，换言之，在生产力与生产关系的互动过程中，在很多情况下，生产关系是先动并且“独立于”生产力运动的。也就是说，在社会形态演进过程中，还存在着一条“生产关系演进—阶级分化—生产方式（特殊）变革—生产力进步”的路径。

以资本主义生产方式的产生和发展为例，18—19 世纪的资产阶级革命建立起现代资本主义国家，通过立法将私有产权作为“天赋人权”确立下来，解除了封建王权对个人产权的威胁。在此基础上，社会日益分裂为资产阶级和无产阶级两大对立阶级，而这种阶级分化在物质资料生产过程中表现得尤为明显。马克思指出，资本主义生产方式的特殊性可以被总结为三个方面：第一，生产活动是通过资本这一纽带得以进行的，资本所有者通过购买劳动力和生产资料，在一个特定的空间和时间范围内展开生产活动。第二，劳动者与生产资料相结合的生产过程受到资本所有者的严密监督，劳动者采用何种方式与生产资料结合起来进行生产，这个活动是处于资本所有者的严密监督和控制之下，劳动者在生产过程中并不拥有自由。这种监督和控制往往被视为“管理劳动”，资本所有者也可以雇用管理工人来执行这一活动。第三，资本主义生产过程结束后，资本所有者掌握收入分配的主动权，换言之，资本所有者拥有生产的所有成果，工人获得的工资收入，只是作为资本再生产的附属品和必要条件而存在的，劳动力的再生产必须服从于资本再生产。

资本主义生产方式（特殊）的形成，极大地提高了生产力水平。首先，由于劳动力和生产资料通过资本纽带被集中在特定空间和时间进行组合及搭配，生产过程可以通过分工和专业化操作得以优化，而劳动力和各种生产资料可以根据生产的需要在最佳时机投入使用，相对于分散的手工业和小农经济而言，这是资本主义生产方式的巨大优势所在。其次，对劳动过程的监督和控制也有利于劳动效率的提高。资本所有者及其雇用的管理层研究劳动过程的特点，要求劳动者通过减少低效动作，提高劳动的实际强度。无论是以流水线为表现形式的福特制，还是“柔性生产”“精益生产”等后福特制生产方式，都是以提高劳动监督和控制力度为前提的。最后，资本所有者通过设计各种差异化的工资形式和收入模式，达到控制和激励劳动者生产活动的目的。比如，计件工资相对于计时工资就具有更强的激励作用，而绩效工资、长期期权和股权分工更是加强对劳动者控制并提高劳动生产率的收入分配模式。

相对于社会形态演进第一条路径的理论逻辑而言，第二条路径更接近于历史逻辑。在社会形态演进的革命时期，往往都是由新兴阶级夺取国家政权，通过改变阶级构成的方式，调整劳动者与生产资料的组合和搭配，由此提高生产力水平以巩固新兴政权。对社会形态演进第二条路径的探讨分析，有利于我们破除生产力的“一元决定论”，对历史唯物主义原理形成更为完整的认识。

三　马克思主义政治经济学中国化的理论飞跃

理论来源于实践，进而指导实践。20 世纪以来，世界社会主义运动的发展历程，不仅印证了马克思主义有关人类社会形态演进趋势的理论判断，同时又对理论提出了进一步修正和完善的要求。具体到中国的社会主义经济建设实践，在马克思主义政治经济学中国化过程中，曾出现两次重大理论飞跃，目前正在经历“第三次飞跃”。

（一）第一次飞跃：社会主义改造推进生产关系先行调整

新中国成立后，面对极其落后的社会生产力状况，中国共产党领导了对农业、手工业和资本主义工商业的社会主义改造，建立起生产资料公有制。这一制度变迁为计划经济体制的建立提供了基础，极大地提高了生产力水平，使我国在较短的时间内建成了较为完整的工业化体系。在这一阶段，中国社会形态发生的深刻变化在于：旧中国极不发达的半自然经济

（半商品经济），一举跨越至高度集中的计划经济体制。在社会主义改造完成后，在绝大多数经济领域，都开始采用直接的指令性计划配置劳动力和生产资料。生产关系改造引领生产方式变革的一个经典案例是，通过农业的社会主义合作化改造，土地的规模化经营水平大幅提高，这就向工业提出了大量产品需求，有效加速了工业化进程。

在生产力极其落后的条件下，建立起先进的生产关系，通过生产关系变革引领生产方式变迁，这是运用马克思主义基本原理并使之与中国国情相结合的伟大创举，是马克思主义政治经济学中国化的“第一次飞跃”。在这一时期，以毛泽东《论十大关系》和《关于正确处理人民内部矛盾的问题》的发表为标志，中国共产党及理论界在学习借鉴苏联政治经济学范式的同时，也开始逐步探索符合中国实际国情的经济建设道路，特别是在学习《苏联社会主义经济问题》《政治经济学教科书》的过程中，对其中不符合中国国情的理论判断提出了质疑并进一步深入探讨，逐步破除了对苏联政治经济学范式的绝对迷信。从这个意义上说，马克思主义政治经济学中国化的“第一次飞跃”，主要成果是提出了构建“中国特色社会主义政治经济学”这一重大理论任务。

（二）第二次飞跃：从计划产品经济到社会主义市场经济体制

中国的社会主义事业是在特有的半封建半殖民地国情基础上进行的，具有其自身的独特属性，但也缺乏可资借鉴的经济建设经验。表现在理论上，在 20 世纪五六十年代，我们对社会形态演进规律的把握还不准确，主要是片面地夸大了生产关系变革引领生产方式变迁的力度。在实践中，急于启动商品经济形态向产品经济形态的过渡，表现在生产方式选择上，采用全局性的指令性计划来实现劳动者与生产资料的结合。事实表明，这种做法不符合当时的生产力发展水平，直接的指令性计划尽管在推动重工业和国防事业发展方面取得了重大成就，但也暴露出信息传导不通畅、激励机制不合理和中央地方关系不协调等诸多问题，加之这一时期政治运动的冲击，社会主义经济建设一度陷入困境。

改革开放以来，中国共产党领导全国人民，重新审视我国生产力水平和经济发展阶段，确立了我国仍将长期处于商品经济形态的理论判断。在生产方式选择上，摒弃了单纯采用指令性计划配置劳动力和生产资料的做法，而是推动商品货币关系和市场载体的发展，实现了马克思主义政治经济学中国化的“第二次飞跃”。改革开放 40 年的实践表明，这种以商品经济形态为基础、市场调节为导向的生产方式选择，不仅适应了生产力发展的要求，同时也有效地促进了生产关系调整，公有制占主体地位、非公有制蓬勃发展的社会主义基本经济制度得以建立并不断巩固。

马克思主义政治经济学中国化的“第二次飞跃”表明，社会形态的演进，是两种动力协同发挥作用的结果，表现为两条路径的融合。第一种动力是生产力本身水平提高，客观上要求生产方式进行相应改变，进而诱发生产关系调整，这条社会形态演进路径决定了商品经济形态是不能跨越的发展阶段，特别是对于中国这一类生产力水平还不高的发展中经济体而言更是如此。第二种动力来自生产关系调整，这条路径表现为生产关系调整引领生产方式演进和生产力水平提高。当然，两条社会形态演进路径不是完全割裂的，而是交叉融合、协同作用的关系。马克思主义政治经济学中国化的“第二次飞跃”，正是建立在重新认识两条社会形态演进路径辩证关系的基础上，从而实现了改革开放 40 年以来的“中国奇迹”。

特别需要明确的是，中国特色社会主义政治经济学是马克思主义政治经济学中国化的重要理论成果之一。马克思主义政治经济学中国化第一次飞跃提出了构建中国特色社会主义政治经济学体系这一重要的理论任务，马克思主义政治经济学中国化第二次飞跃奠定了中国特色社会主义政治经济学体系的基本原则和主要内容。

四　社会形态的演进方向：现代化经济体系

伴随着生产力水平的提高和新科技革命的兴起，社会形态演进的步伐不断加快，而商品经济形态不可能是这一过程的终点。市场经济体制在运行中暴露出的种种问题，迫切需要在实践中加以解决，社会主义市场经济体制如何进一步发展，也迫切需要在理论上取得突破。党的十八大以来，中国共产党把马克思主义政治经济学基本原理与社会主义经济建设的最新实践相结合，极大地丰富和完善了中国特色社会主义政治经济学理论体系，标志着马克思主义政治经济学的中国化进程正在经历“第三次飞跃”。

党的十九大报告指出，我国经济已由高速增长阶段转向高质量发展阶段，正处在转变发展方式、优化经济结构、转换增长动力的攻关期，建设现代化经济体系是跨越关口的迫切要求和我国发展的战略目标。如何准确理解和把握“现代化经济体系”的深刻内涵，在实践中自觉推动现代化经济体系的构建，已经成为摆在理论界和实务工作者面前的重大课题。

推动社会主义市场经济体制向现代化经济体系演进，是第三次理论飞跃的标志性成果之一。作为商品经济形态的实现形式，市场经济体制通过商品货币关系和市场载体对劳动者和生产资料进行配置，进而展开物质资料生产活动。社会形态是生产力、生产方式和生产关系三者的统一，生产力是指一般意义上劳动者与生产资料的结合方式，而生产关系是指在特定的生产资料所有制条件下劳动者与生产资料的结合方式。因此，要实现市场经济体制向现代经济体系的飞跃，就必须推动生产方式在一般和特殊双重层面上的演进。

（一）生产力层面：深刻领会新科技革命背景下的技术走向

劳动者和生产资料是生产力的两个要素，仅从生产力自身来说，要提高生产力发展水平，无非从提高劳动者素质和生产资料质量两个方面着手。从劳动者素质来看，我国目前劳动者素质呈现出结构性失衡状况，主要表现在高端人才和基层技术工人的双重短缺，这就需要我们转变教育发展思路，在培育科技精英的同时，大力发展职业教育，既要集中优势资源推动少数重点高校、科研院所、拔尖学科的发展，又要从根本上转变职业教育低人一等的观念，塑造规模化、专业化的技术工人队伍。

从生产资料质量来看，当前新科技革命的本质仍然是知识革命、信息革命，其核心特征是知识、技术和信息日益成为重要的生产资料。从引导社会形态发展的角度来看，商品货币关系的存在和市场经济的发展，内在根源在于人类无法掌控供给、需求的准确信息，只能通过市场试错的方式交换私人劳动。从这个意义上说，一旦知识和信息真正成为公共产品，人类可以在共享知识和信息的条件下逐步缩小市场作用的范围，从而把社会形态推向更高的层次。为此，应突破制造业、服务业的二元思维，坚定不移地推动工业信息化、农业信息化，适应和把握新一代信息技术发展的方向，提高掌控市场和管理企业的信息处理能力。

（二）生产方式层面：通过多种途径优化劳动者与生产资料的配置

从生产方式的演进方向来看，要通过多种途径优化劳动者与生产资料的配置。改善产业结构，处理好劳动者和生产资料在产业间的配置问题。党的十九大报告提出，要构建以实体经济、现代金融、科技创新和人力资源为核心的现代产业体系。在这其中，需要着重处理好实体经济与现代金融、科技创新和人力资源两对关系。一方面，需要在实体经济部门和虚拟经济部门合理配置劳动力和生产资料，既要鼓励现代金融业态发展，又要抑制金融风险，维护金融稳定，并推动更多的资源进入实体经济，夯实国民经济基础。另一方面，需要把握好科技创新和劳动就业的辩证关系，既要促进资源流向高技术含量、高投入产出效率的研发领域，但又不能因此而弱化劳动就业工作，可以通过发展“高质量劳动密集型”产业，协调两者关系。

统筹城乡关系，处理好劳动者和生产资料在城市和农村之间的配置问题。经济现代化的进程，从某种意义上说，就是分割的城乡二元结构转变为城乡一体化的过程。劳动力由农村向城市流动，是这一过程中不可逆转的事实，而生产资料伴随着劳动力向城市无序流动，必然造成农村的凋敝。城乡一体化的进程，不仅是劳动力向城市流动的过程，同时也应推动特定生产资料向农村流动，特别是需要鼓励技术、农业人才和资金向农村流动。与此同时，落实土地集体所有制和规模化经营，在更高层面上整合农业生产的各种要素，全面推动农村振兴。

协调区域发展，处理好劳动者和生产资料在区域之间的配置问题。区域是劳动力和生产资料的空间载体，劳动力和生产资料都需要在区域上落地，才能展开生产活动。现代化经济体系在本质上也是一个现代化的区域发展布局。进入21世纪以来，我国颁布了一系列区域发展战略，从早期的西部大开发、东北振兴和中部崛起，到2010年后，涉及所有省份的各种经济区划和区域战略，“十三五”时期，我国着重打造京津冀大经济区和长江经济带。京津冀大经济区的发展目标是建设成为融经济、政治、文化为一体的首都特区，而长江经济带则是要建设成为经济发展和生态保护并重的跨区域协调经济带。

推动全面开放，处理好劳动者和生产资料在国内和国外的配置问题。现代化经济体系是一个开放的经济体系，劳动力和生产资料应在国内国外协调配置。响应“一带一路”倡议，不仅仅是要把国内产能过剩、缺乏资源的产业向“一带一路”沿线国家转移，更重要的是推动人才、技术和资金走出去，实现全球视野的最优配置，创造双赢的投资局面，引领世界经济的良性健康发展。

（三）生产关系层面：加强公有制经济对非公有制经济的引领带动

从生产关系的改革路径来看，要继续坚持社会主义基本经济制度不动摇，加强公有制经济对非公有制经济的引领和带动作用，做强做优做大国有企业，积极鼓励引导民营经济。必须毫不动摇巩固和发展公有制经济，坚持公有制主体地位，发挥国有经济主导作用，不断增强国有经济活力、控制力、影响力。公有制经济控制关系国计民生的重要部门，提供基础设施配套、公共服务和战略性高新技术，能够有效地保护和发展社会整体利益。与此同时，必须毫不动摇鼓励、支持、引导非公有制经济发展，激发非公有制经济活力和创造力。通过发展非公有制经济，调动各类经济主体的主观能动性，能够为国民经济发展提供竞争性的市场环境，积极有效地推动经济发展方式的转型升级。

五　结论与展望

诚如马克思所言：我的观点是：社会经济形态的发展是一种自然历史过程。① 社会经济形态的演进，总体上是沿着生产力推动生产方式演进和生产关系变革的路径向前发展的，但并不意味着这是唯一的演进路径。一个社会即使探索到了本身运动的自然规律，——本书的最终目的就是揭示现代社会的经济运动规律，——它还是既不能跳过也不能用法令取消自然的发展阶段。但是它能缩短和减轻分娩的痛苦。② 在人类社会发生巨变的革命时期，代表先进生产力的新兴阶级通过夺取国家政权，建立起新的上层建筑，先行调和生产关系，引领生产方式演进和生产力水平提高，其意义就在于避免社会形态质变期间由于利益调整所导致的社会动荡，在最大程度上“缩短和减轻分娩的痛苦”。

作为马克思主义中国化进程的最新成果之一，习近平中国特色社会主义经济思想明确提出，我国社会形态的演进方向是建设“现代化经济体系”。本文通过分析认为，这既是对商品货币关系的发展，又是对市场经济体制的积极扬弃。现代化经济体系是生产方式在一般和特殊双重层面上的统一，只有从生产力、生产方式、生产关系三个方面协同发力、深化改革，才能有效推动我国社会形态的演进，并在理论上实现马克思主义政治经济学中国化的“第三次飞跃”。

---

① 《马克思恩格斯全集》第 23 卷，人民出版社 1972 年版，第 12 页。

② 同上书，第 11 页。

中国改革开放40年经济奇迹探析

程承坪

摘要 2018年是改革开放40周年。40年来，经过艰苦卓绝的奋斗，中国发生了翻天覆地的变化，取得了年均经济增长率9.58%的巨大成就，这一成就前无古人，堪称奇迹。探明中国经济奇迹，是对改革开放40年的最好纪念。中国经济奇迹的取得，一是得益于改革开放前30年打下的坚实经济基础；二是在政治、经济、社会和文化等多个方面进行了卓有成效的改革；三是实行渐进式对外开放，充分利用了国际国内两个市场、两种资源，抓住了新一轮全球化的机遇，积极参与国际产业分工，充分利用了后发优势。新时代，中国经济已由高速增长阶段转向高质量发展阶段，社会主要矛盾发生了变化，通过总结改革开放40年来中国经济社会发展的经验教训，探明中国经济奇迹，有助于揭示经济发展的新现象、新特点、新规律，继往开来，迎接挑战。同时，也有助于向世界讲好"中国故事"，传播"中国声音"，阐述"中国特色"，为世界经济的发展提供中国智慧和中国方案。

关键词 改革开放 中国经济奇迹 原因

中国自1978年实行改革开放政策以来，在短短的40年时间内取得了举世瞩目的经济成就，堪称奇迹：1978—2017年的40年间，中国国内生产总值（GDP）年均增长率达到了9.58%，经济规模增长了近35倍；1978年，中国GDP世界排名第九位，2010年跃居世界第二位并保持这个位次至今；2017年，GDP达到12.25万亿美元，年人均GDP达到8813美元；中国创造了第二次世界大战之后一国GDP增长持续时间最长、增长

［作者简介］程承坪，武汉大学经济与管理学院教授、博士生导师。

率最高的世界纪录。[①][②]

中国的发展没有遵循西方各类经济学说开出的“药方”，走出了一条完全不同于包括西方国家在内的现有任何国家的发展道路，实现了比包括西方国家在内的任何国家都更快、更长时期的高速增长。[③] “实践是理论之源”，中国经济 40 年持续高速增长具有重大的经济学意义。1978—2017 年，中国农村贫困人口减少了 7.39 亿[④]，是第一个实现联合国千年发展目标使贫困人口减半的国家，对全球减贫的贡献率超过 70%。[⑤] 因此，中国经济奇迹还具有重大的道德意义。

当下，中国经济正从高速增长阶段转向高质量发展阶段，并努力实现“两个一百年”的奋斗目标和中华民族伟大复兴的中国梦，需要我们通过总结以往的经验教训来汲取智慧、继往开来、迎接挑战。同时，它也有利于彰显中国特色社会主义道路自信、理论自信、制度自信和文化自信，为世界经济的发展提供中国智慧和中国方案。

改革开放 40 年来，中国人民走过了不平凡的道路，克服了各种艰难险阻，取得了举世瞩目的成就。回顾这 40 年走过的道路，全方位总结经验教训，既具有重要的理论价值，也具有深远的历史意义和重大的现实意义。

学术界对改革开放以来中国经济持续高速增长原因的探析，归纳起来，主要有五种代表性观点。一是制度改革观。该观点认为，与市场经济相适应的制度变迁或改革是主要原因。二是要素利用观。该观点认为，人口红利、加大投资力度、改善资源配置效率等是主因。三是需求推动观。

---

① 据前英国伦敦经济与商业政策署署长，现中国人民大学重阳金融研究院高级研究员罗思义（2018）的研究，中国是人类史上经济增速最快且持续时间最长的主要经济体。参见罗思义《成就这一震惊世界的“奇迹”，中国只用了 40 年!》，向中国学习网，http：//www. learningfromchina. net/。

② 程承坪、邱依婷：《改革开放以来中国经济持续高增长的理论及实践》，《中国软科学》2018 年第 2 期。

③ 程承坪：《中国特色社会主义政治经济学应提炼和总结六大经济实践经验》，《经济纵横》2017 年第 10 期。

④ 2015 年国家统计局公布的数据显示，1978—2014 年，中国减贫 7 亿人；2015—2017 年分别减贫人口 1442 万、1240 万和 1289 万，小计 3971 万。由此计算出 1978—2017 年中国减贫 7.39 亿人。

⑤ 程承坪：《中国特色社会主义政治经济学应提炼和总结六大经济实践经验》，《经济纵横》2017 年第 10 期。

该观点认为，扩大内外需、产业结构不断升级和城镇化等是主因。四是前后继承观。该观点强调改革开放前30年对后40年所做的奠基性工作的重要性，认为没有改革开放前30年所做的奠基性工作就不可能有改革开放后40年的巨大成就。五是综合论。该观点认为，经济体制的转型、政府大力推动经济增长、对外开放、中国特有的商业文化等是主因。上述观点都具有重要的参考价值，但都存在局限性，比如一个显著的局限性就是上述观点大多数只从单一视角看待或解释中国经济高速增长现象。对于改革开放40年中国经济高速增长这样一个波澜壮阔的前无古人的历史事件，任何简单化的解释都难免会有挂一漏万的不足或遗憾。为了尽可能地展示这一历史事件的全貌，我们把一个国家或社会视为一个大系统，它由四个子系统构成，即政治系统、经济系统、社会系统和文化系统。我们认为，从大系统观的视角透视这一历史事件可能更为恰当、全面，因为这四个子系统之间是相互联系、相互影响和相互作用的，每个系统都不是孤立地运行，也不能孤立地解释。

因此，本文从政治、经济、社会和文化四个方面来阐述改革开放40年所做的开拓性工作，以期揭示中国经济奇迹的根源。把改革开放前奠定的坚实经济基础以及有利的国际经济环境等影响因素按照改革开放的逻辑纳入上述四个方面来解释，因为一切有利条件和基础虽然有利于中国经济奇迹的产生，但必须把它放在改革开放的逻辑框架里才能得到说明和解释。在上述研究的基础上，文章最后提出促进中国经济高质量发展的对策建议。

一 中国经济奇迹的政治原因

中国经济奇迹离不开政治支撑。纵观改革开放40年的历史可以发现，中国政治改革对经济发展起到了促进作用，这种促进作用主要表现在以下三个方面。

（一）全党工作重心转移到经济建设，促进了各项有利于经济增长的制度改革

在1978年党的十一届三中全会上，党中央做出了把全党的工作重心从阶级斗争转移到经济建设的重大决策。这一重大决策释放了中国各项制

度改革的红利，拆除了阻碍中国经济发展的各项制度障碍，摆脱了极“左”思潮的影响，使中国经济发展行稳致远。

全党工作重心转移到经济建设，一个最突出的表现就是方法论的重大转变。“实践是检验真理的唯一标准”，使解放思想、实事求是的唯物主义方法论在全社会达成了广泛共识，各项制度改革坚持问题导向、效益导向，既重视理论对实践的指导作用，又不唯理论，既重视理论与中国实际相结合，又注重在实践中创新理论、发展理论。比如经济体制转轨时期价格制度改革实行“双轨制”，人事制度改革实行“老人老办法、新人新办法”等，成功地实现了经济体制的平稳转轨。

坚持马克思主义的实践观，树立制度的唯物主义历史观，避免了制度的僵化，善于汲取一切人类文明的优秀成果，使中国的一切制度具有可改革性，这是中国始终充满活力的根本原因。比如世界上的经济体制可分为市场经济体制和计划经济体制，中国根据自身的特点和发展要求，在 1992 年党的十四大上创造性地提出了社会主义市场经济体制。社会主义市场经济体制是对市场经济体制和计划经济体制的扬弃，实践证明，它具有比较制度优势。

（二）坚持以人民为中心的发展理念，有效地调动了全民的生产热情

改革开放以来，党的几代领导人都坚持以人民为中心的发展理念。邓小平同志强调，要把是否有利于提高广大人民群众的生活水平和实现最大多数人的共同富裕作为检验党和国家工作的最终标准。江泽民同志提出的“三个代表”重要思想，其最终落脚点也在于始终代表中国最广大人民的根本利益。胡锦涛同志提出以人为本的科学发展观，体现了人民群众的主体论，要求我们在改革开放的过程中始终做到发展依靠人民、发展为了人民、发展成果由全体人民共享。党的十八大以来，以习近平同志为核心的党中央更是反复强调以人民为中心的发展理念。习近平总书记指出：“要坚持以人民为中心的发展思想，这是马克思主义政治经济学的根本立场。要坚持把增进人民福祉、促进人的全面发展、朝着共同富裕方向稳步前进作为经济发展的出发点和落脚点，部署经济工作、制定经济政策、推动经济发展都要牢牢坚持这个根本立场。”[①]“党的一切工作，必须以最广大人

① 《习近平在中共中央政治局第二十八次集体学习时强调　立足我国国情和我国发展实践　发展当代中国马克思主义政治经济学》，《人民日报》2015 年 11 月 25 日。

民根本利益为最高标准检验我们一切工作的成效，最终都要看人民是否真正得到了实惠，人民生活是否真正得到了改善，人民权益是否得到了保障。”①

以人民为中心的发展理念是马克思唯物主义历史观的根本要求。马克思指出，“人民自己创造自己的历史”。② 人民历史观意味着经济发展以人民为动力，经济发展的成果也由人民共享，这样，才能激发广大人民群众的创造热情和劳动智慧，焕发无穷活力。

（三）创新政府与市场关系，发挥政府与市场两个方面的积极作用

改革开放以来，党中央就一直在探索政府与市场的关系。计划经济体制强调政府作用，忽视市场作用；市场经济体制强调市场作用，限制政府作用。计划经济体制与市场经济体制之所以这样做，关键是把政府与市场视为对立的关系。然而，把以人民为中心作为发展的理念，这意味着政府是人民的政府，市场是人民的自发经济行为，政府与市场统一于人民的利益，因此，政府与市场就不是对立关系，而是互补关系、合作关系。计划经济体制与市场经济体制都试图给政府与市场划清一条行为的边界，企图达到互不干涉的目的。然而，实践证明，这样的清晰边界是不可能划出来的。政府功能与市场功能既有区别，又有重叠，企图划清政府与市场的边界是形而上学的。经过多年的探索，党的十八届三中全会指出，经济体制改革是全面深化改革的重点，核心问题是处理好政府和市场的关系，使市场在资源配置中起决定性作用，更好发挥政府作用。③ 政府与市场既分工，但又不分家。在社会主义市场经济体制中，政府的经济职能可以归结为经济调节、市场监管、社会管理和公共服务四大职能，这四大职能的具体内容会根据经济发展阶段和形势做出动态调整，并不是一成不变的。习近平总书记指出：“既不能用市场在资源配置中的决定性作用取代甚至否定政府作用，也不能用更好发挥政府作用取代甚至否定市场在资源配置中起决定性作用。”④

实行地方政府GDP竞赛制度是中国创新政府与市场关系的较为成功的范例，尽管这一制度还有待完善，但不可否认它是促进中国经济长期高

① 《习近平谈治国理政》，外文出版社2014年版，第28页。
② 《马克思恩格斯选集》第一卷，人民出版社1995年版，第585页。
③ 《中共中央关于全面深化改革若干重大问题的决定》，人民出版社2013年版，第5页。
④ 《习近平谈治国理政》，外文出版社2014年版，第117页。

速增长的重要原因之一。[①] 金灿荣认为，美国的经济是“单轮驱动”，只有市场，而中国的经济是“双轮驱动”，既有市场，也有政府，中国地方政府的官员就是一个“CEO”[②]，所以，美国经济没有中国经济成功。[③] 这一概括虽然有简单化之嫌，但简单明了、形象生动。

除上述三个方面以外，改革开放后正确地处理了改革、发展与稳定的关系，始终坚持把改革的力度、发展的速度和社会可承受的程度统一起来，对中国经济平稳健康地发展产生了积极作用。[④] 比如，中国共产党的坚强领导，为改革开放营造了稳定的经济环境，有利于提高经济行为的预期，实现经济行为的长期效率。同时，也降低了制度决策成本，提高了制度交易效率。

二　中国经济奇迹的经济学解释

上文从三个方面阐述了中国经济奇迹的政治原因，下面从经济学视角对中国经济奇迹进行解释。

（一）充分利用后发优势，降低经济发展成本

中国是世界上最大的发展中国家，改革开放之初，在许多方面与发达国家有较大的差距。学习发达国家的先进科技和管理技术是最有效的促进经济发展的措施。比如，学习发达国家的先进科技，既可以减少科技的研发成本和风险，也可以减少获得这些科技知识的时间。

改革开放后，中国坚持市场化改革取向，但中国没有市场经济的经验教训，向发达市场经济国家学习，可以更快地获得制度学习效益。中国不仅仅学习发达国家的经验，也吸取他们的教训，防范各种风险。比如，市场经济最大的风险就是经济危机，重大的经济危机甚至会对一国经济产生毁灭性打击。为了规避经济危机，中国特别注重对市场经济风险的管控，

① 周黎安：《中国地方官员的晋升锦标赛模式研究》，《经济研究》2007年第7期。

② 张五常教授在《中国的经济制度》一书中提出了“地方政府公司主义”的概念，他说，中国每一个地方的长官都把自己所在的地方当作公司来经营。参见张五常《中国的经济制度》，中信出版社2009年版，第15—18页。

③ 金灿荣：《预测未来十年大变局》，《新华日报》2017年8月9日。

④ 程承坪：《中国特色社会主义政治经济学应提炼和总结六大经济实践经验》，《经济纵横》2017年第10期。

始终把控制系统性风险的发生作为头等大事来抓。中国通过对市场经济国家经济危机案例的研究，特别是对日本20世纪八九十年代经济泡沫破灭的风险、1997年亚洲金融危机以及2008年国际金融危机、2011年欧洲金融危机等重大风险的研究，吸取了教训，制定了一系列有效措施，成功地规避了重大经济风险。这是中国经济没有发生重大经济风险，实现了平稳经济增长的重要原因之一。

后发优势常常发生在国与国之间，但中国幅员辽阔，区域发展不平衡。为此，中国创造性地把后发优势运用于国内不同区域之间，使落后地区获得后发优势，降低了发展成本。

（二）充分利用全球化的机遇，积极参与国际产业分工

20世纪80年代，欧美等发达国家劳动力成本和能源价格上涨，发达国家制造业迫切需要通过全球化进行产业大转移以获得产业在国际垂直分工带来的利益。我国成功地承接了以轻工纺织等产品为代表的劳动密集型产业转移，促进了我国轻工纺织产业升级换代。20世纪90年代，发达国家将中低端劳动密集型机电产品，如电视机、电风扇、电话机、照相机等产业向欠发达国家转移，中国抓住了这一机遇，极大地促进了机电产业的发展和出口。21世纪初，中国劳动力价格也开始上涨，制造业开始饱和，此时出现了互联网革命，中国通过加入世界贸易组织赶上了互联网革命的头班车，发达国家以信息产业为代表的新一轮高科技产业生产制造和组装加工环节（如装配、检测等）向中国转移，使中国沿海地区初步形成了各具特色的电子信息产品制造基地。同时，中国通过信息化带动工业化，促进了经济的迅猛发展。

中国通过深度融入经济全球化，积极参与国际产业分工，充分利用劳动力资源丰富且成本低的优势吸引了大量的境外投资。一方面，吸纳了中国大量的农村剩余劳动力，促进了中国劳动力从生产率水平相对较低的农业部门到生产率水平相对较高的工业部门的转移，既大大提高了中国的劳动生产率，又学习了国外相对落后但对中国而言却相对先进的技术；另一方面，中国生产的产品拥有成本优势，促进了出口，扩大了对外贸易。充分利用全球化的机遇，加速了中国工业化进程，缩短了中国与世界的经济差距。

（三）扩大产业链，降低生产成本

正如上文所述，中国充分利用融入经济全球化的机遇发挥了比较优势，促进了中国经济增长。林毅夫认为，中国经济长期高速增长最主要的原因在于充分利用了经济全球化带来的比较优势。① 然而，我们进一步地认为，中国经济长期高速增长不仅仅得益于充分利用了比较优势，而且还得益于产业链的扩大。产业链的扩大有利于加深产业分工，提高专业化水平和生产效率，降低生产成本。② 中国人口众多、幅员辽阔，具备深度分工的条件，这是中国这样的大国得天独厚的优势，中国充分利用了这一优势。中国是当今世界唯一一个拥有全产业链的国家③，实现了 200 多个产业的产量全球第一，工业产值超过美国、日本和德国三大工业发达国家工业产值的总和。

（四）实行渐进式对外开放，充分利用国际国内两个市场、两种资源

现代经济社会，任何一个国家要想发展经济都不可能拥有本国经济发展所需要的全部资源和市场，总会受到本国资源和市场的约束。只有通过对外开放，充分利用国内和国际两种资源、两个市场，才能克服资金、资源、技术等方面的制约。然而，对外开放也存在巨大风险，如果把控不当，就有可能导致得不偿失。拉美国家长期陷入"中等收入陷阱"的教训之一在于对外开放的同时没有坚持独立自主原则，结果形成了对发达国家的经济依赖。历史的经验教训反复证明，如果欠发达国家不能摆脱对发达国家的依赖，就会导致欠发达国家始终处于国际分工的低端产业，缺乏自主创新的能力，整个国家的经济被发达国家所控制而无法摆脱，变成发达国家的附庸，丧失经济主权。④ 为了规避对外开放的风险，中国实行渐进的独立自主的对外开放政策。渐进对外开放表现在，在风险可控的条件下，逐步扩大开放水平，风险不可控则缩小开放水平；独立自主对外开放表现在关系国民经济命脉和国家安全的关键领域，都要通过引进、吸收和再创新，把核心技术掌握在自己手里，摆脱依赖别国，受制于人的局面。

---

① 林毅夫：《新结构经济学：发展经济学的第三波思潮》，《光明日报》2013 年 7 月 2 日。

② ［澳］杨小凯、黄有光：《专业化与经济组织：一种新兴古典微观经济学框架》，经济科学出版社 1999 年版，第 367—369 页。

③ 中国拥有 39 个工业大类、191 个中类、525 个小类，是全世界唯一拥有联合国产业分类中全部工业门类的国家，能够生产从服装鞋袜到航空航天、从原料矿石到工业母机的一切工业产品。

④ 程承坪：《中国特色社会主义政治经济学应提炼和总结六大经济实践经验》，《经济纵横》2017 年第 10 期。

中国实行渐进的独立自主的对外开放政策取得了三个方面的成效：一是充分利用了国际资源和国际市场，克服了资金、资源等方面的制约；二是通过技术的引进和模仿，缩小了与发达国家的技术差距，充分发挥了后发优势；三是通过对外开放，充分吸收世界优秀文明成果，促进了国内改革。正因为实行了正确的对外开放政策，使中国在不断提高对外开放水平的同时，不断地壮大了自己，成功地实现了由跟随者向领跑者的转变。1978 年，中国货物进出口总额只有 206.4 亿美元，在世界货物贸易排名中位列第 32 位，占世界货物贸易的比重不足 1%。[①] 但是，自 2013 年起中国跃居世界货物贸易第一大国，2016 年，我国货物贸易进出口总值达到 3.7 万亿美元。[②]

（五）充分利用人口红利推动产业结构升级

实证研究表明，中国经济增长与中国产业结构升级正相关。[③] 1978 年，按产值中国的三产结构是第一产业占 28.21%，第二产业占 47.87%，第三产业占 23.92%；按就业三产结构是第一产业占 70.5%，第二产业占 17.3%，第三产业占 12.2%。到 2017 年年底，按产值三产结构是第一产业占 7.92%，第二产业占 40.46%，第三产业占 51.62%；按就业三产结构是第一产业占 27.7%，第二产业占 28.8%，第三产业占 43.5%。[④] 静态比较 1978 年与 2017 年的数据可以发现，第一产业无论是产值占比还是就业占比都有较大幅度的下降；第二产业产值占比略有下降，就业占比则提高较多；第三产业产值占比增长很大，就业占比也大幅度提高了。这 40 年来，中国的产业结构遵循这样的升级逻辑：第一产业产值占比持续下降，第二产业产值占比先上升后有所下降，第三产业产值占比持续上升。

从上述三产结构升级分析中可以发现，随着中国产业结构的不断升级，第二产业和第三产业的劳动力占比都在不断增加，这得益于中国的人

---

① 《中国的对外贸易》白皮书，新华网，http://www.xinhuanet.com。

② 陈恒：《世贸组织：中国继续保持出口第一大国地位》，《光明日报》2017 年 4 月 14 日。

③ 吕铁、周叔莲：《中国的产业结构升级与经济增长方式转变》，《管理世界》1999 年第 1 期。

④ 三产就业结构是 2016 年年末的数据。蔡昉（2018）认为，劳动力配置结构的高度化是中国劳动生产率提高、促进中国 40 年经济高速增长的重要原因。参见蔡昉《中国改革成功经验的逻辑》，《中国社会科学》2018 年第 1 期。

口红利。[①] 1978 年，中国 15—64 岁劳动年龄人口数为 5.54 亿，占 57.58%。[②] 此后，无论绝对劳动年龄人口数还是相对劳动年龄人口数都在增长，到 2013 年时，劳动年龄人口绝对数达到 9.98 亿，占 73.34%，此后，劳动年龄人口数才开始缓慢下降。[③] 众所周知，劳动创造财富。因此，只有劳动增加才能增加财富。[④]

（六）推进城镇化，促进消费增长

2014 年 3 月，中共中央、国务院发布的《国家新型城镇化规划（2014—2020 年）》指出，城镇化是伴随工业化发展，非农产业在城镇集聚、农村人口向城镇集中的自然历史过程，是人类社会发展的客观趋势，是国家现代化的重要标志。改革开放以来，中国城镇化水平不断提高，由 1978 年的 17.92% 提高到 2017 年的 58.52%[⑤]，平均每年城镇化率增长 1 个百分点。多数学者的研究认为，城镇化进程伴随着大规模农村剩余劳动力从生产率较低的农业部门向生产率较高的工业部门的转移，促进了中国生产率的提高，并通过提供就业岗位提高了居民收入水平和消费能力。[⑥][⑦] 1978 年，中国农村居民人均可支配收入为 133.6 元，城镇居民人均可支配收入为 343.4 元。到 2017 年，农村居民人均可支配收入为 13432 元，增长了 100 倍；城镇居民人均可支配收入为 36396 元，增长了 106 倍。

据实证研究，我国城镇化率每提高 1 个百分点，可以促进 7.1% 的经

---

① 人口红利得益于改革开放前的积累，但改革开放前，由于以阶级斗争为纲使经济激励不足，劳动力优势未能很好地转化为经济增长优势。按照联合国人口类型划分标准，中国 1953 年和 1964 年的人口普查结果都表明，中国属于年轻型人口，到 1982 年，第三次全国人口普查时，我国人口已经由年轻型人口转变为成年型人口。参见田雪原《人口老龄化与“中等收入陷阱”》，社会科学文献出版社 2013 年版，第 244 页。

② 王金营、付秀彬：《考虑人口年龄结构变动的中国消费函数计量分析：兼论中国人口老龄化对消费的影响》，《人口研究》2006 年第 1 期。

③ 潘静静、程承坪：《中国低龄老年人力资源开发研究》，《当代经济管理》2013 年第 3 期。

④ 干春晖、郑若谷的实证研究结果表明，只有劳动在行业之间的配置具有“产业结构红利”，而资本在行业之间的配置却不具有“产业结构红利”。参见干春晖、郑若谷《中国工业生产绩效（1998—2007）：基于细分行业的推广随机前沿生产函数的分析》，《财经研究》2009 年第 6 期。

⑤ 此为常住人口城镇化率数据，年户籍人口城镇化率为 42.20%。

⑥ Gustav Ranis and John C. H. Fei，“A Theory of Economic Development”，*American Economic Review*，1961（51）.

⑦ 龙永图：《城镇化和工业化是中国经济增长的动力》，《时代周刊》2010 年第 6 期。

济增长。[1] 城镇化可以加速产业聚集，深化社会分工，促进科技和新思想新观念的传播，带动基础设施投资，化解产能过剩，提高消费水平，也有利于解决城乡收入差距问题。[2]

目前，发达国家城镇化率普遍超过了 80%，有些发达国家甚至超过了 90%。与这些发达国家比较，我国城镇化还有很大的发展空间，在今后相当长的时间内，它都将是我国经济增长、促进消费的重要引擎。

（七）坚持以公有制为主体、多种所有制经济共同发展的基本经济制度

改革开放前，中国除少数个体经济以外几乎没有其他形式的非公有制经济，结果经济发展不尽如人意。1978—2017 年，单纯地发展私有制经济的国家都没有中国经济增长得快。[3]

改革开放后，中国坚持以公有制为主体、多种所有制经济共同发展的基本经济制度，既壮大了公有制经济，也促进了非公有制经济的发展。1978 年，中国 GDP 总量为 3679 亿元，其中，公有制经济的贡献为 2856 亿元，非公有制经济的贡献为 823 亿元；到 2012 年，中国 GDP 总量为 540367 亿元，就第二产业和第三产业而言，其中，公有制经济的贡献为 15. 13 万亿元，非公有制经济的贡献为 31. 55 万亿元。[4]

上述事实表明，单纯地发展公有制经济或者单纯地发展非公有制经济都不能使中国经济得到持续高速增长。

国有企业作为国民经济的主导和支柱在整个国民经济中发挥了重要作用，它对国民经济的长远发展也具有重要的影响作用。此外，它还有一个重要作用较少被人认识，这就是熨平市场波动的作用，这是以西方主流经济学理论审视中国经济平稳高速增长现象时难以发现的长处。国外市场经济国家存在较大的市场波动，常常引发周期性的经济危机，但是，中国却没有出现这种现象，除了我国充分发挥后发优势，借鉴国外市场经济国家

---

① Barro, R. J., "Government Spending in a Simple Model of Endogeneous Growth", *Scholarly Articles*, 1990（5）.

② 程承坪、李小梅：《去产能过剩背景下中国不再需要投资吗?》，《当代经济管理》2016 年第 6 期。

③ 程承坪：《中国特色社会主义政治经济学应提炼和总结六大经济实践经验》，《经济纵横》2017 年第 10 期。

④ 裴长洪：《中国公有制主体地位的量化估算及其发展趋势》，《中国社会科学》2014 年第 1 期。

的经验教训以外，一个重要原因就是充分发挥了国有企业熨平市场波动的作用。市场经济条件下的私有制企业，存在马克思所说的生产的社会化和生产资料资本主义私人占有之间的矛盾，这种矛盾是市场经济条件下资本主义私有制的内在困境，是无法克服的。而中国实行公有制为主体的社会主义市场经济体制，国有企业起主导作用，从而在制度上消除了这一矛盾。众所周知，经济危机对经济体系的损害是非常大的，如何克服经济危机是资本主义国家普遍面临的挑战。

坚持以公有制为主体、多种所有制经济共同发展的基本经济制度是中国经济平稳增长的重要原因之一。正是基于对经济规律的深刻洞察，党的十六大就明确提出了“两个毫不动摇”，即毫不动摇地巩固和发展公有制经济，毫不动摇地鼓励、支持和引导非公有制经济发展。我们认为，它是理解中国道路和破解中国经济奇迹的密钥。习近平总书记强调指出：“任何想把公有制经济否定掉或者想把非公有制经济否定掉的观点，都是不符合最广大人民根本利益的，都是不符合我国改革发展要求的，因此也都是错误的。”①

（八）充分利用了改革开放前 30 年奠定的坚实经济基础

中国经济奇迹与改革开放前 30 年奠定的坚实经济基础是分不开的。2013 年，习近平总书记指出，改革开放前后 30 年不能相互否定。② 改革开放前奠定的坚实经济基础，归纳起来，主要有以下三个方面。

一是奠定了雄厚的人力资源基础。1979 年，中国农村小学净入学率达到 93%，比发展中国家的平均水平高出 30 个百分点，接近发达国家的水平，青壮年文盲率从 1949 年的 80% 下降到 1981 年的 15%。国民的健康水平大大提高，人均预期寿命从中华人民共和国成立时的 39 岁增加到 20 世纪 90 年代末的 68 岁，达到当时的中等发达国家人均预期寿命的水平，被世界卫生组织誉为“发展中国家实现初级卫生保健的唯一典范”，向全世界推广。③ 1978 年，中国 15—64 岁劳动年龄人口数为 5.54 亿，占总人口的 57.58%，按照人口学分类，中国属于成年型人口结构国家。

---

① 习近平：《毫不动摇坚持我国基本经济制度　推动各种所有制经济健康发展》，《人民日报》2016 年 3 月 9 日。

② 习近平：《不能用改革开放后的历史时期否定改革开放前的历史时期，也不能用改革开放前的历史时期否定改革开放后的历史时期》，《人民日报》2013 年 1 月 6 日。

③ 《中国教育年鉴（1949—1981）》，中国大百科全书出版社 1984 年版，第 577—580 页。

改革开放后充分利用丰富的农村剩余劳动力进行产业转移，获得了巨大的“人口红利”，这得益于改革开放前30年奠定的坚实人力资源基础。

二是建立了较为完善的农田水利设施，奠定了扎实的农业科技基础。比如水库总库量由中华人民共和国成立时的200亿立方米增加到1976年的4200亿立方米，增加了20倍，灌溉面积比例由1952年的18.5%提高到1978年的45.2%，灌溉面积增加了两倍多。① 20世纪70年代初，杂交水稻良种育成，经推广后，水稻单产量约提高20%。小麦、棉花、玉米等也陆续发生了种子革命，产量和质量得到大幅度提升。到1976年，我国的粮食总产量已经由1949年的2263.6亿斤提高到5726.1亿斤，亩产量从137斤提高到316斤；棉花总产量从1949年的888.8万担提高到4410.9万担，亩产量从22斤提高到56斤。

改革开放后实行联产承包责任制取得了良好的改革效果，这一效果的取得得益于改革开放前奠定的良好农业基础设施和农业科技基础。

三是重工业发展战略奠定了良好的工业基础。中华人民共和国成立后根据国际国内形势，党中央做出了优先发展重工业的战略，虽然这一发展战略有历史的局限性，但在当时条件下不失为一种理性的选择。它使中国工业借助国际帮助从几乎为零的基础上建立起来了初步的工业体系，两弹一星、运-10大飞机等重大军事科技成果等皆诞生于这一时期。重工业发展战略也为中国培养了工人队伍，奠定了工业技术基础。

改革开放后根据国际比较优势原理大力发展轻工业，这一发展战略的成功得益于改革开放前30年重工业发展战略创造的良好工业技术基础和人才基础。

三　中国经济奇迹的社会原因

中国经济奇迹有深厚的社会根源。改革开放对社会变迁有深刻的影响，它一定程度上促进了中国经济奇迹。可以从以下三个方面来阐述。

（一）社会逐利的动机被激发，经济效益不断提高

经济发展必然以释放社会逐利的动机为前提。事实上，正是1978年

① 董忠：《下决心解决农田水利建设滞后问题》，《中国发展观察》2011年第2期。

党的十一届三中全会做出了把全党的工作重心从阶级斗争转移到经济建设的重大决策，才开启了中国改革开放 40 年高速经济增长的航程。正如刘伟（2017）所指出的，改革的动因被归结为解放和发展生产力，始终以保护、解放和发展生产力作为检验改革绩效的根本标准。①

改革开放是从农村开始的，发端于 1978 年 11 月 24 日安徽凤阳小岗村家庭联产承包责任制激发了广大农民的生产积极性。党的十一届三中全会肯定了这一做法，1982 年 1 月 1 日，“中央一号文件”对这一制度加以正式确定，然后逐渐向全国推广，使中国农业生产连年增长。改革开放前中国粮食总产量从来没有突破过 30000 万吨，1978 年首次突破 30000 万吨，达到 30477 万吨，此后随着家庭承包责任制在全国的推广，中国粮食产量连年增长，到 1984 年粮食产量历史性地达到了 40732 万吨，首次出现了粮食供给过剩的现象。

改革开放前国有企业经济效益不佳，也从经营机制上做过多次改革尝试，但改革尝试都放在中央与地方之间的权力划分与重新界定上面，出现了“权力一放就乱、一收就死”的现象，形成了“行政性”收权与放权的恶性循环。1978 年以后，着手国有企业管理体制改革，注重企业自主权的扩大和物质激励的强化。受到农村家庭联产承包责任制成功经验的影响和鼓舞，中央于 1981 年选择首钢等部分企业进行承包经营试点。试点效果较好，一时之间承包之风全国盛行。承包制虽然一定程度上解决了政府对国有企业的束缚问题，但没有从根本上解决企业内部的激励机制问题。此后逐渐推行国有企业经营机制改革，进一步激发了干部职工的生产积极性。随着改革向纵深方向推进，遇到了更深层次的产权改革问题，不解决产权问题，激励机制改革难以向更深层次推进。20 世纪 80 年代，一些国有企业就自发地进行了产权制度改革试点，试点效果良好，导致产权制度改革逐渐被许多企业仿效。② 1993 年 11 月，党的十四届三中全会在《中共中央关于建立社会主义市场经济体制若干问题的决定》中明确提出了国有企业要以“产权明晰、权责明确、政企分开、管理科学”的、以产权制度改革为核心的现代企业制度改革目标。通过利益激励机制的不断改革，公有制经济的效益不断提高。1978 年，公有制经济的产值为 2856

① 刘伟：《中国经济改革对社会主义政治经济学根本性难题的突破》，《中国社会科学》2017 年第 5 期。

② 杨卫东：《国企工具论》，武汉大学出版社 2012 年版，第 163 页。

亿元；到2012年，公有制经济的产值增长到了15.13万亿元。[①]

就工业所有制构成而言，1978年，只有国有企业和集体所有制企业，几乎没有非公有制企业。为了激发民间经济力量，改革开放后逐渐从单一公有制向多种所有制并存发展。根据1998年出版的《中国统计年鉴》，到1997年，中国工业总产值的所有制结构变成国有工业和集体工业占64%，城乡个体工业占18%，其他经济类型工业占18%。1978年，中国非公有制经济的产值仅为823亿元，占22.37%；到2012年非公有制经济的产值达到了31.55万亿元，占67.59%。

可以说，没有社会逐利动机的激发，人民发展经济的潜力就难以释放，因而就不会有经济效益不断提高的效果。经济发展的潜力植根于社会之中，人民是中国经济社会发展的原动力。正如习近平总书记所指出的："人民是历史的创造者，是我们的力量源泉。"[②]

（二）身份制、终身制逐渐破除，焕发了社会活力

一个社会的活力与社会的流动性密切相关。[③] 经济增长与社会流动性也密切相关，据蔡洪滨（2011）的跨国实证研究，南美洲一些国家长期陷入"中等收入陷阱"的一个重要影响因素是社会流动性显著下降，他同时发现，中国自改革开放后社会流动性显著增强，与此相伴随的是中国经济持续高速增长。[④]

改革开放前，中国身份制、等级制现象很严重，城市居民与农村居民具有不同的身份，通过户籍制度严格限制了城乡居民的流动，尤其是严格限制了农村居民向城镇的流动。就业没有个人选择的权利，在一个部门就业后很难流动到其他部门再就业，可以说实行的是就业终身制。同时职务也是实行终身制。就业终身制和职务终身制会造成人民安于现状不求变革的心态，人的潜能无法得到激发。改革开放后，逐渐允许农村居民向城镇流动寻找工作，从而开启了农村剩余劳动力向城镇流动的序幕，也拉开了中国经济长期高速增长的大幕。可以说，没有农村居民向城镇的流动，就没有所谓的"人口红利"，中国的城镇化和工业化也不可能得到快速推

① 裴长洪：《中国公有制主体地位的量化估算及其发展趋势》，《中国社会科学》2014年第1期。

② 《习近平谈治国理政》，外文出版社2014年版，第68—98页。

③ 厉以宁：《中国经济学应加强历史研究和教学》，《新华文摘》2017年第16期。

④ 蔡洪滨：《提高流动性　让人有奔头》，《人民日报》2011年3月21日。

进。根据国家统计局公布的数据，到 2017 年年末，中国农民工数量达到 28652 万人，流动人口达到 2.44 亿，这是改革开放前难以想象的。

破除就业和职务终身制，实行退休制等举措，使各行各业表现出新陈代谢、吐故纳新的新气象。

人力资本理论认为，较高的社会流动性，有利于提高人力资本投资的回报率，降低结构性失业和摩擦性失业，实现人尽其才、才尽其用的目的。较高的社会流动性也有利于促进社会公平，因为身份固定化往往伴随着利益的固定化、机会不均等，不利于公平竞争，没有竞争机制就难以调动人们的积极性，会降低人力资本投资水平。麻省理工学院经济学教授阿西莫格鲁（Daron Acemoglu）等 2008 年的研究显示，一个由精英阶层垄断社会资源的社会，能够实现短期繁荣，但是不能实现长期繁荣，这主要是因为，精英阶层为了保护既得利益，会设置各种进入壁垒，导致社会流动性低下。① 因此，我们认为，改革开放后中国经济之所以能够保持长期经济高速增长，一个重要原因就在于破除了身份制和就业、职务终身制，促进了社会流动，大大地增强了社会的新陈代谢功能，提高了社会公平竞争程度，焕发了社会活力。

（三）社会权利意识、平等意识不断生长，创业创新得到鼓励

改革开放后，中国市场化改革取向不断深化，与之相伴随的是社会权利意识、平等意识不断生长。纵观市场经济发展的历史，可以发现一条基本的规律，即凡是平等保护产权，市场经济才能得到健康发展；反之则会受到挫折。平等保护产权不仅具有重要的经济意义，也具有夯实依法治国理念、转变政府职能、提高人民群众财产安全感、维护公平正义等政治、社会和文化意义。②

马克思和恩格斯认为，国家与社会的关系可概括为四个阶段依次更替的动态过程：首先，国家起源于社会的阶段，国家是社会在一定发展阶段上的产物，是先有社会后有国家；其次，国家脱离社会并驾驭社会，形成国家与社会一体化趋势的阶段；再次，社会摆脱国家的控制，国家与社会二元分化的阶段；最后，国家回归社会的阶段。③ 依据马克思和恩格斯的

---

① Daron Acemoglu and Veronica Guerrieri, "Capital Deepening and Nonbalanced Economic Growth", *Journal of Political Economy*, 2008 (3).

② 程承坪：《不平等保护产权的危害及其思想根源》，《河北学刊》2017 年第 6 期。

③ 程承坪：《企业、制度与中国经济改革》，经济科学出版社 2013 年版，第 288 页。

上述论断，对比当前中国社会状况，可以判断目前中国社会处于由第二阶段向第三阶段过渡的时期。在这一时期，社会权力意识不断生长，权力的"地位"不断提高，逐渐取得与权力平等的地位。一方面，通过权力遏制权力的滥用，比如资本权力的滥用就可能造成严重的两极分化，危及社会和谐与稳定；另一方面，通过权利对抗权力，防止权力的任意扩张及其滥用，遏制霸权。最终结果是权力与权利形成相互平衡、相互制约。

当权力与权利形成相互平衡、相互制约时①，现代企业制度才能真正建立起来，市场主体地位才能凸显，产权制度才能有效运行。市场经济强调创新，创新才能立于不败之地，才能获得创新收益。根据戈森第一定理——边际效用递减规律，只有新的商品效用最高，从而获得较高的收益；旧商品效用较低，难以获得高收益，甚至难以抵偿成本，从而有可能亏本。而要使创新获得应有收益就必须保护其创新的产权，如果创新的产权得不到保护②，就不可能收回创新的成本得到应有的收益，结果就没有人会去创新。因此，成熟的市场经济体制都重视对产权的保护。对产权的保护，首先是产权的平等，如果不同的产权存在等级差别，产权的保护就无从谈起。其次是产权无强制力，必须借助权力才能对抗侵权，因此，如果权力不受制约，产权就无法对抗权力或权利，所以建立法制政府，约束权力滥用是市场经济的题中应有之义。只有产权平等化、政府法制化，"大众创业、万众创新"的局面才能实现。

联产承包责任制、土地确权及其流转、非公有制经济的发展、国有企业的股份制改革，等等，都涉及产权制度的改革，经济增长得益于产权制度的改革，而产权制度的改革需要社会权利意识、平等意识的支撑。

四　中国经济奇迹的文化原因

诺贝尔经济学奖获得者诺斯（Douglass C. North）认为，制度是"决

① 社会属于权利范畴，国家属于权力范畴。

② 权利不能直接对抗权利或权力，权利需要借助权力来对抗或保护权利。由权利生成权力，才能对抗权力。权力是一种强制力，有合法的权力和不合法的权力之分。合法权力意味着责任，不能放弃，而权利是可以放弃的。

定长期经济绩效的基本因素。”① 制度既包括正式制度，也包括非正式制度。本文所说的文化，属于非正式制度。从经济哲学角度而言，经济现象一定有其文化根基，正如钱穆先生所说：“一切问题都从文化问题产生，也都该从文化问题来求解决。”② 因此，中国经济奇迹可以从中国特殊的文化得到一定程度的解释。下面从三个方面来阐释中国经济奇迹的文化原因。

（一）发家致富、相互竞争的中国传统文化有利于经济增长

以经济建设为中心，激发了中国传统文化中蕴含的发家致富、相互竞争的意识。在传统文化中，对于普通百姓而言，家庭财富是社会地位的表征。林语堂先生说：“中国向无固定的阶级之分，没有所谓贵族政治。”“只有不同家族之升降，依各家财产的兴败为准则。”③ 中国传统社会有等级，但等级不固定，拥有较多财富可以提高家庭地位，因而家庭、家族之间存在着财富竞争关系。④ 中国传统文化中蕴含的财富竞争意识，使改革开放后实行市场经济改革取向焕发了广大老百姓深藏的财富竞争意识。

社会地位的竞争以家庭、家族财富的多寡为标志，因而为了提高社会地位，中国人就有强烈的积累财富的愿望，此愿望通过“开源节流”来实现。开源就是积极寻求致富的办法，通过节俭增加储蓄来投资是致富的有效措施。这可以解释中国投资水平一直很高的现象。节流就是积累财富，中国人重储蓄、尚节俭。梁漱溟先生在谈到中国人品性时认为，中国人“习性勤俭、刻苦耐劳、孜孜不倦、好节省以至于吝啬、极有实利主义实用主义之精神”。⑤ 这可以解释为什么中国居民储蓄率偏高的现象。

中国传统文化的财富竞争意识又衍生出消费的攀比心理，因为中国人有财不外露的内敛性，往往通过消费来达到炫富的目的。中国人平时舍不得消费，但在节假日或红白喜事时消费起来十分铺张。对于能够起到炫富作用的消费品，在中国推广起来快捷。比如汽车、住房等高档消费品，市场行情一直向好，许多人宁可借贷也要消费。这可以解释中国高档消费品

① ［美］诺斯：《制度、制度变迁与经济绩效》，上海三联书店 1994 年版，第 143 页。

② 叶隽：《从“文化学”的建构谈起》，《读书》2016 年第 11 期。

③ 林语堂：《吾国与吾民》，岳麓书社 2000 年版，第 164—165 页。

④ 张清津认为：“平民家庭提升社会等级的途径只有两条：科举入仕和积累财富。科举入仕的道路比较窄，对大多数家庭来说，提升社会等级只有靠积累财富。”参见张清津《中国传统文化的经济特性》，《山东社会科学》2000 年第 6 期。

⑤ 梁漱溟：《中国文化要义》，上海世纪出版集团 2005 年版，第 25 页。

消费水平升级较快的现象。

(二) 包容性的传统文化有利于和谐发展

中国传统文化重视“天人合一”的包容性，有利于和谐发展。[①]《道德经·第二十五章》曰：“人法地，地法天，天法道，道法自然。”董仲舒在《春秋繁露·深察名号》中说：“天人之际，合而为一。”中国传统文化中的“天人合一”思想资源有利于中国生态文明建设和可持续经济增长，不以破坏自然界为代价追求经济增长，也不以追求短期利益而损害长期利益。

《墨子·兼爱》曰：“兼相爱，交相利。”所谓“兼相爱”，是指不分亲疏、贵贱、贫富，一视同仁地爱所有的人。所谓“交相利”，是指人们要互相帮助，共谋福利，反对互相争夺。这一思想有利于协调发展、共同富裕。中国倡导的“一带一路”建设，秉持“和平、发展、合作、共赢”的“新丝路精神”，得到了国际社会的广泛赞誉，其中就内含了中国传统文化包容性发展的思想。

《尚书·五子之歌》曰：“民惟邦本，本固邦宁。”《荀子·王制》曰：“水可载舟，亦可覆舟。”《孟子·尽心章句下》曰：“民为贵，社稷次之，君为轻。”中国传统文化中的民本思想是中国共产党以人民为中心学说思想的重要思想来源。

《论语·学而》曰：“礼之用，和为贵。”由此衍生出“和气生财”“家和万事兴”“天时不如地利，地利不如人和”的“和文化”。“和文化”的理想社会就是“和谐社会”“小康社会”“大同社会”，它是中国建设社会主义社会乃至共产主义社会，以及当下奔小康的思想基础。

《论语·子路》曰：“君子和而不同，小人同而不和。”《国语·郑语》曰：“夫和实生物，同则不继。”因此，中国经济发展强调和谐相处条件下的差异化发展、包容性发展，不是一拥而上的同质性发展，也不是你死我活的零和博弈发展。

中国传统文化的包容性思想，使中国能够“海纳百川”“兼收并蓄”，一切世界优秀文明成果都能够为我所用，避免了僵化。比如，改革开放后，中国学习了美国的科技、日本的管理、新加坡的工业园区建设、以色列的农业、欧洲大陆的成文法和英美的普通法，等等。

---

① 方大春：《包容性增长：中国式智慧的经济增长》，《当代经济管理》2013年第2期。

（三）重视教育的传统文化有利于人力资本积累

孔子是著名的教育家，受到了历朝历代的追捧。自隋朝开科取仕起，通过科举步入仕途就是普通百姓进入上层社会的主要通道。虽然 1905 年清朝政府取消了科举制度，但中国人重视教育的文化传统一直延续至今。“再苦不能苦孩子，再穷不能穷教育”就是对中国重视教育的生动写照。

中华人民共和国成立后不但延续了重视教育的文化传统，而且更进一步地重视男女平等受教育的权利，革除了中国两千多年封建社会歧视女性受教育的陋习。中国妇女的地位得到了大幅度的提高，“妇女能顶半边天”，女性具有与男性同等的就业权利，各行各业都能见到女性的身影。这使中国可用人力资源得到大幅度的扩展，它是中国经济可持续发展的强大人力资源基础。诺贝尔经济学奖获得者阿玛蒂亚·森（Amartya Sen，2002）通过中印对比后认为，中国经济发展好于印度，中国重视教育事业以及重视男女平等的受教育权利是主要原因。[①]

五　促进中国经济高质量发展的对策建议

中国改革开放 40 年来取得了举世瞩目的经济成就，生产力水平显著提高，社会生产能力在很多方面进入世界前列，但中国还存在许多不足，也面临不少困难和挑战，我国仍处于并将长期处于社会主义初级阶段的基本国情没有变，我国是世界最大发展中国家的国际地位没有变。我国已由高速增长阶段转向高质量发展阶段，中国特色社会主义进入了新时代，社会主要矛盾已转化为人民日益增长的美好生活需要和不平衡不充分的发展之间的矛盾。为了化解社会主要矛盾，顺利转向高质量发展阶段，提出以下七个方面的对策建议。

（一）深化政治体制改革为中国经济高质量发展保驾护航

中国经济高质量发展要在习近平新时代中国特色社会主义思想的指导下，进一步深化政治体制改革，真正落实以人民为中心的发展理念，建设

---

① 张清津、舒萍：《中国传统文化对经济发展的影响》，收录于《制度经济学研究》，经济科学出版社 2007 年版，第 178—202 页。

包容性政府。促进政府职能的转变，创新政府监管方式，实现对所有行使公权力的公职人员监察全覆盖，增加政府工作的透明度，坚持反腐倡廉不松懈，防止政府落入“塔西佗陷阱”，增强政府公信力和执行力，提高政府工作效率，建设人民满意的服务型政府。要以是否有效地减少了中国社会主要矛盾为标准衡量政府工作的成效。高质量发展就是要将人民对美好生活的期盼变成现实，因此，要通过政治体制改革，使政府多谋民生之利、多解民生之忧、多体民生之艰，不断增进人民群众的获得感、幸福感和成就感。

秉承解放思想、实事求是的唯物主义方法论，以问题和效益为导向，与时俱进，破除各种教条主义的桎梏，深入研判新情况、新问题、新风险，秉持为人民服务、为社会主义服务的理念，学习人类一切优秀文明成果，结合中国实际加以创新。一方面，通过制度建设，规范政府行为；另一方面，通过应用大数据等高新科技，实现智慧政府，提高政府工作效率。理顺政府与市场的关系，实现有为政府与有效市场的有机统一，使市场在资源配置中起决定性作用和更好发挥政府作用。

（二）深化供给侧结构性改革，提高全要素生产率

深化供给侧结构性改革，一方面，要继续推进“三去一降一补”；另一方面，要深化要素市场化配置改革，重点在“破”“立”“降”上下功夫。供给侧结构性改革的核心，就是通过创新提高全要素生产率，推进质量、效率和动力的三大变革。改善供给结构、提高供给质量，大力破除无效供给、扩大有效供给，提高供给结构对需求结构的适应性，提高全要素生产率，努力实现更高质量的发展。大力培育新动能，推动传统产业优化升级，重点发展支柱性产业。

供给侧结构性改革既包括生产供给侧结构性改革，也包括制度供给侧结构性改革。当前应进行降费减税制度供给侧结构性改革，为实体经济生产供给侧结构性改革提供条件。比如，目前我国税费偏高、五险一金偏高、租金偏高、融资成本偏高以及企业商事费用偏高。促进经济增长主要有两条途径：一是提高劳动生产率；二是降低交易成本。降低交易成本主要有两条途径，分别是完善工程性基础设施和社会性基础设施，我国工程性基础设施建设取得了较大的进步，而金融制度、保险制度、产权制度和法律制度等社会性基础设施还有待于完善。

（三）实施创新战略，加快建设创新型国家

习近平总书记在十九大报告中指出："创新是引领发展的第一动力，是建设现代化经济体系的战略支撑。"当前，新能源、新材料、基因技术、人工智能、新能源汽车等新科技革命不断涌现，中国与发达国家处于同一起跑线。中国出现了资本过剩、内需增长、科技创新势头正劲的历史机遇，实施创新战略，加快建设创新型国家，将有利于中国抓住这一难得的历史机遇，实现弯道超车，从跟随者向引领者转变。

就促进创业、创新，实施创新战略角度而言，应着重解决实体经济科技含量不够高、市场主体不够活跃的问题。可从三个方面着手：一是要加快创新发展步伐，促进科技含量高、资源消耗低、环境污染少的实体经济的发展。二是要激发各类市场主体的活力，一方面要通过加快国有企业改革的步伐激发国有企业的活力；另一方面要尊重各类市场主体的平等产权，激发民企的活力。三是要通过放宽市场准入、促进自由贸易和提升对外投资水平，促进对外开放；通过提高对外开放的质量，提高经济社会的活力，从而促进创新。

就筑牢创新基础角度而言，可从以下七个方面建设创新型国家：一是强化知识产权创造、保护、运用，倡导并形成创新文化；二是深化科技体制改革，建立以企业为主体、市场为导向、产学研深度融合的技术创新体系，形成"大众创业、万众创新"的生动局面；三是建设高水平人才队伍，培养造就大批具有国际水平的科技领军人才和高水平创新团队，筑牢创新根基；四是强化基础研究，增强原始创新能力，实现前瞻性基础研究、引领性原创成果的重大突破；五是加强应用基础研究，实施重大科技项目和工程，实现重点跨越；六是深化全要素、多领域、高效益军民科技的深度融合，建立健全军民融合的创新互动体系；七是优化区域创新布局，以创新要素的集聚与流动促进产业合理分工，推动区域创新能力和竞争力的整体提升。

（四）加快城镇化步伐，实施乡村振兴战略

农业现代化是四个现代化的短板，要实现农业现代化，必须实行"双轮驱动"：一是要加快城镇化步伐；二是要实施乡村振兴战略。据国家统计局公布的数据，截至 2017 年年末，户籍人口城镇化率只有 42.20%，与发达国家城镇化率超过 80% 相比，还有很大的发展空间。农业劳动生产率低使农民及乡村常住人口家庭收入低[①]，近6亿庞大的低收入人口难以形成对第二、第三产业产品和服务的有效需求，这是制约我国内需不足的重要原因之一。[②] 因此，必须加快城镇化步伐，大力发展第三产业，实现以服务业为主导、以消费为主要驱动力的新的经济发展模式，它既能通过提高我国居民最终消费水平从而大大提高我国经济增长率，又能提高对农村剩余劳动力的吸纳能力，从而促进农业现代化。[③]

党的十九大报告提出，要实施乡村振兴战略，它不但有助于实现农业现代化，而且也是解决“不平衡不充分发展”问题的关键。要通过乡村振兴战略消除制约城乡一体化发展、融合发展的短板。应通过深化农业供给侧结构性改革来实施乡村振兴战略。借鉴欧盟、美国、日本、韩国等发达经济体的做法，强化工业反哺农业、城市反哺乡村战略，加大对“三农”的支持力度；实施“一村一品”“一乡一品”的特色农业产业发展战略，助推农业经济发展；推动农村“三产融合”，延长农业产业链，提高农产品附加值，惠及更多农民；通过土地整治更有效地服务于农业供给侧结构性改革。对“三农”的支持，除上述措施以外，还应重视对乡村的人力资本支持，在推动农村人口向城镇流动的过程中，应出台政策支持城镇人口向农村流动，这有助于提高农村人力资本水平，助推乡村振兴。

（五）提高社会流动性，激发社会活力

正如前文所指出的，社会流动性与社会活力是密切相关的。据蔡洪滨（2011）的研究，实现效率和公平相互促进的关键在于社会流动性。[④] 因此，提高社会流动性对促进我国经济社会发展以及共同富裕目标的实现都具有极其重要的意义。

我国自改革开放后逐步破除了诸如户籍制度等方面的身份制，促进了社会流动，增加了社会活力，对中国经济强劲增长起到了巨大推动作用。但蔡洪滨认为，在2010年左右中国社会流动性开始下降，中国出现了利

---

① 据国务院发展研究中心农村经济部部长叶兴庆的研究，从全员劳动生产率的角度看，2016年非农产业达到人均12.13万元，而农业只有2.96万元，前者是后者的4.09倍。参见叶兴庆《新时代中国乡村振兴战略论纲》，《改革》2018年第1期。

② 张爱民、易醇：《我国三次产业发展历程及政策启示》，《求实》2011年第2期。

③ 程承坪、张晓丽：《农村土地制度改革：分离保障功能与经济功能》，《学习与实践》2015年第11期。

④ 蔡洪滨：《提高流动性 让人有奔头》，《人民日报》2011年3月21日。

益固化的现象，比如，“官二代”“农民工二代”等现象。[①] 因此，应加大改革力度，继续破除各种形式的身份制，消除利益固化现象，实现机会均等。一些不思进取的既得利益者往往是破除身份制的最大障碍，破除身份制改革的难度越来越大，需要顶层设计。当前促进社会流动的关键措施有两个：一是逐步废除户籍制度；二是促进教育公平，实现机会均等，提高人力资本投资水平。

（六）培养社会意识，提升公德水平

改革开放以来，中国社会流动性显著增强，农业从业人员不断减少，中国已经由农业社会转变成工业社会，并向信息社会转变。随着中国社会形态的转变，人们的社会意识不断增强。在传统的农业社会，中国传统文化的特征是以家庭为中心的血缘伦理本位，社会意识、公共精神较为缺乏。传统农业社会，流动性较差，主要依凭人情行事，农村是一种典型的自治性社会。[②] 但在工业社会和信息社会，由于人员的流动性较大，不可能再依凭人情行事了，必须依靠制度，实行法治化治理。[③]

《孟子·离娄上》曰：“徒善不足以为政，徒法不足以自行。”在加强法治化建设的同时，必须注重培养社会意识，提升公德水平，社会治理必须德法并重。如果老百姓社会意识较弱、公德水平不高，就会增加法治成本，甚至使法治失效。法治必须有相应的道德支持。现代法治须与现代道德相互支撑、互为补充。[④] 众所周知，市场经济本质上是法治经济，但实质上也是道德经济。即使有完善的法律体系，如果没有相应的道德支撑，市场经济也难以正常运行。建设法治社会已达成共识，但与之相配套的现代道德意识的培养则重视程度不够。德法并重是中国高质量发展阶段的题中应有之义，也是消除新时代社会主要矛盾的重要举措。

（七）重视个人权利，提高创新能力

中国传统社会是以家庭、家族为中心的伦理型社会，在这种社会里个

---

① 蔡洪滨：《警示中国社会流动性下滑》，财新网，http：//www. caixin. com。

② 梁漱溟：《漱溟全集》，山东人民出版社 1990 年版，第 73 页。

③ 正如英国历史法学派的奠基人和代表人物梅因（N. Maine）所指出的：“迄今为止的进步社会运动，乃是一个从身份到契约的运动。”参见［美］E. 博登海默：《法理学：法律哲学与法律方法》，中国政法大学出版社 2004 年版，第 96 页。

④ 美国著名法学家哈罗德·伯尔曼（Harold Berman）指出：“法律必须被信仰，否则它将形同虚设”“没有信仰的法律将退化成为僵死的法条”。参见高奇琦《阿甘本对西方法治与民主神话的批判及其限度》，《政治学研究》2012 年第 3 期。

人权利意识得不到生长。个人权利意识只有在经过商业文明洗礼的现代社会才能生长和促进。众所周知，现代市场经济的特性在于，市场主体具有独立自主性，具有主体意识、权利意识与平等观念。缺乏这些意识和观念的支撑，现代市场经济是难以真正建立起来的。此外，缺乏个人权利，现代法制社会也不可能真正建立起来，法治中国就会成为无源之水、无本之木。

市场经济暗含的前提假设是人的异质性，且认为，人的需求和偏好是不断变化的。为了把握这一市场特点，市场主体既要通过创新跟上人的需求和偏好变化的步伐，也要通过创新引领这一变化。所以，市场经济特别强调企业家精神，即创新精神。

党的十九大报告提出，要完善社会主义市场经济体制。李克强总理在2014年9月夏季达沃斯论坛上发出“大众创业、万众创新”的号召，创业创新已成为中国社会的共识。因此，培育个人权利意识，提高全民创新能力，既是培育中国现代文化的需要，也是完善社会主义市场经济体制，促进“大众创业、万众创新”的根本要求。

对于改革开放后中国经济奇迹的解释，虽然我们力图从政治系统、经济系统、社会系统与文化系统的大系统观出发较为全面地透视，企图避免简单化解释的弊端，但是，对于这样一件人类历史上前无古人的宏大事件，仍有简单化之嫌。正如英国著名数学家、哲学家怀特海（Alfred North Whitehead）告诫人们的，对那些意义深远的问题，我们一定不能指望有简单的答案。[①] 我们的研究不过是抛砖引玉，期待读者批评指正，同时也期待更多更优秀的研究成果。对于这样宏大事件的研究，它的意义远超过事件本身。通过回顾和总结中国经济实践的经验教训，解释中国经济奇迹，可以向世界讲好“中国故事”，传播“中国声音”，阐述“中国特色”，揭示出经济发展的新现象、新特点、新规律，为世界经济的发展提供中国智慧和中国方案。

① 刘业进：《在当下语境探讨正义与效率》，《读书》2014年第6期。

论推动经济高质量发展

张俊山

摘要 质是一事物区别于他事物的特殊规定性，这是指事物的基本的质。此外，事物还会包含其他非基本的质，在事物的发展中，非基本的质发展有可能妨碍基本质的实现。事物的质量就是事物表现出的属性与人们所认同的事物的基本的质的符合程度。作为经济，它的基本的质是向人们，首先是最广大劳动者提供物质生活资料的活动过程。经济发展的质量是指经济活动实现这一基本的质的程度。经济发展质量直接受到社会生产关系影响，只有社会主义生产关系下的经济才与经济发展质量要求相一致。我国社会主义建设不同时期经济发展的质量要求和表现内容各不相同。推动经济高质量发展是新时代中国社会主义经济的必然要求，实现这一要求必须坚持社会主义方向，从技术基础、部门功能和比例、监督管理、振兴农业基础及转变消费方式等多方面做出努力。

关键词 经济发展 质量 社会主义 生产关系

推动经济高质量发展是今后我国社会经济发展中要解决的重大实践问题，这一问题的背后涉及政治经济学的许多根本性理论，这些问题包括：什么是经济发展的质量？经济发展质量包括哪些内容，什么决定和影响着经济发展的质量？经济发展质量的历史性和阶段特征，等等。与这些基本理论问题相联系的是，长期影响我国经济发展质量的深层原因是什么？中国特色社会主义新时代经济高质量发展的特有要求是什么？推动经济高质量的发展要求我们深入思考这些问题。

［作者简介］张俊山，南开大学经济学院教授，博士生导师。

一 经济的质、经济的属性与经济发展质量

为了深入思考和把握上述各个问题，提供进一步研究经济发展的理论与实践问题的科学认识，我们从辩证唯物主义哲学中质量互变规律入手，对经济的质及其属性和经济发展质量等概念进行深入分析。

唯物辩证法指出，质是一事物区别于其他事物的特殊的内在的规定性，事物的质是由该事物内部包含的特殊矛盾所决定的，事物的质在事物的运动中通过属性反映出来，人们往往是通过对属性的分析达到对质的认识。一种事物内部往往存在着多种的质，其中有一种质处在基础地位，它是决定这一事物区别于其他事物的根本的质，伴随这个根本的质的运动，事物也必然表现出反映根本质的特殊性的属性，这种属性与质紧密联系，以至于我们常常难以把它们机械地分开，因此，我们也可以把它所表现出的属性作为质的内容来对待。

事物的质是由构成事物的要素及其联系方式决定的，这些构成要素一方面是应事物整体的要求而存在并按照事物整体要求互相联系，另一方面这些要素的质及其属性自身又受到构成它们自身的要素及其联系方式的影响，它们又有着自身的相对独立性。这样，事物的构成要素及其联系方式的相对独立性与事物的质所要求的整体联系性之间就有可能产生差异和矛盾，这些差异和矛盾发展到一定程度就有可能使事物中非根本的质及其属性地位上升，甚至使事物发生质变，从这一事物转化为其他事物。

唯物辩证法认为，事物是运动着的，是在不断发展、变化的。一定的事物因其构成要素及其联系方式的发展变化，自身也在发展变化，这些发展使这一事物中处于基础性的质通过新的具体形态和属性表现出来。随着事物的构成要素及其联系方式变得越来越复杂，事物表现出的形态和属性也会愈益多样化。这种多样化的形态和属性有些是基础性的质的进一步充分的实现，但也会有一些与事物处于基础性的质发生偏离甚至背离。当出现后者的情况时，发展会彻底改变原有事物，使之原有的质丧失。但是，事物的存在总是有着一定的根据，这些根据体现为维持事物存在的内部和外部力量，这些力量抵制着事物非基础性的质对事物基础性的质的改变。只要事物存在的根据不变，事物就会继续存在，因此，事物的基础性的质

的存在与延续是由客观规律决定的。只有那些符合客观规律、具有存在和延续客观依据的事物，它的基础性的质才能够抵制其内外各种力量对它的改变。

运动是事物不可分割的属性，发展是事物运动的一种表现。事物的发展，一方面会使事物表现出更加丰富多样的属性，另一方面原有的属性也会在新条件下发生改变，但是，这种改变都是在保持着事物基础性的质的限度内发生的，这些发展不仅不会改变事物基础性的质，而且使蕴含在事物基础性的质内部的各种性质不断展开，表现为原有性质的改变和新的丰富多样的属性出现，借以体现基础性的质的要求。事物基础性的质及其属性是事物成为其本身的特有规定性，但是，这种规定性不是具象的、僵化的规定，而且蕴含着丰富内涵和发展潜力的规定性。随着事物的发展，这些内涵和潜力逐步以种种新的具体方式展现出来，表现为事物的发展。

事物是由其要素及其联系方式构成的，事物的要素性质及要素的联系方式的相对独立性也会使事物表现出除基础性的质以外的非基础性的质。这些非基础性的质作为事物的一部分，产生于事物的存在要求，有些是基础性的质存在及运动的条件，促进着基础性的质的实现，但是，因为它们具有一定的相对独立性，它们的运动也会产生使事物朝着偏离乃至背离其基础性的质的要求的变化。由于这种情况的存在，就产生了“发展质量”的概念。

当我们谈到“质量”一词①，其中就包括更多来自人的主观因素。如果没有人的主观因素，事物就只是作为自在之物来存在和运动，因而也就只有质而谈不上质量。当我们谈“质量”时，其中往往包含着对事物根本性的质的肯定，按照这一理解，我们把事物的质量规定为：在人们对事物基础性的质持肯定态度前提下，反映事物及其发展对其基础性的质的肯定程度的范畴。就其性质来说，它属于“量”的范畴，但是，这个量不是通常所说的那种内涵的量和外延的量，而是事物根本的质实现程度的量。当我们对事物的基础性的质给予认同时，事物越是能够更好地保持其基础性的质，因而表现出更多能反映基础性的质的属性，我们就说事物有较高的质量；相反，事物中那些不被人们认同的质占据了更主要的地位，从而妨碍着事物基础性的质的实现，使事物表现出的属性与事物基础性的

① 这里“质量”一词不是在物理学中物体包含物质的数量的意义上使用。

质所应有的属性存在一定的差距时，我们就说事物的质量不好甚至说它质量差。事物的发展也是这样，事物在发展中朝着能够使人们认同的质得到充分的展开，从而表现出更多为人们所肯定的属性的方向发展时，我们就说事物的发展质量较高；反之则相反。可见，在谈到事物及其发展的质量时，人的主观认同和肯定是质量范畴的一个重要内涵，它体现着人们在实践中主观要求与客观过程的统一。

谈到人的主观评价，不要误以为事物及其发展的质量高低是由人的主观评价决定的。在这里，人的主观评价并不是一种纯主观的东西，它是由客观发展规律发展要求在人们意识中产生的对事物质的认同和要求。这种评价在形式上是主观的，但在内容却是客观的。再者，这种评价不是建立在少数人的主观愿望上，而是建立在多数人的实践基础之上的。因此，“质量”这个范畴有着自身的客观标准和要求。

以上我们从唯物辩证法一般理论方面讨论了有关事物及其发展的质和质的表现——属性等问题，从中引出我们对质量范畴的理解。下面我们根据这些认识，对经济发展质量问题做出一般性的考察。

经济活动产生于人类早期的物质生活资料生产，简称物质生产，这一时期的物质生产是经济活动的初始形态。物质生产活动是人类社会最基本的实践活动，是人类所特有的活动。人们通过劳动进行物质生产创造着自身的物质生活，生产实践也促进了人类身体、社会、精神等各方面的发展与进步。人类物质生产活动作为社会生产，总是在一定的社会生产关系下进行的。一定的生产关系下的物质资料生产、分配、交换、消费活动，实现着人们自身的再生产与发展。以物质生产为中心的生产、分配、交换、消费活动的总和就是我们称之为“经济”的事物或过程。从经济产生和存在的依据来看，它的功能就是通过物质生产以及相应的分配、交换、消费活动适应和实现人类自身的生存、发展需要，经济就是实现这一功能的过程。这是经济的根本的质，它在构成经济的各种质中处于基础地位。只要人类存在，经济的这个根本的质就不会改变，任何经济活动都必须或多或少地实现这一根本的质的要求，否则它就不成为经济。

经济具有历史性，它总是生产方式一定历史形式下的经济，生产方式是社会生产力与生产关系的统一，生产力、生产关系就是经济的构成要素和联系方式。作为一种历史活动，经济的内容和形式直接由历史的发展程度所决定，由于经济的历史性，经济的根本的质在不同的历史时代有着具体的实现要求和实现形式。

反映经济的历史发展程度的，首先是一定时期的社会生产力。生产力是人们在物质生产实践中对自然规律认识的物化，它体现着人类物质生产的能力，它的运动是人类改造自然、实现发展的物质力量。人类的生产实践是一个历史过程，人类对自然规律的认识和掌握也要在这个过程中遵循认识发展规律逐步地实现，所以，人的认识发展规律决定着生产力的发展。这样，就使不同的历史时期人类掌握着不同性质和水平的物质生产力（也正是以人们掌握的不同性质和水平的物质生产力为基础所形成的经济基础及相应的上层建筑，形成了相应的历史时期）。物质生产力的性质和发展水平决定着经济的根本的质的历史形态和内容。反映历史发展程度的另一因素是社会生产关系。人们为了生产而结成一定的社会生产关系，是生产关系把构成生产力的要素结合起来，成为现实的社会生产力，生产关系一定要适应当时生产力存在与发展的要求。生产关系直接决定着社会经济的性质和面貌，经济中根本的质通过社会生产关系而实现和展开。在展开过程中，因社会生产关系的性质又会产生出许多具体的质，表现出许多具体的属性。其中，有些是根本的质的具体化，有些则由于其局部性和相对独立性表现出偏离甚至背离适应和实现人们生存与发展需要的属性，从而影响着经济的根本的质的实现程度。这里我们所说的“人们生存与发展的需要”中的“人们”，首先是从事物质生产的劳动者，因为人类的特点在于靠劳动生存，在劳动中发展自身，所以，劳动是人类的本质。这样就接近了我们讨论的主题——经济发展的质量问题，一个经济越是能够按照当时生产力的水平为全社会首先是最广大的劳动人民提供生存与发展所需要的物质资料，我们就说这个经济的发展有着较高的质量。

但是，谈到经济发展的质量问题还应当划清一个原则性界限。这就是经济中社会生产关系的本质是推动经济朝着让其根本的质充分实现的方向运动，还是朝着其他方向运动，只把经济的根本的质作为附带实现的要求。前者是社会主义、共产主义经济的本质特征，后者则是历史上一切剥削社会共同的特征。

历史上各个剥削社会的生产关系运动都内在地具有偏离乃至背离经济的根本的质的属性。这种背离的首要表现就是，在剥削社会生产关系下的经济都不是把为物质生产劳动者提供足够的生存与发展所应有的物质生活资料作为生产目的，劳动者获得生活资料只是剥削社会达到其他目的的条件。如果一种生产关系这样背离了经济的根本属性，这种生产方式内部的危机就会不断积累，最终导致其灭亡。马克思、恩格斯在《共产党宣言》中曾就资本主义生产方式的矛盾指出："为了有可能压迫一个阶级，就必须保证这个阶级至少能够勉强维持它的奴隶般的生存的条件。……现代的工人却相反，他们并不是随着工业的进步而上升，而是越来越降到本阶级的生存条件以下。工人变成赤贫者，贫困比人口和财富增长得还要快。由此可以明显地看出，资产阶级再不能做社会的统治阶级了，再不能把自己阶级的生存条件当作支配一切的规律强加于社会了。资产阶级不能统治下去了，因为它甚至不能保证自己的奴隶维持奴隶的生活，因为它不得不让自己的奴隶落到不能养活它反而要它来养活的地步。"① 根据发展质量的生产关系内涵可以认为，对剥削社会的经济而言，虽然也可以从一般哲学意义上谈"发展质量"，但是，由于它们生产关系的性质，它们并不是在我们所说的"质量"道路上发展。

相比之下，社会主义、共产主义经济的本质特征就是使经济回归它根本的质的要求，把满足以广大劳动者为主体的全体社会成员不断增长的物质文化生活需要作为社会的生产目的。《共产党宣言》指出："代替那存在着阶级和阶级对立的资产阶级旧社会的，将是这样一个联合体，在那里，每个人的自由发展是一切人的自由发展的条件。"② 只有这样的社会生产关系，才具有使经济朝着我们所说的"质量"方向发展的内在动力和条件。生产关系与生产力之间的矛盾作为社会基本矛盾在社会主义、共产主义社会依然存在，因而也会存在着经济的实际运动偏离其根本的质的情况，但是，这种矛盾不是对抗性的，需要在坚持社会主义、共产主义生产关系基本面不变的条件下，对生产关系进行调整、改革来解决，促进社会生产目的的实现，让经济的根本的质得到充分的实现。在这一阶段上，经济发展的质量越来越成为社会关注的重要方面。

对经济发展的质量的关注主要是实现经济发展的过程中逐步加强的。

自 20 世纪 80 年代开始，我国经济建设呈快速发展态势，经济总量长期保持高速增长，经济在满足人民物质文化生活的道路上不断发展，使主导着新中国经济前 30 年的人民不断增长的物质文化需要和落后的社会生

① 《马克思恩格斯选集》第一卷，人民出版社 1995 年版，第 284 页。
② 同上书，第 294 页。

产之间的这一主要矛盾发生了转变，形成了当前人民日益增长的美好生活需要和不平衡不充分的发展之间的矛盾。在新的社会主要矛盾主导下，经济发展中表现出许多新的问题，包括产能过剩带来的企业开工不足、市场过度竞争带来的资源浪费、劳动者就业机会不足，收入得不到保障、社会成员收入差距不断扩大并产生了两极分化的趋势，环境污染严重、生态受到威胁等，这些情况都是与经济的根本的质的要求相背离的，也是与社会主义生产目的相背离的。这些问题的存在把经济发展质量问题尖锐地摆在了我们的面前，要求我们重新审视经济发展的质量要求，发现决定经济发展质量的规律，寻找影响我国经济发展质量的原因，探索我国经济高质量发展的道路。

二　我国经济发展质量问题的历史演变

以上我们从唯物辩证法的角度提出了关于经济发展质量的一般概念，这就是一种经济越是能够按照当时生产力的水平很好地实现它为全社会首先是最广大的劳动人民提供生存与发展所需要的物质资料，我们就说这种经济的发展有着较高的质量。经济发展质量是以人民的需要，首先是以最广大劳动人民的需要为标准对经济发展进行衡量的范畴。人民的需要是多种多样的，但是，这多种多样的需要不管其内容如何，都有一个共同的基本内涵——在适应人的生存和发展的环境下，以日益丰富的物质生活资料，实现自身身心健康的发展。这个基本内涵在我国社会主义发展的不同历史时期，根据当时生产力与生产关系的情况，表现为不同的具体要求。

新中国成立以前，我国经历了长达百余年的半封建半殖民地社会。落后的社会生产关系严重阻碍了社会生产力的发展，使新中国成立之初面临的是一个一穷二白、百业待兴的中国。社会主义生产关系建立后，社会的主要任务是在新的生产关系下保护和发展社会生产力。在这一阶段，社会经济的主要问题是生产力的落后，基本的物质生活资料生产不能满足人民的需要。因此，提高生产水平，实现工业化，向人民提供数量更多、种类更加丰富的物质产品成为新中国成立最初 30 余年经济发展的主题，经济发展的主要要求和表现就是各种产品的产量不断增加。产品数量的增加能够满足更多的人民在物质文化生活上的需要，从一般意义上说，这也是更充分地体现经济的根本的质的要求，给人民生活带来质的改善。这一时期经济发展的质量主要体现在生产发展的比例是否恰当、产品质量是否达到基本的使用价值标准。在这一时期，社会生产主要以农业为主，工业生产规模逐步扩大，因此，虽然由工业化给环境带来的消极影响已开始出现，但并未上升为影响经济发展质量的主要问题。社会主义公有制在国民经济中占绝对的比重，因此，居民收入虽然存在差别，但没有很大的差距。在这个国民经济发展以数量增加为主要内容的阶段，经济发展中出现的质量问题主要表现在两个方面：第一，从20世纪50—70年代，导致国民经济大幅波动的主要原因是比例失调，具体地体现为农、轻、重的比例中，重工业所占比重过大占用资源较多，而主要生产食品、衣物及其他日用消费品的农业、轻工业发展相对落后，不能很好地满足人民物质生活的需要。第二，在企业层次技术和管理水平落后导致产品成本较高，使社会共同的需要和企业积累的需要缺乏充足的资金来源。但是，总的来看，这一阶段经济中的主要矛盾还是生产力水平限制下产品数量不足的矛盾。

自20世纪70年代末我国实行了经济体制改革，确立了中国特色社会主义方向，通过发展商品经济转变了经济运行机制，鼓励多种经济成分共同发展，发掘了资源潜力并调动了经济中蕴藏的群众积极性，因而使经济得到长足的发展，国民经济在30多年中保持高速增长，基本解决了前30年国民经济面临的数量不足问题。在这种历史条件下，发展质量问题上升为进一步发展所关注的焦点。新时代中国特色社会主义的发展，经济发展质量问题有两种不同的性质：

第一，提升经济发展层次的性质。这一性质的发展质量问题主要体现在对社会产品的要求从有到好的转变，这就要求把社会劳动更多地投在产品的精细化和功能完善之上。适应这一要求，需要升级产业结构，发展高新技术产业；提高劳动手段及对象的技术含量；发挥劳动者的劳动创造精神；把以往经济发展中积累起来的生产技术给予更充分的物化，实现生产技术、生产过程的创新。

第二，消除和纠正在以往发展中经济偏差和弊病的性质。相比之下，这方面是关系经济发展全局的深层次问题，也是我国经济发展质量所面临的主要问题。涉及这一性质的发展质量问题其存在和表现是多方面的，其中有些是国民经济早期发展中存在的问题，在变化了条件下又获得了新的动因。例如，国民经济比例失调是我国经济发展中的老问题了，但是，市场经济固有的生产无政府性又催生了经济比例失调的新的动因。近十几年来，部门、地区等在局部利益驱动下借助市场经济赋予的资源配置能力进行重复建设，使一些领域形成严重的产能过剩和产品积压，其中既包括钢铁、水泥、煤炭、平板玻璃等传统产业，也包括如光伏、风电设备等新兴能源产业，还包括过去计划经济条件下不作为商品的住宅建设。这些部门产能过剩、产品积压是国民经济中的老问题在市场经济环境下获得了成长的土壤。发展质量中的另一些问题，是工业化高度发展带来的，例如，环境与生态的破坏问题。在工业化早期，由于生产规模较小，环境与生态问题在量上还没有积累到影响全局的程度。当传统道路上的工业化达到相当程度时，这些矛盾就会上升为主要矛盾，成为阻碍经济发展的严重桎梏。再有一些影响发展质量的问题来自改革后体制中的弊病，比如，在分配领域中居民收入差距不断扩大，甚至出现贫富两极分化的趋向。应当看到，改革的道路不是笔直平坦的，并不能说任何一项改革的措施都是完美无缺的，多种所有制的发展以及国有企业的资本化，必然使社会成员地位出现分化，最终在收入分配上表现出来。由于收入分配中存在着消极一面，使许多人，特别是生产一线的广大劳动者在发展了的经济中缺乏获得感，这样，经济的根本的质不能充分地实现，不能使现代生产力所提供的生产能力服务于最广大劳动群众日益增长的物质文化生活需要。又如，经济中以价值增值为目的的发展倾向，使产生于产业资本循环、其职能本应是服务于产业资本的金融活动出现了独立发展的趋向，形成经济内部的金融风险。

以上各个方面的问题不是互相分立、单独存在的，它们彼此交织，互相强化，严重地影响着经济的发展质量，它们共同构成经济进一步发展必须解决的问题。

根据我国新时代中国特色社会主义的发展阶段所面临的主要矛盾，提高经济发展质量已经不能是就事论事地加以对待，必须通过全面深化改革，按照提高经济发展质量的要求，改造传统的经济体系，建设现代化经济体系。针对当前我国经济在发展质量方面问题的种种表现，我国现代化经济体系的建设以下五方面体现经济发展的质量要求：

第一，涵养创新动力与源泉。以创新为提升经济的发展质量提供技术手段与社会生产关系环境，形成生产力健康发展的机制。

第二，经济体系内部比例合理、循环顺利、产品实现通畅。这一要求的目的在于减少资源在经济体系中不恰当地停滞，使最终产品进入生活和生产消费。

第三，形成以满足最广大人民群众提升生活质量为内容的收入分配制度。收入分配状况是决定市场规模和性质的深层原因，只有最广大劳动者才是市场需求的最大潜力。

第四，贯彻绿色发展理念，把保护环境和实现资源供给的可持续性作为发展的重要质量要求。

第五，推动形成全面开放新格局。对外开放的经济体系有助于更好地在世界范围内利用资源和先进经验和技术，弥补自身短板，促进我国的经济发展。

以上各项要求从各个角度，全面反映着新时代中国特色社会主义经济发展的质量要求，贯穿其中的一条红线，就是使经济中根本的质在新的历史条件下更充分地实现。

三　实现经济高质量发展必须坚持经济改革的社会主义方向

转变经济发展方式，把重点转到依靠创新、提升质量的发展道路上来是新时代中国特色社会主义经济发展的要求。为实现这一要求，需要准确、深入地认识妨碍我国经济发展质量的主要因素。

经济是生产力与生产关系的统一，在生产力发展的一定阶段，社会生产关系是影响经济发展方式的直接原因，生产关系的作用是否有助于使经济的根本的质的实现，直接影响着经济发展的质量。因此，认识我国经济发展质量中存在的那些问题，必须对存在于当前中国特色社会主义中的各种生产关系进行具体的分析。

中国特色社会主义经济是我国在社会主义初级阶段的道路选择，它的所有制基础是坚持公有制为主体、多种所有制经济共同发展；在收入分配方面，坚持按劳分配为主体、多种分配方式并存的分配制度；在经济的运行方式上，实行社会主义市场经济。中国特色社会主义经济制度的内容反映出在它内部存在着多种性质的生产关系，既有代表社会主义方向的以公有制为基础的生产关系，也存在着大量以资本价值增值为目的的民营经济，还有大量建立在私有制或准私有制基础上的小商品经济。中国特色社会主义的本质特征是党的领导，党以公有制经济和宏观管理制度为手段，贯彻社会主义制度的要求，力求把经济作为向人民群众提供美好生活的物质手段来实现，促进人的全面自由发展。同时，在经济内部存在着大量的非公有制经济，它们作为社会主义发展的补充力量而具有其存在的合理性。改革开放以来，非公有制经济的构成从最初的最大量的个体经济和一部分外资及中外合资经济，发展到今天以民营经济为最主要的构成。在中国特色社会主义经济中，这些非公有制经济（其中主要是民营经济）具有二重性。它们在我国社会主义管理制度之下经营，必须服从国家的各种管理制度，发挥其提供社会产品、吸收就业的功能。民营经济在利润动机和市场竞争压力下，内在地有着创新发展的动力，客观上提高了国民经济的技术水平。这是它们存在与发展的重要依据。另外，从本质上看，它们内部的生产关系是生产资料私有制下的雇佣劳动关系，它们的生产目的是追求利润，这就使它在运动中存在有背离社会主义生产目的的一面。

中国特色社会主义内部生产关系构成的多样性，形成了生产关系与生产力矛盾的多种性质与情况，这些情况都因为其特有的机制，产生着违背经济发展质量要求的趋向。在国家经济管理体制的层面，地方局部利益与国民经济整体利益之间、不同地方利益之间的矛盾可能导致产业结构的失衡；对地方政府政绩评价方式的不当，也会导致地方政府按照评价考核要求推动经济片面发展；单纯对经济规模的追求，可能导致更多地靠投入增加来取得发展，等等。在公有制经济方面，由于它们在市场经济环境下经营，也必然使公有制经济带上资本的属性，加之国有经济处于骨干、支柱地位，也有可能具有更方便地依靠规模扩张的发展动力。对于最大量民营经济来说，由它的直接生产过程生产关系决定着以劳动力价值和剩余价值为基本结构的“按要素”分配，是形成收入差距扩大的主要原因；私人资本唯利是图的本性使它在条件允许和监管不严的情况下，可以不顾环境、生态的限制向社会转嫁生产成本；对于中小资本的生产企业来说，由于技术水平低下，创新能力不强，也是经济发展中数量扩张的重要来源。除以上因市场主体能动行为所导致的发展质量下降以外，还要看到市场经济自发作用对发展质量提升所造成的困难。比如，市场自发形成的价格体系会引导资源出现不合理的配置，导致经济发展偏离协调的轨道，使一些重要的基础产业，如农业，发展遇到困难，而一些非基础性产业，如旅游、奢侈品生产，则成为热门行业、能够更容易地赚取利润。这种情况使经济在表面繁荣的背后隐藏着极大的危机。因此，中国特色社会主义经济绝不是止于公有制为主体，多种所有制经济共同发展，中国特色社会主义经济作为统一的有机整体，其统一性就在于要把同时存在的各种所有制经济的活动统一到新时代中国特色社会主义生产目的——全面实现人民对美好生活的需要。

就一般意义而言，提高经济发展质量的各项要求是不难理解，那么为什么发展质量却是经济在长期发展中难以解决的问题呢？历史唯物主义认为，社会存在决定社会意识，所以，忽视经济发展质量的问题长期存在，其根源不在于人们在观念上没有认识到发展质量的重要性，而在于社会生产关系内部仍存在着各种妨碍发展质量提高的环节。因此，要提高经济发展的质量，走“创新、协调、绿色、开放、共享”的发展道路，仍需要坚持社会主义方向，全面深化改革，按照社会主义的要求全面改革历史上来自资本主义的市场经济。

以上强调了社会生产关系对经济发展质量的直接影响。实现经济的高质量发展必须坚持社会主义改革方向，彰显社会主义生产目的与经济本质的一致性。但是，也应注意到，合理的改革只是消除社会生产关系内部那些妨碍和制约经济高质量发展的因素，调动经济内部按照高质量要求发展的积极因素，除此之外，提升发展质量还需要国家、企业、劳动者等方面能动地发挥作用。经济发展质量是一个根本性的话题，它涉及几乎全部政治经济学原理，因此，推进中国特色社会主义经济的高质量发展，必须以马克思主义政治经济学的立场、观点、方法为指导，全面落实新时代中国特色社会主义的发展方略。

四 推进中国特色社会主义经济高质量发展

把经济发展方式从以数量增长为主要内容转变到以质量效益为主要内容上来，需要在以下五个方面进行努力。

（一）在新的科技革命背景下，把社会生产逐步转变到新的科技基础之上

当前新的一轮科技革命正在兴起，在20世纪80年代后信息产业蓬勃

发展的基础上，互联网、智能制造、云技术、大数据，等等，正在进入社会经济，它们将使传统生产发生巨大的变革。因此，提升经济发展质量在当前时代有着特殊的科技革命内涵。

新技术革命提供了更多的技术手段，有助于解决在传统技术下难以解决的发展质量问题。新技术提供了更强的监测手段，经济管理与技术监督部门可以更好地掌握经济、技术数据，了解涉及经济发展质量的诸问题，如对自然环境与生态质量、企业生产中污染物的排放等情况的监测。这些都是有助于经济发展质量提高的积极变化。新兴技术，一方面，将会以新的方式和手段满足人类物质生活的许多传统的需要；另一方面，也创造出在原有生产力下人民不能企及的需要，这些对于提升人民生活水平，促进人的发展与进步具有十分重要的积极意义；新的技术革命条件下生产内容的变化也将给产业结构带来根本性的变化，这些变化有可能使一些带来严重环境问题的产业在国民经济中的地位下降，比如，光伏发电、风力发电达到一定规模时，就可以替代煤炭采掘。当前新的技术革命正在悄然地改变着人民的物质生活和社会生活，因此，使经济转向高质量发展，必须紧紧抓住新的科技革命带来的机遇，积极发展高新技术产业，促进社会生产的技术转变。

为了抓住新的科技革命带来的机遇，需要加强国家创新体系的建设，根据基础科学、应用科学、技术开发等不同性质科技发展，在国家、地方和企业不同层次建设各类研究机构，提高研究和创新水平。

还应看到，新的技术革命给社会经济发展带来的影响既有积极明确的方面，也有不确定的方面，因此，促进经济高质量的发展还必须研究新技术革命的可能其他不利影响。比如，在产业结构出现重大转变过程中，劳动力在不同产业工作岗位间的平稳有序转移问题、在产业结构转变中生产力重新布局带来的地区经济发展不平衡问题，等等。

（二）在准确认识各行业在经济与社会中地位作用，正确发挥生产与流通及其他社会服务的功能

有质量的发展需要有经济体系内部的合理结构，合理的产业结构又有赖于正确认识准确发挥各个行业的功能。在经济体系中，经济的根本的质、属性存在的依据是物质生产。流通行业，如贸易、金融等只有服务于物质生产的发展才具有存在的合理性。根据各行业在经济体系中的功能，各个行业应有恰当的规模，正确的衔接才能形成生产、分配、交换、消费的顺利循环。目前关于产业结构研究的许多文献仍只是从三次产业数量比例来判断产业结构的合理与升级，这种方法淡化了不同行业的功能，按照价值拜物教的观念，把社会上所有活动都一概视为创造价值的活动。这样，就混淆了生产与消费、生产与流通、生产与管理等不同功能，对经济结构的合理化产生了一定的误导。尤其是在市场经济条件下价格不能合理反映各行业经济地位的情况下，按照各行业“产值”来调整产业结构极易产生消极影响，带来了一些基础产业的发展困难。

在产业体系的建设中，物质生产及商品流通，即马克思所说的职能资本的活动，与金融活动的关系十分重要。人类经济活动的基本内容是物质生产与交换，现代金融活动是资本主义商品经济高度发展的产物，它存在的依据在于将闲置的货币资本引导到物质生产与流通活动中，金融不是产业，不能把金融作为创造生产总值的行业来对待。但是，在资本价值增殖的本性，金融活动具有脱离物质生产与流通独立发展的趋向，这种情况下，金融活动背离了它存在的依据，甚至转向从物质生产与流通中汲取资源。经济“脱实向虚”将诱发深刻的经济危机，因此，推动经济高质量发展必须坚持金融服务于物质生产与流通的方向。

（三）加强国家监管，端正经济活动的社会主义方向

在多种所有制经济共同发展的条件下，当前我国民营经济已经占国民经济的60%以上，就业人数达80%。对于民营经济来说，利润是企业生产经营的根本目的。从外部来说，对企业生产的主要制约来自市场，其主要机制是企业间的竞争、购买者的评价及支付能力等。这些制约机制中，企业间竞争仅仅体现了对企业生产成本、市场规模的压力，购买者的评价也只体现了产品对于购买者自身的直接影响，而企业活动中那些长远的、广泛的消极外部影响则没有一个市场主体能够制约，甚至也是它们所不关心的。所以，市场这只“看不见的手”所能做到的与经济的本质和社会主义生产目的所要求的仍有着很大的距离，仅靠市场制约不能实现经济的高质量发展，必须由代表社会公众长远和根本利益的主体出面，以直接的手段限制企业那些损害社会公众利益的影响。在民营企业内部，劳资关系的性质也决定了企业不会按照现有生产力的能力充分满足劳动者物质文化生活需要。雇佣劳动制度下工人阶级的地位决定了劳动力价值是决定他们收入的基本尺度。在这方面，更需要社会主义国家作为工人阶级利益的代表保证工人阶级的收入水平及必要福利，这不仅是保证社会主义生产目的

的实现，而且对于市场经济来说，也是保证市场购买力、减少生产过剩的必要措施。因此，经济发展中的社会主义方向不是悬在空中的口号，而是直接决定经济发展质量的基本条件，这必须由国家出面才能实现。

（四）继续加强农业这个基础，杜绝粮食危机萌芽

农业是国民经济的基础，是不可缺少的物质生产部门。党的十九大报告把农业提到了国家安全的高度，提出："确保国家粮食安全，把中国人的饭碗牢牢地端在自己手中。"① 农业部门的健康发展是整个国民经济高质量发展的基础，从农业与经济发展质量的关系来认识，必须赋予农业以充足的内部发展动力，强化农业自我发展的能力，使之成为提供社会产品、吸收就业的重要经济部门。在新形势下，要深化农村集体产权制度改革，不仅要保障农民的财产权益，更主要的是让集体财产成为农民劳动致富的手段，壮大集体经济，通过集体经济的壮大，实现农民在发展农业经济中的主体地位。

（五）按照健康、绿色的消费需求推进经济高质量发展

消费使生产最终得到实现，所以，高质量的经济发展离不开合理、健康的消费。高质量经济发展的表现之一就是经济的发展能够不断地满足人民美好生活的需要。但是，满足美好生活的需要并不等于填充"欲望无穷"的需要，而是在合理的生产力发展基础上促进人民身心健康的需要。根据消费对生产反作用的原理，倡导健康、绿色的生活消费是经济高质量发展的必要条件。健康、绿色的生活消费更注重于人的身体素质与精神境界的提高，它以物质生产的发展为基础，但它是对物质产品合理的有节制的消费，而不是对物质产品肆意浪费。合理的消费将有效地控制对物质资源的需求，减少生产对环境的压力，有利于贯彻绿色发展的理念。应当看到，资本主义生产方式创造了与自身相适应的消费方式，这种消费方式是适应资本价值增殖中扩大市场的要求，以"越多越好""式样更新""用过既扔"等消费观念，促进着消费的扩大从而促进市场的扩大。但是，这种有利于资本价值增殖的消费方式蕴含深刻的环境危机和社会危机，与我们追求的经济高质量发展是根本对立的。因此，在中国特色社会主义新时代，可积极发展社会主义消费，带动经济高质量发展。

---

① 习近平：《决胜全面建成小康社会 夺取新时代中国特色社会主义的伟大胜利——在中国共产党第十九次全国代表大会上的报告》，人民出版社 2017 年版，第 32 页。

推进经济高质量发展是一个综合性、全局性的课题，它不仅体现在现代化经济体系建设的整体层面，更要通过企业活动乃至个人消费来实现。实现经济的高质量发展在理论上涉及政治经济学的方方面面，要求我们从对经济发展质量的认识出发，对于经济发展的各种环节上的质量问题做深入具体的研究。

以能源生产和消费革命推进绿色发展

——基于马克思人与自然物质变换思想的研究

李繁荣　郭丕斌　齐晓燕

摘要　“推进绿色发展”是加快生态文明体制改革、建设美丽中国的重要举措。本文基于马克思人与自然物质变换思想，分析了绿色发展和人与自然之间物质变换的关系，以及能源生产、消费过程和人与自然之间物质变换的关系。认为以实现人与自然之间正常物质变换的绿色发展为目标的能源生产革命必须改变传统能源格局，推动能源生产循环经济模式，推动能源生产技术革命，实现能源开采与生态修复同步进行；以实现人与自然之间正常物质变换的绿色发展为目标的能源消费革命要加强能源清洁低碳利用技术的研发和推广，形成能源清洁低碳利用的市场倒逼机制，加强绿色制度建设，倡导能源绿色生产和绿色消费文化。

关键词　绿色发展　能源生产革命　能源消费革命　马克思　物质变换思想

一　人与自然之间正常的物质变换：绿色发展的基本要求

在党的十八届五中全会上，习近平总书记提出“五大发展理念”，将

［作者简介］李繁荣，经济学博士，太原师范学院经济系教授，研究方向为《资本论》与社会主义市场经济；郭丕斌，管理学博士，太原师范学院经济系教授，研究方向为能源技术创新；齐晓燕，管理学硕士，忻州师范学院会计系讲师，研究方向为能源效率、管理会计理论研究。

绿色发展作为关系我国发展全局的一个重要发展理念；党的十九大报告中，习近平总书记再次把“推进绿色发展”作为“加快生态文明体制改革，建设美丽中国”的重要举措。绿色，是大地的颜色；绿色发展，也就是要按照自然规律来实现人类社会的发展。“人与自然是生命共同体，人类必须尊重自然、顺应自然、保护自然。人类只有遵循自然规律才能有效防止在开发利用自然上走弯路，人类对大自然的伤害最终会伤及人类自身，这是无法抗拒的规律。”文明发展至今，我们必须重新审视人与自然之间的关系。作为马克思主义的继承者和弘扬者，习近平总书记提出的理论自信具有坚实的理论基础。绿色发展，是马克思主义生态理论的题中应有之义；绿色发展理念，是马克思主义生态理论与中国经济社会发展的实践相结合的一种创新理念。[①] 马克思在其著作中有诸多关于人与自然之间的关系的论述，其核心思想即是人与自然之间的物质变换思想。[②] 要落实绿色发展理念，需要生产方式和消费方式的绿色转型，而能源生产和消费的绿色转型作为其中非常重要的一环，已经被提到“能源生产和消费革命”的战略高度。按照马克思理论分析，以能源生产和消费革命推进绿色发展，归根结底，是要使人与自然之间实现正常的物质变换。

（一）人与自然是生命共同体

习近平总书记在2013年做出“山水林田湖是一个生命共同体”论断时，就已经明确指出：“人的命脉在田，田的命脉在水，水的命脉在山，山的命脉在土，土的命脉在树。”这一重要论述用“命脉”把人与自然生态系统联系在一起，党的十九大报告明确指出，“人与自然是生命共同体”，这与马克思关于人与自然之间关系的认识是一致的。

马克思认为，人与自然之间的关系，首先表现为人是自然的产物，自然是人类生存的前提。在《1844年经济学哲学手稿》中，马克思指出：没有自然界，没有感性的外部世界，工人就什么也不能创造。它是工人用来实现自己的劳动、在其中展开劳动活动、由其中生产出和借以生产出自己的产品的材料。[③] 自然不仅为人类提供人类肉体生存所需的资料，同时自然界还为人类提供生产资料，即劳动加工的对象。由此，可以得出马克

① 任理轩：《深入学习贯彻习近平同志系列重要讲话精神，坚持绿色发展——“五大发展理念”解读之三》，《人民日报》2015年12月22日第7版。

② 李繁荣：《〈资本论〉中的物质变换思想及其现实意义》，《江汉论坛》2011年第5期。

③ 《马克思恩格斯全集》第42卷，人民出版社1979年版，第92页。

思认为自然界是人类生存的前提、人直接的是自然存在物的结论。

人与自然之间的关系，还表现为人在自然界中的主动性。人是自然的产物，但人与动物的区别在于动物完全依赖于自然，只在自然规定的范围内活动，而人则会按照自己的意愿去选择，以使人在自然面前变得自由。因此，人是能动地、创造性地利用自然的。在马克思的视野中，自然包括自在自然和人化自然两种。所谓自在自然，是指和人不发生关系的自然界，即人类活动还没有作用过的自然界；所谓人化自然，是指已经被人类社会的劳动实践活动涉足、改造并打上了人类烙印的自然界。马克思认为：在人类历史中即在人类社会的产生过程中形成的自然界是人的现实的自然界；因此，通过工业——尽管以异化的形式——形成的自然界，是真正的、人类学的自然界。[①] 人类社会越是发展，自在自然便越是在更大程度上随着人在自然界中的主动性增加而演变为人化自然。

人与自然之间的关系，同时表现为人在自然界中的受动性。人能够能动地改造自然，同时，人在利用和改造自然的过程中会受到自然界的制约。当现实的、有形体的、站在稳固的地球上呼吸着一切自然力的人通过自己的外化把自己现实的、对象性的本质力量设定为异己的对象时，这种设定并不是主体；它是对象性的本质力量的主体性，因而这些本质力量的活动也必须是对象性的活动。对象性的存在物客观地活动着，而只要它的本质规定中不包含对象性的东西，它就不能客观地活动。[②] 简言之，马克思认为，虽然人的劳动实践活动在改变自然形式、实现人的目的的过程中发挥着重要作用，但是，进入人的生产劳动过程中的自然物质，并没有完全丧失其固有的规律性，人仍然要受自然规律的制约，人的生产和生活要遵守自然规律。即人类必须尊重自然、顺应自然、保护自然。

（二）人与自然之间要有正常的物质变换

19 世纪 50 年代，马克思对人与自然之间关系的认识更为深入，以资本主义生产方式为背景分析人与自然之间的关系，认识到其核心是人与自然之间正常的物质变换关系，并对资本主义生产方式造成的人与自然之间的物质变换出现“代谢断层”及其消解进行了分析。作为一般规律的总结，有关结论对当代人类社会的发展仍有重要指导意义。

---

① 《马克思恩格斯全集》第 42 卷，人民出版社 1979 年版，第 128 页。

② 同上书，第 167 页。

"劳动首先是人和自然之间的过程，是人以自身的活动来中介、调整和控制人和自然之间的物质变换的过程。"[①] 马克思明确了人与自然之间的关系是物质变换关系，这种物质变换关系是人与自然之间双向交流的过程。人与自然之间正常的物质变换是指人一方面在自然界自我修复的范围内从自然界获取物质产品，另一方面人也在自然界自我消解能力范围内向自然界排放废弃物。人与自然之间正常的物质变换就是一种人与自然和谐共处的状态。

首先，人与自然之间的物质变换是人从自然界取得所需之物的过程。马克思认为，"土地"在人类社会产生之初就"以食物，现成的生活资料供给人类"[②]，同时，马克思还对劳动过程中的劳动对象和劳动资料进行了分析。劳动对象包括两大类：一是"天然存在的劳动对象"，即人类直接从自然界获取的物质资料；二是"被以前的劳动可以说过滤过的劳动对象"，例如，已经开采出来正在洗的矿石，作为原料再进入劳动过程中。"土地是他的原始的食物仓，也是他的原始的劳动资料库。"[③] 人类最初劳动过程中所使用的劳动资料都是直接从自然界获取的，随着劳动过程的发展，开始出现经过加工的劳动资料，并在此基础上人类开始制造和使用工具进行生产。由此可见，劳动过程首先表现为人从自然界获取各种物质产品的过程。

其次，人与自然之间的物质变换又是人向自然界排放废弃物质的过程。人自身的生理活动、人消费物质产品的过程会产生废弃物，返还给自然界；人类的农业生产、工业生产过程中会产生废水、废气、废渣等废弃物，返还给自然界。随着生产技术的不断提高，人类从自然界获取物质产品的能力不断提高，同时向自然界排放废弃物的数量也不断增加。

马克思认为，在资本主义生产方式的发展过程中，城市的扩张越来越"破坏着人和土地之间的物质变换，也就是使人以衣食形式消费掉的土地的组成部分不能回归土地，从而破坏土地持久肥力的永恒的自然条件"。[④] 也就是说，这种生产方式的发展终将会"在社会的以及由生活的自然规律所决定的物质变换的联系中造成一个无法弥补的裂缝"。[⑤]

① ［德］马克思：《资本论》第一卷，人民出版社2004年版，第207—208页。
② 同上书，第208—209页。
③ 同上书，第209页。
④ 同上书，第579页。
⑤ ［德］马克思：《资本论》第三卷，人民出版社2004年版，第919页。

（三）绿色发展的基本要求是实现人与自然之间正常的物质变换

马克思在 150 年前揭示出来的人与自然之间物质变换出现的“代谢断层”，随着工业文明的发展也愈益加大。马克思指出的人以衣食形式消费掉的土地的组成部分不能还田这种现象，在现代化生活方式中表现为大量的粪便没有归还土地而农业生产中却大量使用化肥。工业生产中的大量“生产排泄物”也越来越超出自然生态系统的自我调节能力，对生态系统造成沉重的负担。对此，马克思在《资本论》中为解决人与自然之间物质交换的“代谢断层”问题，提出了“使那些在原有形式上本来不能利用的物质，获得一种在新的生产中可以利用的形态”的“循环经济”思想，以及“从一个较高级的经济的社会形态的角度来看……整个社会，一个民族，以至一切同时存在的社会加在一起，都不是土地的所有者。他们只是土地的占有者，土地的受益者，并且他们应当作为好家长把经过改良的土地传给后代”的“可持续发展”思想。① 这些足以说明“科学发展观”“生态文明观”等都是马克思主义理论的题中应有之义；党的十八届五中全会提出、党的十九大报告中强调的“绿色发展”理念正是马克思主义生态理论与我国当前经济社会发展的实践相结合的一种创新理念。

当前我国经济社会发展过程中存在的一个突出问题就是生态环境短板问题。长期以来，追求经济总量增长的目标使我国的经济发展方式突出表现为粗放型、高污染型、资源耗竭型特征。马克思所描述的人与自然之间物质变换关系的“代谢断层”从“获取物质产品”和“排放废弃物”两个方向不断加大，资源环境承载力已经逼近极限。人与自然之间的矛盾已经严重到一定程度，要求我们必须主动破局，向绿色生产方式和生活方式转变，加快生态文明体制改革，以建设美丽中国。

“像对待生命一样对待生态环境”正是基于人与自然是生命共同体而提出的，“人和自然和谐共生”也正是一种人与自然之间正常物质变换的状态，“按照资源环境承载力发展经济”就是考虑到人从自然界获取与向自然界排放两方面对生态系统产生的影响。因此，绿色发展理念与马克思主义生态理论一脉相承，绿色发展理念，归根结底，是要求实现人与自然之间正常物质变换的理念。

---

① ［德］马克思：《资本论》第三卷，人民出版社 2004 年版，第 878 页。

二 能源生产和消费：人与自然之间物质变换的重要载体之一

能源是人类社会发展的物质基础。人类文明发展的历史，同时也是一部人类如何利用能源的历史。人类社会从农耕文明迈向工业文明，能源也越来越成为世界经济发展的重要动力。能源的定义有很多种，各种定义的共同点在于把能源界定为由自然界提供的可以从其获得热、光和动力之类能量的资源。能源的生产和消费活动便直接表现为人与自然之间物质变换过程的载体。从质和量两方面厘清能源生产和消费活动对自然生态系统产生的影响，才能为主动破解困局找到更准确的突破口。

根据对环境的污染程度，可以把能源分为清洁能源和非清洁能源两大类。清洁能源无论是生产还是消费过程中对环境的污染都很小甚至无污染，如太阳能、风能、水力能等；非清洁能源则在生产和消费过程中都对环境造成了较大的污染，如煤炭、石油等。因此，出于对自然生态系统所产生的影响之分析目的，本文将分析的范围框定在非清洁能源范围上，并以煤炭为例，分析能源生产和能源消费过程中人与自然之间的物质变换。

（一）能源生产过程与自然生态系统之间的双向交流

能源是现代社会的血液，是工业文明发展的重要动力。自 18 世纪后，煤炭、石油、电力的广泛使用，一方面推动了世界经济迅速发展，另一方面也带来了生态环境的一系列问题。在我国，煤炭作为主要能源的地位在短期内难以改变。从图 1 中可以看出，改革开放以来，我国一次能源产量结构中，煤炭产量占能源总产量的比重始终处于绝对优势地位，尽管近几年煤炭产量所占比重有所下降，2016 年降低到 70% 以下，但其所占比重仍然远远高于其他能源。因此，以煤炭作为代表，来分析能源生产过程对自然生态系统的影响，其结果具有代表性。

1. 煤炭生产：从自然界获取物质产品对自然生态系统的影响

煤是亿万年前大量植物埋在地下慢慢形成的。因此，相对于当今世界人类开采煤炭的速度而言，自然界中的煤炭储量是极其有限的。单纯就其从自然界获取物质产品而言，煤炭生产对自然生态系统产生的影响就是直接导致自然生态系统中的煤炭储藏量大规模减少。相对于自然界形成煤炭所需要的时间而言，煤炭这种不可再生能源会随着人类探明其储量越多而越快濒临枯竭。近年来，虽然我国实施节约与开发并举、把节约放在首位的能源发展战略，但煤炭的产量仍然保持增长态势（见图 2）。化石能源不可持续利用的压力仍然存在，如若不改变发展方式，自然生态系统将无力满足人类进一步发展对能源的需求。人类对这类不可再生能源的大规模开发利用，会使其储量越来越少。按照当前人类生产发展的速度，如果不加限制地开发利用能源，这些不可再生能源很快就会陷入枯竭状态。

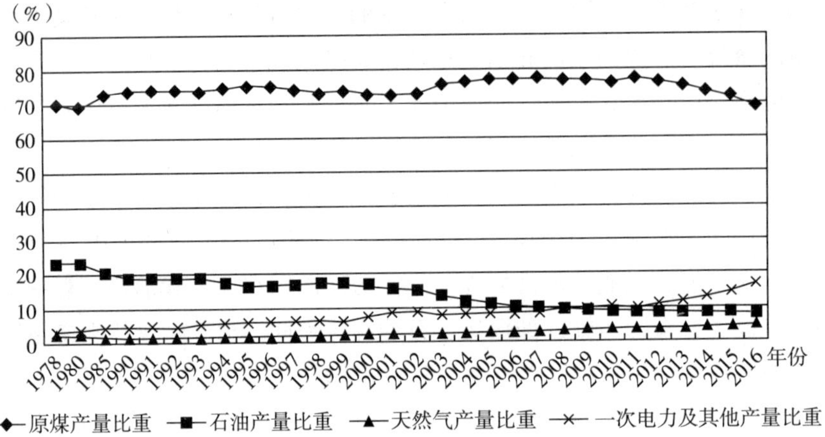

图 1　1978—2016 年能源产量结构

资料来源：根据《中国统计年鉴（2017）》中数据整理所得。

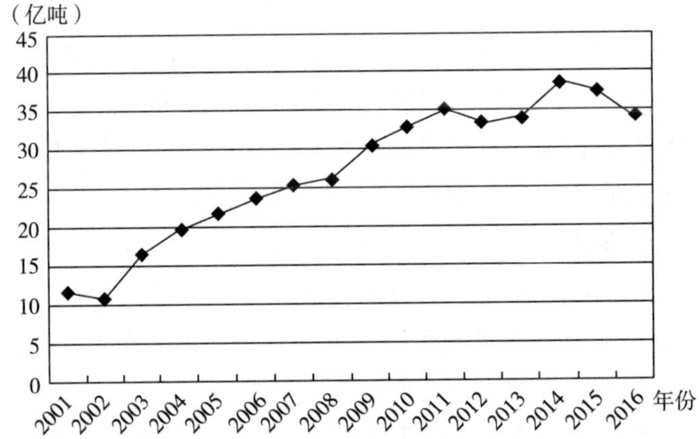

图 2　2001—2016 年我国煤炭产量曲线

资料来源：根据 2001—2016 年《中国国土资源公报》以及国家统计局网站数据整理所得。

2. 煤炭生产：向自然界排放废弃物质对自然生态系统的影响

煤炭的开采过程是典型的人与自然之间的物质变换过程。煤炭生产一方面是从自然界获取能源产品的过程，另一方面又是向自然界排放生产废弃物的过程。煤炭的开采过程产生的废水、废气、废渣向自然界的排放必然会对水资源、大气、土地资源产生负的生态效应，同时由于其开采过程是直接对地质构造的破坏，会由采空区而引起地面塌陷、地下水流失等问题，甚至从根本上破坏采煤区及其周边自然生态系统。

煤炭开采过程的各个阶段如开采期、矿坑的排水期、尾矿以及煤矸石堆积等都会对水资源产生负效应。由于水资源和煤矿共处于地质层中，在开采过程中需要将矿井中的水排出以利于操作，由此容易造成地下水位降落漏斗区。随着开采深度的加大，深层含水层的水也被截留转化为矿坑水被排出，地下水储存量不断减少。① 煤炭在开采过程中的废旧坑木自然腐烂物、废机油、废酸液等直接深入地下水中造成水质破坏；煤矸石长期堆放经过物理化学变化产生有害成分向地下渗透污染地表及地下水资源，等等。

在煤矿作业过程中，将地下煤炭或煤矸石挖出，采煤作业完成后会留下煤矿采空区。如果煤矿采空区不进行加固，以及在开采完成后不进行回填，时间久了就会造成地面塌陷，导致周边森林破坏、农田无法耕种，居民生活受到影响，自然生态系统遭到破坏。

煤炭开采形成的废气主要是矿井瓦斯和地面煤矸石自燃释放的气体。有关数据显示，我国每年煤矿开采过程中产生的甲烷只有大约5%能实现回收利用，其余都排放到大气中，成为温室效应的主要因素之一。煤矸石自燃释放出大量含有二氧化硫、二氧化碳等在内的有害气体，严重污染大气环境。

（二）能源消费过程对自然生态系统的影响效应

1. 煤炭消费的生态环境效应

以煤为主的能源结构符合我国当前资源禀赋的客观要求。近年来，我国虽然采取了能源消费总量控制、煤炭减量替代和碳排放权交易市场等节能减排政策，但由于中国现有能源结构中缺油少气，缺少从煤炭到新能源的过渡能源，煤炭消费在一次能源消费中的比重仍然保持主导地位。如图

① 刘哲：《浅析煤炭开采的地下水环境影响与评价》，《地下水》2012年第6期。

3 所示，我国 1978—2016 年能源消费结构中，煤炭消费比重始终占有绝对优势。近年来，煤炭消费占能源消费总量的比重有下降趋势，但仍然远远高于其他能源消费所占比重。

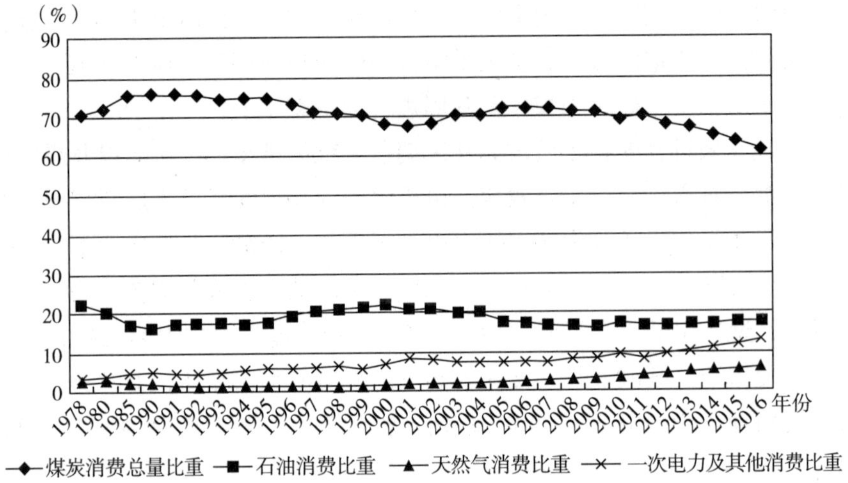

图 3　1978—2016 年能源消费结构

资料来源：根据《中国统计年鉴（2017）》中数据整理。

我国的经济发展尤其是改革开放以来取得的巨大经济成就，其中煤炭的利用起了很大的作用。在煤炭利用过程中，也不可避免地带来了环境污染。2015 年的调查统计数据显示，废水排放量最为严重的 4 个行业为化学原料和化学制品制造业、造纸和纸制品业、纺织业、煤炭开采和洗选业，其中化学原料和化学制品制造业、煤炭开采和洗选业为煤炭消耗量非常大的行业，煤炭消费带来的水污染占重点行业水污染的比重为 22.3%。2015 年的废气排放量统计数据显示，二氧化硫排放量和烟（粉）尘排放量位于前三位的分别为电力热力生产和供应业、非金属矿物制品业、黑色金属冶炼及压延加工业，都是煤炭消费量非常大的行业。2015 年重点调查企业产生的工业固体废弃物中，与煤炭的开采和利用直接相关的尾矿、粉煤灰、煤矸石产生量、冶炼废渣产生量和炉渣产生量分别占重点调查企业一般工业固体废弃物产生量的 30.7%、14.1%、12.4%、10.9% 和 10.2%，是主要的固体废弃物排放源。因此，长期以来，人们把污染尤其是雾霾污染的罪魁祸首指向煤炭。

事实上，造成环境污染的根本问题不在于煤炭本身，而是不清洁的煤炭利用方式。[①] 研究者认为，中国雾霾污染主要来源于燃煤、工业生产、机动车尾气排放、扬尘等，其中大量的煤炭消费是形成雾霾的诱因之首。[②] 因此，了解煤炭消费产生的生态环境效应，在对煤炭消费技术做出环境效率评价的基础上，才能更有的放矢地推进煤炭消费革命。

为此，本文选择了煤炭消耗量最大的六个行业来分析煤炭消费的全要素能源效率（TFEEC），本文称这几个行业为煤炭密集型行业。按照中国《国民经济行业分类（GB/T4754—2011）》标准，这六个煤炭密集型行业分别为煤炭开采和洗选业，石油加工、炼焦及核燃料加工业，化学原料及化学制品制造业，非金属矿物制品业，金属冶炼及压延加工业，电力、热力的生产和供应业。以 2015 年为例，这六个煤炭密集行业的煤炭消费量共计 350458 万吨，占整个工业行业煤炭消费量的 93.29%。其中，电力、热力的生产和供应业消费量最大，占 44.03%。按照本课题组前期利用数据包络分析法（DEA）和 2015 年数据的测算[③]，发现煤炭消费效率达到 DEA 有效的行业只有两个；将煤炭消费的能源效率分解为煤炭消费的经济效率和煤炭消费的环境效率后发现，除煤炭开采和洗选业外，其余五个行业煤炭消费的经济效率大于（或等于）煤炭消费的环境效率，这说明多数行业更重视经济发展，而忽视了环境污染带来的影响，没有很好地处理好能源消费与自然生态系统之间的平衡关系。

2. 煤炭消费效率的影响因素

前面分析了六大煤炭密集型产业煤炭消费的能源效率，发现效率值非常不理想，没有很好地解决能源消费与自然生态系统之间的平衡关系。那么，是什么因素导致了这种效率低下进而可以有针对性地解决呢？为了回答这个问题，本文以纯六大煤炭密集型产业煤炭消费的能源效率为被解释变量，以研发投入（RD）、市场竞争（COM）、产权结构（PRS）、煤炭价格（CP）、资本深化（CAP）和环境治理能力（ENV）六个影响因素为

---

① 马丽梅、张晓：《中国雾霾污染的空间效应及经济、能源结构影响》，《中国工业经济》2014 年第 4 期。

② 姜春海、宋志永、冯泽：《雾霾治理及其经济社会效应：基于“禁煤区”政策的可计算一般均衡分析》，《中国工业经济》2017 年第 9 期。

③ Pibin Guo, Xiaoyan Qi, Xijun Zhou, Wei Li, “Total - factor Energy Efficiency of Coal Consumption: An Empirical Analysis of China’s Energy Intensive Industries”, *Journal of Cleaner Production*, Volume 172, 20 January 2018, Pages 2618 - 2624.

解释变量，选取 2005—2014 年的数据，对中国六大煤炭密集型产业 TFEEC 的影响因素进行研究。建立的 Tobit 模型为：

$$TFEEC_{i,t} = C + \beta_1 RD_{i,t} + \beta_2 COM_{i,t} + \beta_3 PRS_{i,t} + \beta_4 CP_{i,t} + \beta_5 CAP_{i,t} + \beta_6 ENV_{i,t} + \varepsilon_{i,t} \quad (1)$$

其中：$TFEEC_{i,t}$为中国六大煤炭密集型产业的全要素能源效率值；β_i为各个影响因素的相关系数；$\varepsilon_{i,t}$为随机误差项，且 $\varepsilon_{i,t} \sim N(0, \delta^2)$。

运用 Eviews 8.0 对影响 TFEEC 的外生变量进行计算，具体结果见表 1，可以看出：

表 1　　Tobit 模型的估计结果

变量	系数	Z 统计量	P 值
$RD_{i,t}$	0.0002	3.0858	0.0020
$COM_{i,t}$	0.0604	2.2122	0.0270
$PRS_{i,t}$	0.2597	2.0356	0.0418
$CP_{i,t}$	0.0012	1.6094	0.1075
$CAP_{i,t}$	0.0009	3.8675	0.0001
$ENV_{i,t}$	-1.4447	-1.7029	0.0886
C	0.3919	3.2545	0.0011
Log likehood		57.1118	

资料来源：笔者计算整理。

（1）研发投入（RD）对中国煤炭密集型产业的能源效率存在正向影响，这与预期相同。P 值为 0.0020，所以影响关系显著。说明如果企业加大研发经费的内部支出，可以有效地提高中国煤炭密集型产业的能源效率。因此，企业的研发投入是影响能源效率的主要原因，煤炭密集型产业能源效率的提高离不开企业自身的资金投入和科技创新。

（2）市场竞争（COM）对中国煤炭密集型产业的能源效率存在正向影响，这与预期相同。P 值为 0.0270，所以影响关系显著。说明行业内企业市场竞争越激烈，就越有利于提高能源效率。对于同一行业来说，企业数量越多，市场竞争就越激烈。为了获得更多的利润，企业就会不断地改进技术，从而提高能源效率。

（3）产权结构（PRS）对中国煤炭密集型产业的能源效率存在正向

影响，这与预期结果不一致，预期结果是国有企业比重的增加会降低能源效率。P 值为 0.0418，两者关系显著。国内学者在研究能源效率与产权结构的关系时，有两种观点：一种观点认为，产权结构与能源效率存在正相关关系。如王海宁在分析中国工业能源效率时，发现国有企业比重增加会提高能源效率，他指出，国有企业一直以来效率比较低，但国有企业的改革逐渐使其效率有所提高，动态上说，国有企业不断提高的效率可能促使煤炭行业提高能源效率。① 同样，沈可挺指出，现阶段高耗能产业主要由国有企业构成，深化国有企业股份制改革和培育活跃的市场经济体制将成为促进高耗能产业环境全要素增长率（ETFP）增长的有效举措。② 另一种观点认为，产权结构与能源效率存在负相关关系。如唐玲等在分析中国工业能源效率时，发现两者关系为负，并提出降低国有经济比重，推进“国退民进”的存量改革，可以从微观上强化企业激励机制，使企业主动节约稀缺资源，从而提高能源效率。③ 综合以上分析，本文的结果与第一种观点一致，认为产权结构与中国能源效率存在正向关系。

（4）煤炭价格（CP）对中国煤炭密集型产业的能源效率存在正向影响，这与预期相同。P 值为 0.1075，影响关系比较显著。当煤炭价格提高时，煤炭密集型产业为了降低生产成本，会注重提高煤炭资源的利用效率；当煤炭价格降低时，煤炭密集型产业在成本方面面临的压力降低，可能会浪费煤炭资源，从而不利于煤炭资源利用效率的提高。

（5）资本深化（CAP）对中国煤炭密集型产业的能源效率存在正向影响，这与预期相同。该指标反映高耗能产业的禀赋结构，是指在经济增长过程中，资本增长的速度高于劳动力增长的速度，使资本—劳动比率或人均资本量得到提高。测算结果的 P 值为 0.0001，所以影响关系显著。国内学者在研究能源效率与资本深化的关系时，有两种观点：一种观点认为，资本深化与能源效率存在负相关关系。如王珊珊等在分析中国制造业全要素能源效率时，发现资本深化对轻工业的影响显著且存在正向影响，

---

① 王海宁、陈媛媛：《产业集聚效应与工业能源效率研究》，《财经研究》2010 年第 9 期。

② 沈可挺、龚健健：《环境污染、技术进步与中国高耗能产业——基于环境全要素生产率的实证分析》，《中国工业经济》2011 年第 12 期。

③ 唐玲、杨正林：《能源效率与工业经济转型——基于中国 1998—2007 年行业数据的实证分析》，《数量经济技术经济研究》2009 年第 10 期。

而对重工业的影响不显著且存在负向影响。① 沈可挺（2011）在分析影响中国煤炭密集型产业的能源效率时，指出资本强度对环境全要素能源效率的负向影响表明资本的边际产出递减。资本密集型产业主要代表重污染产业，劳动密集型产业主要代表轻污染产业，如果资本劳动比上升，说明煤炭密集型产业正从劳动密集型向资本密集型转化，从而加重整个行业的污染程度。另一种观点认为，资本深化与能源效率存在正相关关系。说明资本深化可以增加资本对其他投入要素的替代性，煤炭密集型产业通过加大资本投入力度，不断更新企业的生产设备等固定资产，提高了煤炭行业的能源利用效率，煤炭密集型产业的技术进步抵消了对环境的负面影响。本文的观点与后者一致。

（6）企业环境治理能力（ENV）对中国煤炭密集型产业的能源效率存在负向影响，这与预期结果不一致。预期结果是企业自身的环境治理能力对能源效率提高有积极的促进作用，而实际结果却相反。这说明企业对工业废气治理实施的投入力度越大，煤炭密集型产业的能源效率越低，这可能也是企业不愿意对环保设备进行投资的原因之一。P 值为 0.0886，两者关系显著，这可能是由于指标选择的问题，也可能是由于在日常经营中，企业将大量的资金投到节能减排的环保设备中，而这些设备短期内不仅不能产生显著的边际效应，而且会增加企业对资本投入的压力。因此，如果用投入产出效率进行衡量的话，短期内企业越是加大环境治理的力度，煤炭密集型产业的能源效率就越低。

三　能源生产革命和能源消费革命：促进绿色发展

前文以煤炭为例分析能源生产和能源消费的生态效应，研究结果表明，生产力越是提高，能源生产和能源消费就越是在更深层次上加大了人与自然之间物质变换的“代谢断层”。然而，我们必须指出，尽管现有的能源生产和能源消费是导致生态环境问题的根本原因之一，但造成生态破坏的根本原因不在于能源本身，而在于能源生产和能源消费的方式。在保

① 王珊珊、屈小娥：《基于环境效应的中国制造业全要素能源效率变动研究》，《中国人口·资源与环境》2011 年第 8 期。

障国家能源安全的前提下，以能源生产和能源消费革命推进绿色发展，是缓解甚至解决我国现存生态问题的必然选择。而各项改革措施能否达到弥补人与自然之间物质变换的“裂缝”的目的，是衡量能源生产和能源消费革命战略实施效果的基本标准。

（一）能源生产革命：形成绿色能源供给新体系

绿色发展要求有绿色、安全、可持续的能源供给体系，即能源生产不危及生态安全、能源数量满足生产需要、能源结构满足人类永续发展的要求，归根结底，也就是要求形成绿色能源供给新体系，使能源生产过程实现人与自然之间正常的物质变换。

1. 改变传统能源格局，转向多元供给模式

一次能源包括不可再生能源和可再生能源两大类。截至目前，以煤炭、石油、天然气为代表的不可再生化石能源在能源消费中的主体地位仍没有发生动摇，其中尤其以煤炭为重。能源生产改革首先要改变一次能源生产中以煤为重的现状，严格控制煤炭新增产能，提高石油、天然气所占比重。更为重要的是，大力推动以水能、风能、生物质能为代表的可再生的、清洁的、非化石能源生产，是优化能源结构、实现绿色发展的必由之路。

2. 推动能源生产循环经济模式，减少生产环节向自然界的排放

在目前尚不能根本转变能源结构的情况下，在化石能源开采过程中，实施“清洁生产”是当前最急需采取的措施。化石能源的开采过程中必然产生废水、废气、废渣等物质；在这些排放物和废弃物离开生产过程之前，要采取措施，减少其数量和有害性；在能源生产过程中，采取循环经济模式是最佳选择。按照“减量化、再利用、再循环、再制造”的4R原则，在能源生产过程中形成物质闭路循环，将生产过程中产生的废弃物作为循环产业链中下游产业的原材料，最终使整个能源生产的废弃物排放达到无限小。

3. 推动能源生产技术革命，为绿色低碳能源生产提供技术支持

无论是多元化能源格局的实现还是能源循环经济模式的实行，其最关键的问题在于能源生产技术的发展程度。因此，能源生产革命和能源消费革命都要有能源技术革命作为先导，尤其是通过能源技术创新，促进能源生产革命，实现能源供给侧清洁化的结构性改革。能源生产技术革命应该从三个层次进行：一是加快非化石能源开发和装备制造技术，才能推动能

源结构多元化以及清洁能源的使用；二是加快化石能源清洁生产技术的开发和利用，才能减少生产过程中造成的污染；三是要进一步探索能源生产循环经济技术支持，推动产业链延伸。

4. 能源开采与生态修复同步进行，避免出现人与自然之间物质变换的“代谢断层”

传统能源开采模式下所形成的“先开发、后治理”道路，其所产生的生态环境后果，我们当前正在靠付出更大的代价来弥补这一“代谢断层”。然而，正如马克思所言，“社会生产力的增长仅仅补偿或甚至补偿不了自然力的减低，——这种补偿总是只能起暂时的作用”。① 能源生产革命必须推动能源开采与生态修复同步进行，强化矿山企业环境恢复治理责任，边开发、边治理，以绿水青山换取金山银山。

（二）能源消费革命：开创清洁低碳利用新局面

绿色能源消费方式就是减少能源消费过程中对自然界的负生态效应的消费方式。绿色发展是兼顾经济效益和生态效益的发展方式。在继续推动经济发展的过程中，对能源的需求总量难以减少；由于技术路径锁定效应，打造中高级能源消费结构尚需时日。因此，能源消费革命的关键在于推动能源的清洁低碳利用。前述分析表明，当前多数行业仍然没有处理好能源消费与自然生态系统之间的平衡关系，这种能源利用的环境低效率是由多种因素导致的。综合各种因素与能源效率之间的关系，可以发现，能源消费革命的推动需要以下两个方面的措施。

1. 加强能源清洁低碳利用技术的研发和推广

能源消费改革是一个逐渐渗透的过程，迫于能源消费减量对经济发展的压力，能源消费改革中最迫切的问题是加大能源清洁利用技术的研发和推广。前述研究结果显示，研发投入、资本深化对煤炭密集型产业的能源效率存在正向影响。因此，就提高能源利用的生态环境效率而言，应引导企业加大能源清洁利用技术的研发投入，这会直接带来显著的能源生态正效应；引导企业资本深化即加大资本投入力度，以技术进步抵消煤炭利用对生态环境的负效应。前述研究结果显示，企业环境治理能力与能源效率存在负向影响，也就是说，从短期考察企业是没有加大环境治理力度的意愿的。因此，应提供相应的制度支持，比如生态补偿的方式，引导和帮助

---

① ［德］马克思：《资本论》第三卷，人民出版社 2004 年版，第 867 页。

企业主动提高环境治理能力。

具体到煤炭的清洁低碳利用技术而言，倪维斗院士（2017）提出，采用先进的燃煤发电技术可以提高能效，减少排放；采用将煤气化技术和联合循环相结合的动力系统的整体煤气化联合循环，有极好的环保性能；煤基多联产能源系统技术可以实现跨行业、跨部门的生产，实现煤炭的多维度梯级利用。若依托这些先进的节能和环保技术，煤炭完全可以实现清洁利用，实现煤炭消费与环境友好协调。

总之，煤炭消费革命最迫切的突破口在于，加强能源清洁低碳利用技术的研发和推广，这需要绿色制度建设，充分调动企业技术研发的积极性，同时更好地发挥政府作用，以支持政策引导企业实现能源消费绿色化。

2. *形成能源清洁低碳利用的市场倒逼机制*

能源消费改革的主导者理应是政府，但能源消费企业才是能源消费改革的主体。以煤炭为例，前述研究结果显示，市场竞争、产权结构、煤炭价格对中国煤炭密集型产业的能源效率都存在正向影响。激烈的市场竞争会促使煤炭消费企业改进技术，提高能源效率；深化国有企业改革，可使其在提高生产效率的过程中提高能源效率；煤炭价格的提高会使企业想办法提高煤炭利用效率。因此，将生态环境成本、能源供求关系等要素纳入能源价格体系，推动形成能源清洁低碳利用的市场倒逼机制，使能源消费企业基于企业成本收益核算而成为能源清洁低碳利用的主动参与者。

把能源消费总量和强度目标作为经济社会发展的重要约束指标，充分发挥市场机制配置能源资源的决定作用，推动形成能源消费企业经济转型升级的倒逼机制。在成本倒逼压力下，一方面使能源消费企业减少能源消费总量；另一方面引导能源消费企业转向清洁能源消费，转向可再生能源消费。结合各地生态承载力、发展现状以及发展潜力，兼顾经济发展质量、社会公平和生态效益，实施能源消费差别化总量管理。

（三）能源生产和能源消费革命的绿色制度建设

党的十九大报告指出："我们要建设的现代化是人与自然和谐共生的现代化，既要创造更多物质财富和精神财富以满足人民日益增长的美好生活需要，也要提供更多优质生态产品以满足人民日益增长的优美生态环境需要。"良好的生态环境是最公平的公共产品，是最普惠的民生福祉。基于此，"推进能源生产和消费革命，构建清洁低碳、安全高效的能源体系"作为推进绿色发展的重点内容之一，对于生态文明体制改革的加快和美丽中国的建设非常重要。这就意味着，在充分调动市场主体参与能源生产和能源消费革命积极性的过程中，支持绿色发展的“绿色制度建设”必须先行一步。

1. 改革能源价格形成机制

推动形成由能源资源稀缺程度、能源市场供求关系、环境补偿成本、代际公平可持续等因素决定的能源价格形成机制。能源价格形成机制改革也是如何处理好市场与政府关系的改革。凡是能由市场形成价格的，就交给市场；同时要更好地发挥政府在能源价格形成机制改革过程中的导向作用，引导价格改革向着有利于节约能源、改善生态环境、倒逼经济转型升级的方向发展。

2. 创新能源监督管理模式

加强顶层设计，基于全国及各个区域生态承载力的基础，制定能源开发利用的战略规划。在此基础上，创新能源开发利用的监督管理模式。完善能源审计制度和生态环境审计制度，通过能源审计监督能源利用过程中的经济效益和生态环境效益，监控在各部门能源消耗的数量，从而将环境影响因素纳入能源效率评估体系，促进减量、节能目标的实现；通过生态环境审计监督能源生产过程中的生态影响，根据动态化生态系统指标做出判断，促进能源开发与生态修复的同步进行。

3. 提供有利于能源生产和能源消费绿色发展的政策支持

通过能源税费改革，发挥政策导向作用，引导能源生产和能源消费的绿色转型发展。我国现行的能源税费制度是能源从价税，在能源开发和利用过程中还存在一些问题，比如，能源过度开采带来的环境问题、能源利用效率低的问题以及能源资源开发地区相对贫困问题等，需要通过能源税费制度的改革，引导对清洁能源、可再生能源的开发和利用。通过能源开发生态补偿机制改革，引导能源开发企业主动修复区域生态环境，引导社会资本参与到生态修复的过程中，以提供更多的生态产品。

4. 倡导绿色生产和绿色消费文化

工业文明发展过程中“唯 GDP 论”的思想，无论生产环节还是在消费环节都导致了愈益严重的生态环境问题。就能源的生产而言，浪费性开采普遍存在、废弃物任意排放等都造成了周边环境的严重损害。就能源的消费而言，废水、废气、固体废弃物等已成为沉重的生态负担。由于生产者和消费者长期以来的行为习惯、思想意识以及我国传统的体制机制等形成的惯性效应，能源生产方式和能源消费方式的绿色转型还需要外力推动。在全社会范围内倡导绿色生产和绿色消费文化，引导人们转变传统观念，从关注 GDP 转向更加关注生态环境，从讲究奢华转向简约式生活方式。从近年来兴起的共享单车可以看出，共享单车的成功推广与应用，就是绿色消费的成功典范，也是绿色出行文化倡导的结果。

四 总结

能源问题是关系国家经济社会发展的全局性、战略性的问题。《能源生产和消费革命战略（2016—2030）》印发以来，能源转型的方向和路径逐渐清晰，能源生产和消费革命可以有效推动绿色发展进程。从现有研究来看，研究者多关注中国能源供给领域存在的诸多结构性问题，并且对如何破解能源困局提出了一些卓有成效的看法。在现有研究的基础上，本文意欲进一步厘清能源生产和消费革命对绿色发展的推进作用。与已有研究不同，本文以马克思人与自然之间物质变换思想为理论基础，来分析能源生产和能源消费过程中的生态影响。绿色发展、生态文明的终极指向是实现人与自然之间正常的物质变换。因此，在人与自然之间物质变换思想指导下的能源生产和消费革命能够从根本上推进绿色发展。

研究认为，无论是能源生产结构转型还是能源消费结构转型，都尚需时日。因此，以能源生产和消费革命推进绿色发展的当务之急就是能源清洁化，这包括能源清洁化生产和能源清洁化利用。进一步的研究表明，影响能源效率的诸多因素中，能源清洁生产技术、能源清洁利用技术的研发和推广是当前破解困局的关键。而绿色制度建设以及在此基础上形成的能源清洁低碳利用的市场倒逼机制和一系列规制政策，则是能源生产和消费革命的保障。本文的研究成果为进一步研究能源生产和消费革命提供了更为清晰的方向和路径，有助于进一步深入研究能源清洁利用的规制政策。

虚拟经济及其对实体经济影响的理论分析和实证研究

卢映西　陈乐毅

摘要　虚拟经济的产生和发展是实体经济发展到一定阶段的规律性现象，对经济增长有“双刃剑”效应，应当因势利导扬长避短。我国虚拟经济发展迅速，成绩很大，风险不小，需要从马克思的虚拟资本理论出发，进一步考察现代市场经济中虚拟经济与实体经济的辩证关系，并通过实证研究对我国现阶段经济金融化过程中的虚拟经济与实体经济之间的配置失衡问题进行定量分析，提出新常态下优化金融资源配置、服务实体经济发展和防范金融风险的对策建议。

关键词　马克思虚拟资本理论　虚拟经济　实体经济　金融风险

一　虚拟经济产生和发展的理论分析

习近平总书记说：“一个国家一定要有正确的战略选择，我国是个大国，必须发展实体经济，不断推进工业现代化、提高制造业水平，不能脱实向虚。”[①]党的十九大提出了“健全金融监管体系，守住不发生系统性金融风险的底线”的任务，实际上，都要求我们重视对虚拟经济的研究，提出夯实实体经济和防范金融风险的对策。

［作者简介］卢映西，南京财经大学经济学院副教授，主要从事政治经济学和经济思想史研究；陈乐毅，南京财经大学经济学院政治经济学专业硕士研究生。

① 习近平：《必须发展实体经济，不能脱实向虚》，《人民日报》2017 年 5 月 25 日。

虚拟经济源于虚拟资本。马克思在《资本论》第三卷中，通过对信用制度和生息资本的分析，在学术史上第一次以劳动价值论为基础对虚拟资本做出深刻而形象的论述。马克思认为，虚拟资本是随着资本主义信用的发展而产生的，是“现实资本的纸制复本”[①]，本身没有价值，但是，可以通过循环运动产生利润。“虚拟经济”一词最早由我国学术界提出，是与现实经济或实体经济相对应的概念。以程思危为代表的学者是在1997年东南亚金融危机过后才逐步开始研究虚拟经济的，但2002年“虚拟经济”的提法已经进入党的十六大报告。按程思危的定义，虚拟经济是与虚拟资本以金融系统为主要依托的循环运动有关的经济活动，简单地说，就是直接以钱生钱的活动。[②] 对于以钱生钱，马克思说过：以实在货币为起点和终点的流通形式G，…，G′，最明白地表示出资本主义生产的动机就是赚钱。生产过程只是为了赚钱而不可缺少的中间环节，只是为了赚钱而必须干的倒霉事。据此很容易理解刘志彪对两种经济所做的区分：“区分实体经济和虚拟经济，主要看起点于货币资本的增值性活动以什么为媒介或者中介：如果以货币、价值符号和资产为媒介，就是虚拟经济；如果以当作使用价值的商品和服务为交易媒介，就是实体经济。”[③] 在我国，虚拟经济主要发生在金融、房地产领域。

实践经验已经反复证明，虚拟经济的一定发展有利于资源的有效配置，但是，一旦虚拟资本进行自我循环并过度膨胀，则会造成虚假经济繁荣，加速金融和经济危机的爆发。由于虚拟经济的过度发展，连资本主义经济危机的形式都发生了变化：“过去所讲的经济危机基本上都是实体经济领域的危机，表现为生产过剩的危机。而从20世纪90年代以来在资本主义世界发生的危机基本上都表现为金融危机。”[④] 所以，当经济出现“脱实向虚”倾向时，就需要提高警惕。

国外主流经济学文献也有实体经济（Real Economy）这个概念，但与其相对的概念一般不用虚拟经济，而是用金融（Finance）、金融部门（Financial Sector）、金融体系（Financial Systems）、金融市场（Financial Markets）等概念。金融领域除银行外，还包括证券公司、保险公司、共

① ［德］马克思：《资本论》第三卷，人民出版社2004年版，第540页。

② 程思危：《虚拟经济探微》，《管理评论》2005年第1期。

③ 刘志彪：《实体经济与虚拟经济互动关系的再思考》，《学习与探索》2015年第9期。

④ 洪银兴：《虚拟经济及其引发金融危机的政治经济学分析》，《经济学家》2009年第11期。

同基金、养老基金、对冲基金、证券自营商、信用衍生品公司、房地产公司、结构化投资工具、商业票据流通等，[①] 相当宽泛。我国学界说的脱实向虚，国外学界一般说金融化，而且承认马克思是这个领域研究的先驱："卡尔·马克思最先阐述了金融化的深层次政治经济学原理，认为主要以贪婪为基础的资本主义制度最终必然会崩溃，而金融化正是这个制度的最后阶段。"[②] 尽管不愿同意资本主义必然崩溃，经过 2008 年国际金融危机后，西方主流学界也不得不正视过度金融化的危害。在危机前房地产泡沫达到顶峰时，美国经济的金融化已发展到这样的程度："占据了整个经济 7% 的金融部门，只创造了 4% 的就业岗位，却几乎赚到了全美企业利润的三分之一，而在 25 年前，金融部门的利润只占 10% 。"[③]

战后金融化或虚拟经济引人注目的发展，国外文献一般认为始于 20 世纪 70 年代布雷顿森林体系的解体，是此后各国金融政策趋向去监管化，导致金融活动越来越偏离服务实体经济的传统，越来越自我膨胀。[④] 我们认为，这种说法没能追溯到虚拟经济发展的根源。马克思主义经济学揭示了市场经济的利润率趋向下降的规律："劳动生产力的发展使利润率的下降成为一个规律"。[⑤] 西方主流经济学也发现一个资本收益递减的规律，即随着实体经济部门资本存量的增加，每一单位额外资本投入得到的收益减少。两种完全不同的经济学发现的规律都指向同一事实：实体经济发展到一定程度之后，越发展，盈利就越困难。这一事实实在太过明显，我们经常可以在财经新闻中看到。于是逐利的资本必然要寻求有利可图的新目标，现在的问题是为什么虚拟经济能够成为新目标？这是因为虚拟经济的盈利机制与实体经济不同。举个简单的例子：一个人在某地开了家商店，他必然不希望有人在旁边再开同样的商店。但是，如果一个人买进一只股票，他肯定希望所有人都来买同一只股票！这种新的盈利机制，被刘骏民总结为虚拟经济第一定律："流入虚拟经济的货币量越是增加、交易越活

---

① Foroohar, Rana, 2016, *Makers and Takers: The Rise of Finance and the Fall of American Business*, New York: Crown Publishing Group, p. 80.

② Ibid., p. 53.

③ Ibid., p. 22.

④ José Carlos Braga, Giuliano C. de Oliveira, Paulo J. W. Wolf, Alex Wilhans A. Palludeto, Simone S. de Deos, "For a Political Economy of Financialization: Theory and Evidence", *Economia e Sociedade*, *Campinas*, V. 26, Número Especial, pp. 829 - 856, Dez. 2017.

⑤ ［德］马克思：《资本论》第三卷，人民出版社 2004 年版，第 287 页。

跃，虚拟经济活动创造的货币收入就越多，其中，被计入 GDP 的工资和利润数额就越大。”①

根据上述“虚拟经济第一定律”，虚拟经济一定程度的发展对经济增长是有积极作用的，但这绝不意味着虚拟经济规模越大越好。国外的研究一般也支持金融发展有利于经济增长②，但 2008 年国际金融危机爆发后，国外学者重新检验两者之间的关系，认为经济金融化并不总是单向地促进经济增长，当金融业务的规模相对于经济总量显得过大时，金融发展反而会阻碍经济增长。③ 具体地说，金融部门发展规模和发展速度对经济增长的作用存在“阈值效应”，超过“阈值”，金融发展反而会对经济增长起抑制作用，甚至引发危机。④

所以，虚拟经济的发展是由其吸纳剩余资本的能力决定的，是实体经济发展到一定程度的规律性现象。西方国家政府放松金融监管其实也是形势所迫，问题在于松紧的程度不易把握。总之，对于虚拟经济，堵是堵不住的，必须因势利导、扬长避短。根据上面的分析，大思路应该是：在实体经济方面，应该大力倡导自主创新，充分利用新产业、新模式、新技术、新业态，加快促进产业智慧化、智慧产业化、跨界融合化、品牌高端化，尽可能遏制利润率下降的趋势。在虚拟经济方面，既要允许虚拟经济适度发展，又要加强监管，控制虚拟经济波动幅度，迟滞波动速度，降低资本杠杆率，以达到压制虚拟经济资本回报率的目的，从而减少虚拟经济对实体资本的吸引力，防范金融风险。

下面，我们将深入研究我国虚拟经济发展的状况，并提出相关对策建议。

---

① 刘骏民：《经济增长、货币中性与资源配置理论的困惑——虚拟经济研究的基础理论框架》，《政治经济学评论》2011 年第 10 期。

② Levine, R., 2005, "Finance and Growth: Theory and Evidence", in Aghion, P. and Durlauf, S., eds., *Handbook of Economic Growth*, Vol. 1, chapter 12 Elsevier, pp. 865 - 34.

③ Arcand, J. L., E Berkes and Panizza, U., "Too much Finance? *Journal of Economic Growth*, 2015, 20 (2): 105 - 148.

④ Cecchetti, Stephen G. and Kharroubi, Enisse, "Reassessing the Impact of Finance on Growth" (July 1, 2012), *BIS Working Paper* No. 381.

二　虚拟经济的“双刃剑”效应和对中国经济增长的影响

（一）虚拟经济对实体经济的作用机制

20 世纪 80 年代以来，世界经济快速发展和频繁爆发的金融危机表明，经济金融化是一把“双刃剑”，虚拟经济对实体经济既有积极作用，又有消极影响。

1. 虚拟经济对实体经济的积极作用

第一，有利于优化资源配置，提高配置效率。通过发展虚拟经济，金融市场能够高效地实现资本和其他经济资源的优化配置，促进实体资本的形成和积累。

第二，适度利用虚拟经济，有利于实体经济主体防范和分散经营风险。例如，金融衍生品市场可提供多样化的套期保值和风险规避的手段。

第三，金融市场可以通过信息披露和资产定价等功能缓解信息不对称问题。

第四，为虚拟经济服务的金融机构本身也能增加就业机会，为实体经济创造新需求。

2. 虚拟经济对实体经济的消极影响

第一，挤出效应。当虚拟经济过度发展、资本回报率高于实体经济时，会吸引大量社会资本“脱实向虚”，造成生产性投资相对减少，阻碍实体经济的发展。

第二，泡沫经济。资本的逐利性将使虚拟资本不断自我繁衍，造成经济的虚假繁荣和泡沫化，价格大起大落，容易引发金融和经济危机。

第三，跨国影响。由于虚拟经济是国际游资十分重要的“投机渠道”，由一国过度投机引起的危机很可能会演变为全球性的金融风暴，使开放条件下的实体经济也面临严峻挑战。

（二）我国虚拟经济的发展现状及其对经济增长的作用

我国虚拟经济虽然起步较晚，但是，发展速度较快，包括股票市场、债券市场、基金市场、金融衍生品市场等在内的虚拟经济已经具有相当大的规模。此外，随着市场经济的发展，我国还出现了 P2P、比特币、余额宝等一系列新的虚拟资本形式。金融工具多元化一方面促进了经济金融化的进一步发展，另一方面也带来了潜在的经济运行风险。

图1显示，我国的股票、债券、期货市场自2006年起发展迅猛，股票和期货市场波动较大，尤其是期货市场。两者在2015年的成交额达到一个高峰，股票市场的成交额为255.1万亿元，而期货市场的成交额从2014年的292.0万亿元迅速上涨到554.2万亿元。虽然到2016年的成交额有所回落，但仍然拥有较大规模，股票市场为127.4万亿元，期货市场为195.6万亿元。我国债券市场在2006—2010年发展较为平缓，2010—2015年进入较快发展阶段，而在2015—2016年，债券市场发展势头迅猛，2016年的成交额已经达到238.8万亿元，超过期货市场。而我国的基金市场发展一直较为平稳，成交额也没有股票和期货市场波动大。

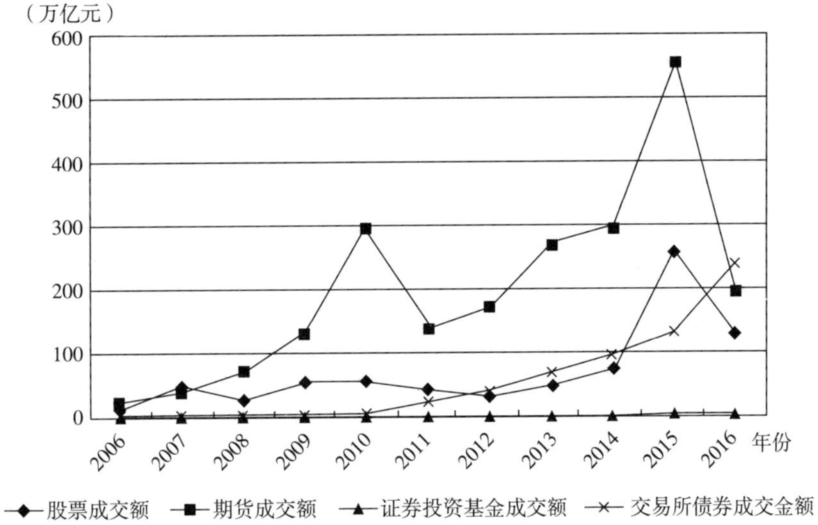

图1 我国证券市场成交额示意

资料来源：中经网数据库。

可以看出，我国包括股票市场、期货市场、债券市场、基金市场等在内的虚拟经济虽然起步较晚，但发展速度较快，尤其是股票市场与期货市场波动较大，对我国的实体经济运行有间接的影响。

从我国经济发展的实践看，近年来，经济金融化对我国经济增长具有一定的积极促进作用，金融业对我国整体经济发展的贡献率也不断提升。

从图 2 中可以看出，2006—2016 年金融业产值增长率虽然波动较大，但一直保持较高水平，并且几乎都高于 GDP 增长率，最高的产值增长率在 2007 年达到 52.5% 的水平，金融业产值占 GDP 比重也保持了较为平稳的增长，最高在 2015 年达到 8.4%，这表明金融业的 GDP 贡献率一直维持稳定增长。另外，近年来，我国金融业提供的就业岗位也在不断增加，图 3 显示，2006—2016 年，金融业就业人数增长率一直保持较高水平，特别是在 2015—2016 年的城镇单位就业人数增长率为负的情况下，金融业城镇单位就业人数仍然拥有较高的增长率。截至 2016 年，金融业城镇单位就业人数增长率高达 9.6%，且金融业就业人数在城镇单位总就业人数中所占比重增加到 3.7%。这些数据表明，金融业主要在产值贡献率和就业人数增加两个方面对我国的经济增长具有较大的促进作用。

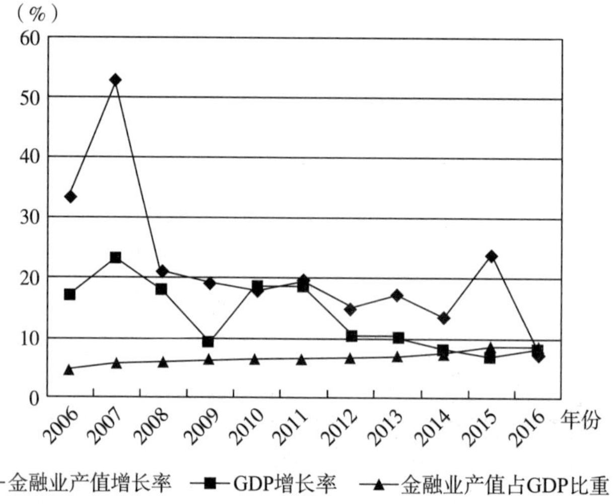

图 2　金融业的产值比重

资料来源：中经网数据库。

（三）我国现阶段的经济金融化与经济增长关系的失衡与特征

2010 年以来，我国进入“经济新常态”，经济整体进入结构性转型的关键时期，经济增速下行，增长动力转换。另外，我国金融体系规模发展迅速，金融深化程度不断提高，但是，金融资源配置却不能满足实体经济发展的需要，金融资源配置与实体经济发展无论是在总量上还是在结构上都存在不协调、不适应的现象。

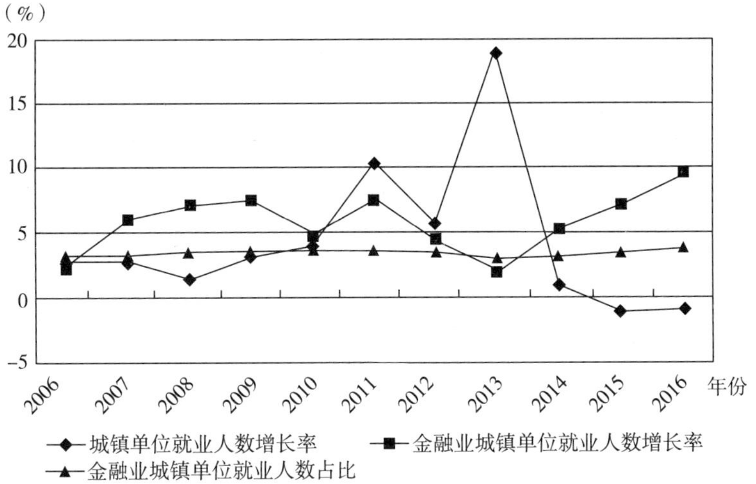

图3 金融业就业人数占比

资料来源：中经网数据库。

首先，金融资源配置与实体经济发展在总量上的失衡主要表现在以下两个方面：一是金融业与制造业就业人员的平均工资之间的差距；二是工业企业利润增长率为负数的情况下，金融业利润却依然维持高速增长。图4表明，2006—2016年，金融业就业人员平均工资的增长幅度较大，且一直居于高位。而制造业就业人员平均工资虽然也保持着较为平稳的增长，但整体水平不仅远远低于金融业而且还一直低于城镇单位就业人员平均工资水平，2016年，制造业就业人员平均工资增长到59470元，而金融业已经高达117418元，这种工资水平的差距从一个侧面反映了我国收入分配的不平等。另外，我国经济发展进入“新常态”后，结构性调整造成了经济增速放缓，实体经济整体经营业绩大幅下滑，但银行业利润却依然保持高速增长。2010年以后，我国工业企业利润增长率从53.6%直线下降，甚至到2015年出现-2.9%的负增长率，而金融业中的商业银行净利润自2010年起却一直维持稳定增长，2011年的净利润增长率高达36.3%，截至2016年，我国商业银行的净利润达到16490亿元。金融业与实体经济的巨大利润差额，导致大量资本逃离实体经济而转向虚拟经济投机，即“脱实向虚”，进一步增加我国整体经济发展的不稳定性。

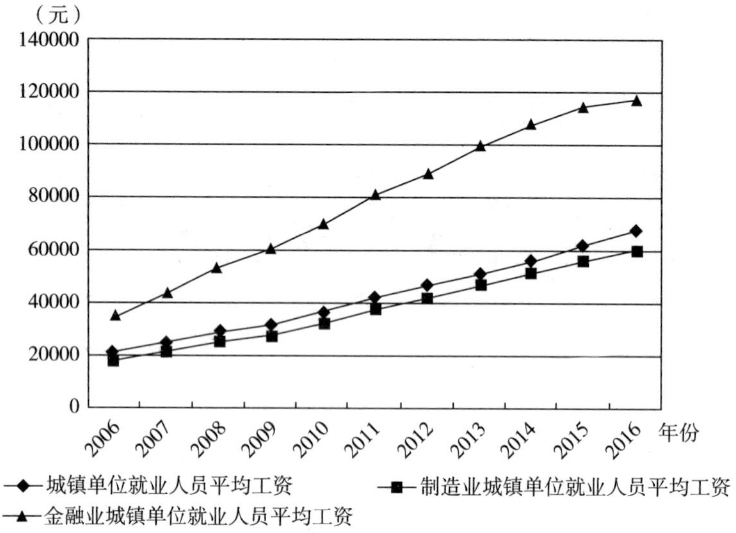

图 4　平均工资对比示意

资料来源：中经网数据库。

其次，我国的金融资源与实体经济配置也出现了结构上的不协调。

一方面，虽然这些年我国货币当局一直通过实行稳健性货币政策来保证充裕的市场流动性，但这些流动性并没有顺利通过信用渠道进入实体经济。这就导致许多实体经济主体（尤其是小微企业）感到资金紧张，“融资难、融资贵”现象越发凸显。表 1 反映了 2006—2016 年我国的货币供给量 M2 增长情况，可以看出，从 2006 年的 34. 6 万亿元增加到 2016 年的 155 万亿元，M2 增长了 3. 5 倍，而同期 GDP 仅增长 2. 4 倍。从相对数来看，图 5 显示，货币化率（M2/GDP）不断上升，从 2006 年的 157. 5% 提高到 2016 年的 208. 3%，但货币效率（GDP/M2）却显示持续下降，由 2006 年的 63. 5% 降到 2016 年的 48%。这些数据表明了我国经济中出现的“货币多”的问题，然而，货币化率与货币效率之间的差距又进一步说明了宽松的货币供给并没有都转化为“可用资金”，“资金紧”反而成为我国实体经济发展过程中的突出问题。目前，我国实体企业融资方式主要以间接融资为主，银行贷款是我国传统的资金供给渠道。而发行股票和债券等直接融资的门槛较高，主要以大中型企业为主，小微企业主要通过银行贷款融资，但我国的各大银行对借款企业的盈利能力和经营状况要求较严格，这在一定程度上导致了中、小微企业资金供给不足，为了维持生产，只能到小额贷款公司、民间借贷市场借款。

表1 货币供给增长情况

年份	GDP（亿元）	GDP 增长率（%）	M2（亿元）	M2 增长率（%）	M2/GDP（%）	GDP/M2（%）
2006	219438. 50	17. 15	345577. 90	16. 90	157. 48	63. 50
2007	270232. 30	23. 15	403442. 20	16. 70	149. 29	66. 98
2008	319515. 50	18. 24	475166. 60	17. 80	148. 71	67. 24
2009	349081. 40	9. 25	610224. 50	28. 50	174. 81	57. 21
2010	413030. 30	18. 32	725851. 80	19. 70	175. 74	56. 90
2011	489300. 60	18. 47	851590. 90	13. 60	174. 04	57. 46
2012	540367. 40	10. 44	974148. 80	13. 80	180. 28	55. 47
2013	595244. 40	10. 16	1106524. 98	13. 60	185. 89	53. 79
2014	643974. 00	8. 19	1228374. 81	12. 20	190. 75	52. 42
2015	689052. 10	7. 00	1392278. 11	13. 30	202. 06	49. 49
2016	744127. 20	7. 99	1550066. 67	11. 33	208. 31	48. 01

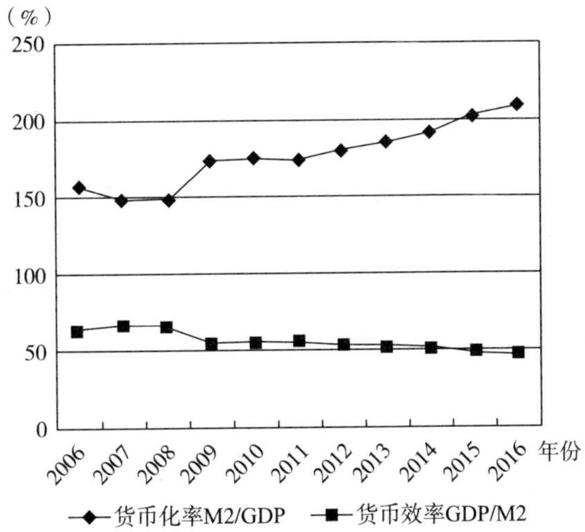

图5 货币化率与货币效率

资料来源：中经网数据库。

另一方面，近年来，我国经济金融化发展过程中存在一个突出问题是金融“脱实向虚”“货币空转”。经济过度金融化以及大量金融资源在金融系统内部循环。金融企业过多考虑利润最大化，面对实体经济利润率下降的趋势，更愿意将金融资源投入到金融体系内，实现其自我增值。于是，金融体系内部的银银合作（同业往来）、银证合作、银保合作等机构业务如潮涌般急速发展，各种理财产品、金融衍生品等层出不穷。同时，也造成了股票、房地产市场畸形繁荣。另外，过度金融化导致虚拟经济的快速发展，吸引了过多资本从事“金钱游戏”，通过不合理资源配置，对资本积累、收入分配、技术创新等产生深刻影响，进而危害到实体经济本身，大大增加了经济发展的脆弱性，使金融风险不断积累，损害经济健康发展的基础。

三 虚拟经济与实体经济背离的实证分析

为了进一步了解经济金融化进程中我国虚拟经济与实体经济之间相关关系的动态变化过程，本文运用计量经济学分析方法对两者之间相关性的时变特征进行研究，探讨两者间是否存在背离关系。本文以上证综合指数（CI）作为虚拟经济的代理变量，以第一产业与第二产业的产值之和（SE）作为实体经济的代理变量，并选取 2000 年 3 月至 2017 年 9 月的季度数据对实体经济与虚拟经济间的动态关系进行分析。相应的数据来源于国家统计局网站和中经网数据库。由于本文是基于时间序列数据进行分析，因此，为了消除异方差的影响，本文对所有的变量均取实际值的自然对数形式，并分别用 lnCI 和 lnSE 表示。

（一）单位根检验

在进行协整分析之前，需要先对各个变量进行平稳性检验。本文采用 ADF 检验方法对 lnCI 和 lnSE 两个变量进行检验，检验结果如表 2 所示。

由表 2 分析可得，lnCI 和 lnSE 均不能拒绝单位根的原假设，说明原序列都为非平稳时间序列。但是，在对原序列进行一阶差分后，ΔlnCI 和 ΔlnSE 的 ADF 值均大于 10% 置信水平下的临界值，因此，lnCI 和 lnSE 同为一阶单整时间序列，即服从 I（1）过程。

表2　　lnSE与lnCI的ADF检验结果

变量	(C，T，K)	DW值	ADF值	5%临界值	10%临界值	结论
lnSE	(C，0，1)	2.054609	-0.606552	-3.480463	-3.168039	I(1)*
lnCI	(C，0，1)	2.098028	-2.895433	-3.476275	-3.165610	I(1)*

注：在（C，T，K）中，C表示是否包含常数项，T表示是否含有时间趋势项，K代表滞后阶数。I（1）*表示变量经过一阶差分后在10%的显著性水平下通过单位根平稳性检验。

（二）约翰森协整检验

本文采用约翰森（Johansen）协整检验以确定变量间是否存在长期均衡关系，检验结果如表3所示。

表3　　lnSE与lnCI之间的约翰森协整检验结果

变量	特征值	迹统计值	5%临界值	最大特征值统计量	协整议程数零假设
lnSE与lnCI	0.164419	19.02931	20.26184	11.31657	没有一个
	0.115227	7.712745	9.164546	7.712745	最多一个

从表3分析可知，无论原假设是“没有一个”还是“最多一个”，与之对应的迹统计量和最大特征根统计量都小于5%的显著性水平下的临界值。说明原序列接受不存在协整关系的原假设，即我国第一产业与第二产业的产值之和与上证综合指数之间并不存在长期均衡的关系。

（三）格兰杰因果关系检验

由于虚拟经济与实体经济的代理变量之间并不存在长期协整关系，因此，我们需要利用格兰杰因果关系检验来进一步确定两者之间是否互为因果关系。考虑到代理变量的滞后阶数对格兰杰因果关系检验十分重要，因此，本文将AIC和FPE信息准则作为阶数确定标准，并依据表4的结果确定最佳滞后期为滞后7期。当滞后7期时，格兰杰因果关系检验的结果如表5所示。

从表4和表5的分析中可以看出，原假设“实体经济不是虚拟经济变化的原因”被接受，而原假设“虚拟经济不是实体经济变化的原因”则被拒绝。说明虚拟经济的波动会直接导致实体经济发生变化，而实体经济却并不是引起虚拟经济变化的格兰杰原因。

表 4　　格兰杰因果关系检验最佳滞后阶数选择

Lag	LogL	LR	FPE	AIC	SC	HQ
…						
7	204. 1698	6. 715528	1. 27e - 05 *	- 5. 618380 *	- 4. 589121	- 5. 214267
8	206. 2023	2. 950400	1. 36e - 05	- 5. 554912	- 4. 388419	- 5. 096917

注：* 表示最佳滞后期。

表 5　　基于 VAR 的格兰杰因果关系检验

原假设	F 值	P 值	检验结果
DLSE 不是 DLCI 的原因	0. 89061	0. 5213	接受
DLCI 不是 DLSE 的原因	2. 61008	0. 0229	拒绝

（四）脉冲响应与方差分解

1. *脉冲响应*

脉冲响应函数表示系统对其中某一变量的一个冲击所做出的反应。本文基于 VAR 模型，对实体经济与虚拟经济的代理变量即 lnSE 和 lnCI 进行了广义脉冲响应分析。从图 6 中可以看出，实体经济的代表变量 lnSE 对虚拟经济代表变量 lnCI 的 1 单位 Cholesky 标准差新息响应在第 1 期的值为 0；第 2 期之后都表现为正向，在第 5 期响应值达到最大（0. 017），从第 7 期开始基本稳定在 0. 010 左右。在前期响应函数波动幅度较大，说明实体经济对虚拟经济变动的反应比较敏感，后期则相对稳定。因此，从长期来看，虚拟经济对实体经济的发展具有一定的正向促进作用。图 7 显示，虚拟经济代表变量 lnCI 对实体经济的代表变量 lnSE 的 1 单位 Cholesky 标准差新息响应并不敏感，基本在 0 值附近波动。从第 2 期到第 6 期一直保持负响应，第 7 期之后才表现为正响应，说明上证综指对实体经济的反应存在明显的滞后性，国内经济增长对证券市场短期将带来负面冲击，而从长期来看，实体经济的变化并没有对虚拟经济产生较大的影响。

2. *方差分解*

方差分解是为了检验各个变量受到一单位新息冲击时，变量之间的相对重要性的一种研究方法，下面是对模型进行方差分解的结果。对图 8 分析可知，实体经济的代理变量 lnSE 在接受冲击的第 1 期的波动几乎 100% 由自身引起的，之后虚拟经济的“溢出效应”逐渐显现，对实体经济产生一定影响，最终稳定在 15% 左右。而图 9 显示，从接受冲击的第 1 期开始，虚拟经济的代理变量 lnCI 的波动几乎都是由自身引起的，实体经济的贡献度只有 1% 左右，这进一步反映了我国实体经济的发展对证券市场变化波动的解释能力十分微弱。

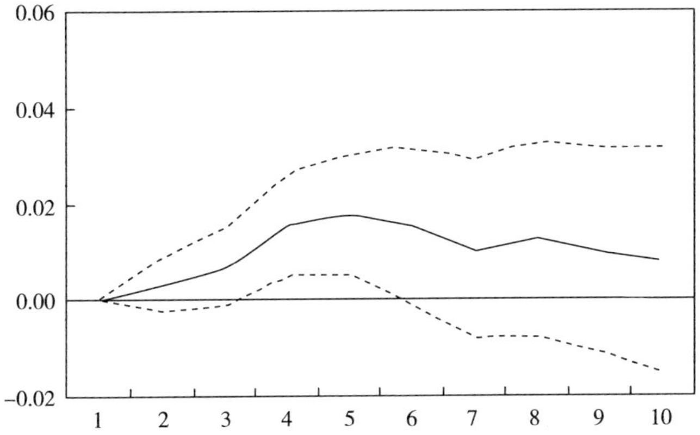

图 6　lnSE 对一个标准冲击的响应

注：虚线代表两倍标准差的一个绝对值区间；实线代表脉冲响应结果。

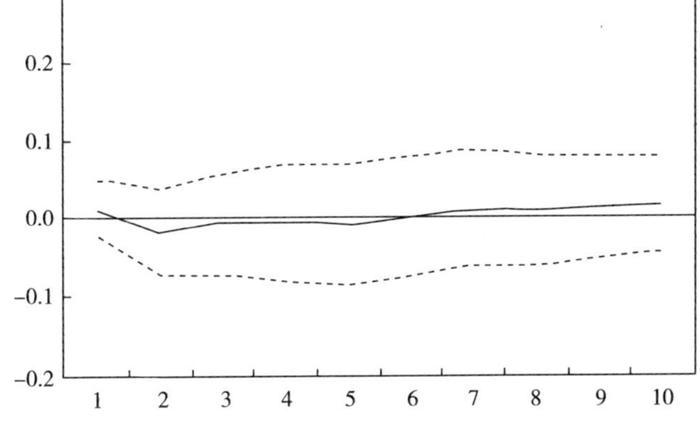

图 7　lnCI 对一个标准冲击的响应

注：虚线代表两倍标准差的一个绝对值区间；实线代表脉冲响应结果。

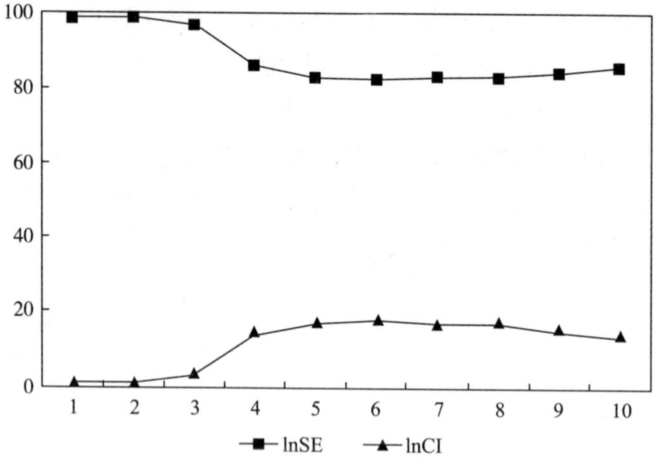

图 8　lnSE 的方差分解

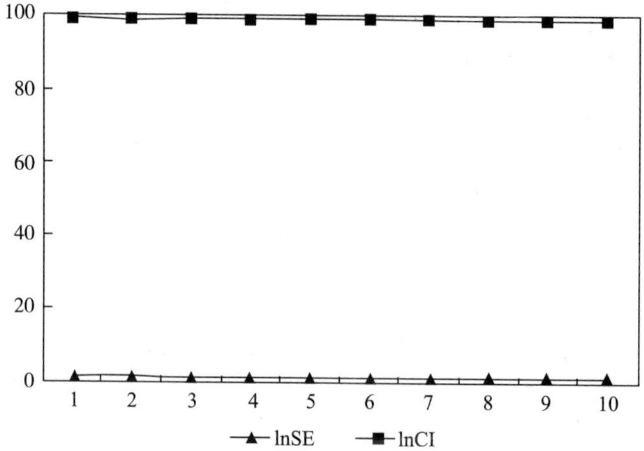

图 9　lnCI 的方差分解

综上所述，我国的实体经济和虚拟经济存在较为严重的背离关系，上证综指与第一产业、第二产业产值之和并不存在长期稳定的协整关系。此外，我国虚拟经济的波动会直接引起实体经济发生变化，且随着时间的推移，虚拟经济的“溢出效应”逐渐显现，对实体经济的发展起到了一定的促进作用。但是，实体经济却不是虚拟经济的格兰杰原因，实体经济对虚拟经济发展的贡献度只有 1% 左右，以证券市场为代表的虚拟经济远未成为实体经济的“晴雨表”，虚拟经济的迅速发展更多地取决于投机心理以及虚拟资本的独立运动规律。而虚拟经济日益脱离实体经济的增长可能会产生泡沫经济和虚假繁荣，不利于整体经济的健康可持续发展。因此，在经济新常态背景下，我国应清晰地认识到虚拟经济与实体经济之间的背离趋势，深化金融体制改革，坚持虚拟经济为实体经济服务的宗旨，建立健全金融与实体经济之间的双向促进机制，使我国经济在转型阶段实现可持续增长。

四 协调经济金融化与我国经济增长关系的对策建议

第一，正确把握虚拟经济与实体经济发展的辩证统一关系，充分认识虚拟经济发展的程度和水平对实体经济的影响与制约作用。首先要加大实体经济的创新力度，遏制利润率下降的趋势。在“后危机时代”的实体经济发展方面，要积极培育新兴战略产业，加快产业结构调整和升级，为我国经济的健康和可持续发展夯实根基。金融业的发展要以自身的创新来服务于实体经济的创新，通过规范各种金融创新工具的使用为实体经济规避市场风险。加快现代化经济体系建设，使实体经济与虚拟经济尽快进入协调发展轨道。

第二，加强对虚拟经济的监管，抑制虚拟经济投机泡沫。由于实体经济与虚拟经济的盈利机制不同，且虚拟经济失控更易引发系统性风险，所以，在虚拟经济中要更加注重发挥政府的监管作用。在虚拟经济与实体经济已经形成背离趋势的现阶段，大力加强监管正是题中应有之义。在房地产市场方面，要坚持房子“是用来住的、不是用来炒”的定位，加快落实中央调控政策。其他金融市场中，也要严防价格大起大落，严控资本杠杆率，把系统性风险的苗头消灭在萌芽阶段。最根本的一条，就是要通过控制虚拟经济的资本回报率扭转“脱实向虚”的趋势，努力促进实体经济的健康发展。

第三，促进融资方式的多元化发展，优化金融资源配置。目前，我国金融发展模式是机构主导型，以间接融资为主，直接融资为辅，直接融资与间接融资比例失衡。因此，我国要促进融资方式的多元化发展，提高直接融资比重，优化金融资源配置，实现金融资源配置与实体经济发展需求均衡，总量上能够充分满足需要，结构上协调适应，不断提高金融支持实体经济发展的效率，促进实体经济协调持续发展。